绿色
创新经济
理论与方法

GREEN INNOVATION ECONOMY
THEORY AND APPROACH

主　编　黄　晶
副主编　柯　兵　周海林

社会科学文献出版社
SOCIAL SCIENCES ACADEMIC PRESS (CHINA)

《绿色创新经济：理论与方法》
编委会

序　言

　　工业革命以来，社会生产力快速提升，人类以前所未有的速度创造财富，与此同时，资源枯竭、生态破坏、气候变化、生物多样性丧失等问题逐渐显现，地球生态系统超负荷运行，人类社会面临可持续发展的困境。

　　在这个背景下，自 20 世纪 60 年代开始，国际社会对传统发展方式进行积极反思，努力探寻发展方式转型之路。1987 年，世界环境与发展委员会发表了《我们共同的未来》报告，提出了可持续发展概念。1992 年，联合国在巴西里约热内卢召开环境与发展大会，通过了《21 世纪议程》，将可持续发展由理念推向实际行动。2015 年 9 月，联合国可持续发展峰会正式通过了《变革我们的世界：2030 年可持续发展议程》，设立了 17 个全球可持续发展目标（SDGs）和 169 个具体目标。随着联合国确立 SDGs 和巴黎会议通过应对气候变化的全球协定，可持续发展越来越受到世界各国的高度重视，绿色经济、低碳发展等概念应运而生，许多国家积极制定和实施促进节能减排、新能源发展等方面的政策措施，实施"绿色新政"。大力发展绿色经济，既有利于应对气候变化、全球能源资源与环境等挑战，更有助于把握未来全球竞争的制高点。

　　创新是引领发展的第一动力。实现经济绿色转型，需要绿色创新。绿色创新正成为缓解资源环境约束、转变发展模式、创造新经济增长点的核心驱动力。绿色、创新和经济发展在要素、结构、功能、运行机制等方面深度融合，从而激发出充满活力的绿色创新经济业态。绿色创新经济，将产生新动能、创造新价值，是实现可持续发展的必然选择。

　　当前，中国经济已经从高速增长转向高质量发展阶段。推动高质量发展，科技创新是最重要的引擎。党的十九大以及政府工作报告均多次提到科技、强调创新，其中特别指出"加快建设创新型国家"，"把握世界新一轮科技革命和产业变革大势，深入实施创新驱动发展战略"，这凸显了我国以创新驱动国家发展的决心。我国正处于转方式、调结构、增动力的攻关期，社会主要矛盾转化为人民日益增长的美好生活需要与不平衡不充分的发展之间的矛盾，人民对天蓝、地绿、水清的美丽中国充满期待。系统布局和推进绿色创新经济，是高质量发展的内在要求，是生态文明建设的根本途径，是协同实施创新驱动发展战略和可持续发展战略的具体体现，是时代赋予我们的光荣使命。

全球气候变化挑战日趋严峻紧迫，绿色低碳转型大势不可逆转。中国正积极探索走绿色低碳发展的道路，努力实现减排目标，这既是我们对国际社会做出的庄严承诺，也是在国内发挥目标引领、倒逼绿色低碳转型的战略举措。通过更好地优化低碳管理手段，中国将形成凝聚人心、鼓励创新、推动转型的绿色发展新局面，为全球可持续发展做出新的贡献。

中国21世纪议程管理中心编写的《绿色创新经济：理论与方法》一书，从绿色创新经济的理论、路径与实践等角度进行了广泛分析研究，提出了许多真知灼见。我希望这本书能够对广大读者有所裨益，也希望21世纪中心再接再厉，继续围绕相关领域开展研究，为我国可持续发展事业贡献智慧和力量。

刘燕华

国务院参事

2020 年 4 月

前　言

过去近 300 年间，物质财富的快速增长以及人们生活质量的显著提升是人类历史上从未有过的奇迹。这一切主要源自 17 世纪以来近代科学技术的迅猛发展推动了经济快速增长，使世界发生了深刻变化。与此同时，大自然却以自己的方式告诉人类，这种快速无节制的增长是不可持续的，正如恩格斯所指出的："我们不要过分陶醉于我们人类对自然界的胜利。对于每一次这样的胜利，自然界都对我们进行报复。"

自 20 世纪 60 年代《寂静的春天》发表以来，人类保护自然的意识逐渐觉醒，特别是全世界范围内先后发生的"八大公害事件"，倒逼人类对工业文明时代的发展方式进行反思。20 世纪 90 年代，国际社会提出了新的发展理念——可持续发展，并演变成 21 世纪的全球共识。中国作为世界上最大的发展中国家，积极响应和大力支持可持续发展，党的十八届五中全会提出"创新、协调、绿色、开放、共享"五大发展理念，将绿色发展作为关系我国发展全局的一个重要理念，指引我们更好地实现人民富裕、国家富强、美丽中国、人与自然和谐，实现中华民族永续发展。

自工业革命以来，技术进步一直是经济发展最重要的动力，而经济发展反过来又激励技术创新。熊彼特指出，"创新是经济发展的根本动力"，发展离不开技术进步，技术进步离不开创新。创新已经成为我们这个时代最显著的特征，人类历史上从来没有像今天这样重视创新。历次产业和科技革命无不是创新驱动的结果，创新已经成为当今社会进步最重要的驱动力。创新代表着旧事物消亡、新事物产生，但同时也蕴含着未知和不确定性，这是创新所呈现的一体两面特质。当创新融入社会经济发展中时，人类社会能够得以跨越式进步，英、美等国家正是借助创新而先后成为世界强国。然而创新目标与活动过程同样存在不确定性，如果长期片面追求经济无节制的快速增长，忽视生态环境的保护，必将给人类未来的生存和发展带来诸多挑战。

因此，我们意识到，一方面，创新是人类追求进步和美好生活的重要路径；另一方面，创新的方向需要引导，只有符合满足人类美好生活需求的创新才是我们需要的创新。既要对创新进行持续不懈的认知探索，也要对创新保持应有的敬畏之心。面对环境污染、资源枯竭、气候变暖、生态恶化等危机，人类必须在发展中寻找人与自然和谐的新路径，这便是我们需要认真思考绿色创新的原因。结合当下人类面临的困境和 21 世纪可持续发展的时代主题，我们认为，要实现长远持续的经济增长，既要绿色，又要创新，绿色是创新的目标，创新是绿色发展的手段，两者的融合便是人类追求可持续发展的必由之路——绿色创新经济。

我们提出，绿色创新经济致力于寻求社会、经济、自然三者"发展度、协调度、持续度"的逻辑自洽。从经济学方向看，追求科技进步贡献抵销或克服边际效益递减；从生态学方向看，追求环境质量与经济发展之间取得合理的平衡；从社会学方向看，追求经济效率与社会公平之间的均衡。绿色创新经济是追求在经济高质量发展的基础上，最终实现"人与自然"和"人与人"关系的协同进化与和谐发展，社会、经济、自然三者效益的最大化，社会效益、经济效益和生态效益在时间和空间上的共赢。继农业革命、工业革命、信息革命之后，人类正迎来改变发展格局的"第四次浪潮"，在这个人工智能科技新时代，以低碳为导向的产业和技术创新将成为世界经济的重要推动力和新的增长点。

基于对过去发展的分析以及对人类未来的展望，中国 21 世纪议程管理中心组织专家学者对大量文献进行了梳理，对正在进行的实践探索做了阶段性分析总结，形成了《绿色创新经济：理论与方法》一书。全书包括五个部分，系统阐述绿色创新经济的理论框架及实践探索。第一章从创新及其分类、国家创新体系与其经济影响、从传统到绿色的创新发展过程三个方面分析了绿色创新的相关概念和内涵特征。第二章结合经济发展形势系统阐述了绿色创新经济的兴起，分析了创新经济的由来与趋势、经济转型与绿色经济发展、绿色创新经济的提出及其特征，从概念溯源和相关支撑理论两个方面总结了绿色创新经济的理论基础。第三章阐述了经济稀缺性模式的转变，从生态系统服务及其价值化、资源利用的循环化、产业发展的低碳化三个方面讨论了绿色创新经济的实现模式和路径。第四章从绿色创新经济的全球趋势、绿色技术创新趋势、绿色金融的全球性探索、全球环境治理与绿色创新经济四个方面全面介绍了绿色创新经济的全球探索，以期为经济转型提供经验和启示。第五章立足我国当前绿色创新经济的实践，分析了发展绿色创新经济的机遇与挑战，梳理了面向绿色发展的制度创新、不同地区在绿色创新经济方面形成的典型经验和模式。

众所周知，可持续发展是目前全球最大的共识，联合国 2015 年通过的《变革我们的世界：2030 年可持续发展议程》，已经成为世界各国推动全球可持续发展的行动指南。可持续发展作为一种全新的发展理念和变革之路，需要人类不停地探索实现路径和模式。而我们编著这本《绿色创新经济：理论与方法》，是希望对未来经济增长可能存在的机遇与挑战进行梳理，同时从目前人类已开始实践的新增长方式与可持续发展路径的角度出发，对正在兴起的绿色创新经济进行探索和分析，愿有兴趣的读者与我们一起思考这一新的发展模式和前沿话题——绿色创新经济，并在实践中感知、体验大自然和人类的未来。

目　录

第一章　创新和绿色创新 ……………………………… 1

第一节　创新及其分类 …………………………… 1

第二节　国家创新体系与其经济影响 …………… 16

第三节　创新：从传统到绿色 …………………… 33

第二章　绿色创新经济的兴起 ………………………… 49

第一节　创新经济的由来与趋势 ………………… 49

第二节　经济转型与绿色经济发展 ……………… 63

第三节　绿色创新经济的提出及其特征 ………… 78

第四节　绿色创新经济的理论基础 ……………… 90

第三章　绿色创新经济的实现模式和路径 ………… 110

第一节　稀缺性模式的转变 ……………………… 110

第二节　生态系统服务及其价值化 ……………… 129

第三节　资源利用的循环化 ……………………… 139

第四节　产业发展的低碳化 ……………………… 152

第四章　绿色创新经济的全球探索 ………………… 174

第一节　绿色创新经济的全球趋势 ……………… 174

第二节　绿色技术创新趋势 ……………………… 186

第三节　绿色金融的全球性探索 ………………… 195

第四节　全球环境治理与绿色创新经济 …………………………… 205

第五章　绿色创新经济的中国实践 …………………………… 219

第一节　战略背景、挑战与机遇 …………………………… 219

第二节　面向绿色发展的制度创新 …………………………… 230

第三节　中国绿色创新经济的典型案例 …………………………… 251

后　记 …………………………………………………………… 281

第一章　创新和绿色创新

创新的概念是经济学家熊彼特（J. A. Schumpeter）为回答人类经济为什么能持续增长、财富为什么能不断增加，于 1911 年在其《经济发展理论》[①] 一书中首次提出的。之后，创新理论不但得到学术界的高度关注，而且成为政府和国际组织制定相关政策的重要理论依据。自创新概念诞生以来，学者们围绕创新的概念和方式及路径、创新的主要影响因素、创新对经济社会发展的作用等问题展开了广泛的研究，形成了创新、技术创新、科技创新、绿色创新和国家创新体系等一系列概念。

第一节　创新及其分类

一　创新

在《经济发展理论》一书中，熊彼特界定创新是建立新的生产函数，实现企业生产要素的新组合。他提出了五种类型的创新：一是引入一种新的产品或提供一种产品的新质量；二是采用一种新的生产方法；三是开辟一个新的市场；四是获得一种原料或半成品的新的供给来源；五是采取一种新的组织方式。自熊彼特提出创新的概念之后，有学者对其进行进一步界定，比较典型的是经济合作与发展组织（OECD）[②] 把创新定义为：一种新的或作出显著改进的产品（商品或服务）或工艺，一种新的市场经营模式，或在

---

① 熊彼特. 经济发展理论 [M]. 何畏，易家详，译. 北京：商务印书馆，1997：73－74.

② OECD. The oslo manual：the measurement of scientific and technological activities，1996.

商业实践、工作组织或外部关系中的一种新的组织方式的实施过程。

总体上看，熊彼特和 OECD 对创新的定义比较一致，这两个创新定义有这样几个基本特点。一是创新的类型比较多样，涉及技术创新（含产品创新和生产工艺创新）、市场创新、组织管理创新及对外交易合作方式创新等。二是创新的程度可以有较大的差异，既可以是突破性的创新，如计算机的发明和广泛运用，也可以是渐进性的创新，如在现有技术和架构基础上对已有产品和生产工艺进行改进；既可以是从全球范围看是新的，也可以是对某个组织和个人而言是新的。三是创新和发明有本质的不同。发明是创造对世界而言新的事物，科研机构和实验室通过科学研究和技术开发产生的新发明可能会也可能不会在世界上得到运用；创新是提供对人类而言有经济社会价值的新产品或新生产工艺。可见，发明更强调新颖性，创新更关注经济社会价值。只有发明得到运用并产生经济社会效益才能被称为创新。

二　技术创新

创新有多种类型，技术创新是其中很重要的一类。但熊彼特本人没有直接运用技术创新这一名词，更没有对技术创新概念进行界定。20 世纪 50 年代以后，开始有学者对技术创新进行研究，细致分析技术创新的概念和类型，形成了较为丰富的研究成果。

胡哲一梳理相关文献发现[①]，索罗（Solo）较早对技术创新进行了较全面的研究。1951 年索罗在《在资本化过程中的创新：对熊彼特理论的评论》一文中首次提出技术创新成立的两个条件，即新思想来源和以后阶段的实现发展。这一"两步论"被认为是技术创新概念界定研究上的一个里程碑。1962 年伊诺思（Enos）在其《石油加工业中的发明与创新》一文中明确对技术创新进行了定义，并由此促进了对技术创新定义的研究。他认为："技术创新是几种行为综合的结果。这些行为包括发明的选择、资本投入保证、组织建立、制定计划、招用工人和开辟市场等。"显然他是

---

① 胡哲一. 技术创新的概念与定义 [J]. 科学学与科学技术管理, 1992, 13（5）: 47 - 50.

从行为集合角度定义技术创新。林恩（Lynn）首次根据过程定义创新，他认为技术创新就是始于对技术的商业潜力的认识而终于将其完全转化为商业化的产品的整个行为过程。曼斯费尔德（Mansefidl）侧重于产品创新，他认为产品创新是从企业对新产品的构思开始，以新产品的销售和交货为完成标志的探索性活动。Freeman 在 1982 年出版的书中明确定义技术创新是指新产品、新过程、新系统和新服务的首次商业性转化[①]。美国国家科学基金会（NSF）从 20 世纪 60 年代开始组织力量研究技术创新，并在《1976 年科学指示器》报告中将技术创新定义为 "技术创新就是将新的或改进的产品、过程或服务引入市场"，从而明确地将模仿和不需要新技术知识的改进作为最低层次上的两类创新而划入技术创新的范畴。Mueser 于 20 世纪 80 年代中期对技术创新的定义做了较为系统的整理分析[②]。在其搜集的 300 余篇相关论文中，约有 3/4 的论文在技术创新界定上接近于以下表述：当一种新思想和非连续的技术活动经过一段时间后，发展到实际和成功应用的过程，就是技术创新。在此基础上，他重新定义技术创新是 "以其构思新颖性和成功实现为特征的有意义的非连续性事件"。这一定义突出了技术创新活动的两方面显著特征：一是活动的非常规性，包括新颖性和非连续性；二是活动必须获得最终的成功实现。应当说，这一定义比较简练地反映了技术创新的本质和特征[③]。

我国不少学者也对技术创新概念进行了界定。傅家骥定义技术创新是企业家抓住市场的潜在盈利机会，以获取商业利益为目标，重新组织生产条件和要素，建立起效能更强、效率更高和费用更低的生产经营系统，从而推出新的产品、新的生产（工艺）方法，开辟新的市场，获得新的原材料或半成品供给来源或建立企业的新组织，它是包括科技、组织、商业和金融等一系列活动的综合过程。[④] 吴贵生定义技术创新是指由技术的新构

① Freeman, C.. The economics of industrial innovation [M]. MA: The MIT Press, 1982.
② Mueser, R,. Identifing technical innovations, IEEE Trans on Eng. Management, Nov, 1985.
③ 胡哲一. 技术创新的概念与定义 [J]. 科学学与科学技术管理, 1992, 13 (5): 47-50.
④ 傅家骥. 技术创新学 [M]. 北京: 清华大学出版社, 2000.

想，经过研究开发或技术组合，到获得实际运用，并产生经济、社会效益的商业化全过程的活动。①

综上所述，不同的定义审视技术创新的角度明显不同，大致可以分为三种类型。第一类侧重于过程视角，强调技术创新起始于新构想的产生，经过研究开发或技术组合，到获得实际运用和产生效益的全过程的活动。第二类关注的是技术创新的相关影响因素，强调技术创新是发明的选择、资金投入、组织建立、计划制订、市场开辟等多种行为综合作用的结果。第三类定义比较简单明了，强调技术创新是将新的或改进的产品、过程或服务引入市场。

综合国内外有关创新文献看，我们倾向于认为：技术创新源于新的构思，通过研发新技术或组合运用已有技术开发或改进新产品（含新服务）和新工艺，再到实际运用，并产生经济社会效益的所有活动构成的有机过程。技术创新概念有如下几个特征。

一是技术创新成果有多种表现形式。技术创新，既可以是开发出了全新的产品和工艺，也可以是对已有产品和工艺的改进。显然，技术创新的"新"，强调的是产品和工艺是新的，使用的技术不一定是新的。

二是技术创新中的技术可以有多种来源。技术创新过程中运用的技术，既可以来源于通过研发产生的全新技术，也可以是已有技术的新运用，还可以是工程实践中产生的经验和诀窍，并不是任何技术创新都需要研发全新的技术。

三是技术创新是一种基于技术的创新活动。按照熊彼特的理论，创新包含技术创新、组织创新、管理创新和市场创新等多种类型。技术创新与组织、管理、市场等非技术创新的核心差别在于手段不同，技术创新必须以技术为基础。

四是技术创新必须体现为成果的实际运用并产生效益。技术创新不是技术开发和技术发明，不是纯技术活动，是技术与经济社会发展相结合的活

———————

① 吴贵生. 技术创新管理［M］. 北京：清华大学出版社，2000.

动。从本质上讲，技术创新是一种以技术为手段、以实现经济发展和社会进步为目的的活动。检验技术创新成功与否的核心标准是经济社会效益的好坏。

五是技术创新是以其构思新颖性和成功实现为基本特征的非连续性活动。技术创新有两方面的特殊含义：一是活动的非常规性，包括新颖性和非连续性；二是活动必须获得最终的成功实现。

三 科技创新

20世纪特别是第二次世界大战以后，发达国家经济持续快速增长，学术界对经济增长原因的分析加深了对创新尤其是技术创新重要性的认识，普遍认为创新是经济增长的核心动力，提升一个国家和地区的经济发展水平，必须增强创新尤其是技术创新能力。

对技术创新重要性的认识也带来一个新的需要研究的问题，技术创新的主要影响因素是什么？政府采取什么样的政策举措可以提升一个国家和地区的创新能力？针对这些问题的系统研究与政策实践，逐渐发展形成了目前普遍采用的科技创新概念。

（一）科技创新概念的起源

熊彼特关于创新的定义和分类中，既没有提及科学研究，也没有提及科技创新。科技创新概念的形成，与万尼瓦尔·布什（Bush）在1945年向美国总统提交的报告《科学：没有止境的前沿》（Science：The Endless Frontier）有很密切的关系。

第二次世界大战期间，从实验室开始的一系列科学研究、技术开发和技术创新活动引起了神话般的技术进步，发展形成了原子弹、雷达、青霉素等直接改变战争进程的科技创新成果，展示了科学技术的巨大威力，从根本上改变了人们对科学技术的认识。1944年11月17日，美国总统罗斯福给时任领导战时科研活动的科学研究发展局（OSRD）局长布什写信，要求他就如何把战时的经验用于即将到来的和平时期提出意见。1945年，布什在由杰出的科学家和其他学者组成的四个专业委员会协助下完成了报告，并赋予它一个富有想象力的题目：《科学：没有止境的前沿》，强调科学已经成为国家经济发展、生活水平提升和社会进步的新动力。要提升一个国家和地区的创新能力，必须大力发展科学和技术。布什报告不仅强调了科学研究对人类文明进步和国家发展的重大战略意义，还把人类关于科学研究、技术开发和技术创新之间关系的认识提升到一个全新的战略高度，使科学研究、技术开发和技术创新成为一个相互联系的有机整体。正是在此背景下，科技创新这一名词得以在科学研究、经济发展、政策制定等领域流行开来。

布什报告以及之后一些学者如 Arrow 和 Nelson 等的研究还发现，科学研究产生的新知识具有典型的公共产品特征，依靠市场机制很难大力推进科学研究的开展，存在市场失灵，政府必须在科学研究和创造具有丰厚利润、可持续利用的知识资源方面发挥主导作用，在新的科学知识创造、传播和青年科学家的培育上承担主体责任。美国联邦政府接受了布什等专家学者的建议，将科学研究能引领未来作为信条，大力支持超前的、长期的基础研究，使美国联邦政府成为第二次世界大战以后科学研究的慷慨赞助者，政府对科学研究的资助成为其基本职能和常规性活动。可见，布什报告开启了科学技术的新时代，开启了科学技术与国家关系的新时代。从此，任何一个国家的发展都不能不把科学和技术放在一个显著的地位。

（二）科技创新的作用

在将创新概念从创新发展到科技创新的过程中，人们对创新和科技创新作用的认识也在不断加深。熊彼特提出创新的概念，是为了解释人类经济为什么能够持续增长。大量的研究已经充分证明，创新是支撑引领经济发展的核心动力。

实际上，在人类社会经济持续快速发展的同时，公共安全、环境保护、城乡基础设施建设、防灾减灾、公共卫生等社会事业发展水平也在大幅提升。仅从中国的人均期望寿命看，2018 年相比 1949 年延长了 32 岁，即使相比 1981 年也延长了 9 年多（见表 1 - 1）。多方面的研究认为，人均期望寿命能大幅延长，一方面是因为经济发展水平的提升和物质生活条件的改善，另一方面是由于科学技术的快速发展开发出了大量的疫苗等医疗卫生新技术和新产品，极大地减小甚至消除了长期以来影响人们身体健康和寿命的烈性传染病如霍乱、鼠疫、天花等的危害，极大地增强了传染病的防治能力，提升了公共卫生这一公共产品的供给能力。

表 1-1　1949 年以来典型年份我国的人均期望寿命

单位：岁

年份	人均预期寿命	年份	人均预期寿命
1949	45.0	2005	73.0
1981	67.9	2010	74.8
1990	68.6	2015	76.3
1996	70.8	2018	77.0
2000	71.4		

通过进一步案例分析还发现，除公共卫生外，近代以来全球和我国的公共安全、环境保护、城乡基础设施建设、国防安全、防灾减灾等社会领域发展水平的显著提升，无一不是得益于经济的快速发展和政府的公共产品供给能力的大幅提升。同时，这些领域公共产品供给能力的本质性提升，也无一离得开科技创新的支撑引领。

可见，科技创新不仅支撑引领经济发展，还极大地促进了社会进步[①]。或者说，科技创新不仅极大地支持了私人产品的开发，促进了经济的快速发展，还大幅提升了公共产品的供给能力，有力支撑了社会进步。这样，科技创新不仅有服务于市场需求和经济发展的企业技术创新，而且还有支持政府服务于公共需求提供更好的公共产品的技术创新[②]。

公共产品技术创新概念的提出，不仅使对科技创新作用的认识上升到一个新的台阶，而且开辟了公共产品技术创新这一新的研究领域，能够更科学、准确、深刻地认识政府提供公共产品、促进社会进步的客观规律，

[①] 本章中的社会进步是广义的概念，包含了公共安全、生态环境保护等需要政府发挥作用、提供公共产品的所有领域。

[②] 仲伟俊，梅姝娥，黄超. 国家创新体系与科技公共服务 [M]. 北京：科学出版社，2013.

为加速各项社会事业发展提供强大的理论支撑。

（三）科技创新的定义

自科技创新这一名词出现以来，不少学者对其进行了概念界定。但是，目前不同的学者对其理解和界定往往很不相同，有些甚至存在本质上的差别。例如，有人简单地将科技创新理解为"科技的创新"，即认为科技是一类事情，科技创新的核心是创造新的科技。再如，百度百科定义科技创新是原创性科学研究和技术创新的总称，是指创造和应用新知识和新技术、新工艺，采用新的生产方式和经营管理模式，开发新产品，提高产品质量，提供新服务的过程，并且科技创新可以分成三种类型：知识创新、技术创新和现代科技引领科技创新的管理创新。我们认为，这些理解和定义都是很不合适的，其中存在的核心问题是科学、技术和创新不分，把科技作为一类事物对待。

基于将概念由创新发展到科技创新的过程分析，我们定义：科技创新是科学研究、技术开发和技术创新（含企业技术创新和公共产品技术创新）等几类既有紧密联系又有本质区别的活动的总称（见图1-1）。从科技创新支撑引领经济发展和社会进步的角度来看，在几类科技创新活动中，技术创新处于核心位置，科学研究和技术开发是其有力的支撑，这几类活动紧密联系形成一个有机的整体。

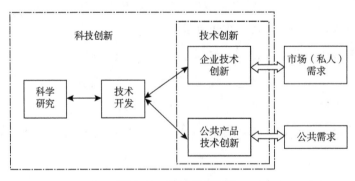

图1-1　科技创新活动

虽然科学研究、技术开发、企业技术创新和公共产品技术创新等几类科技创新活动之间存在紧密的联系，但是又有本质的差别（见表1-2）。

首先是不同类型科技创新活动的性质不同。科学研究是在好奇心的驱动下，努力发现世界上客观存在却未知的东西，旨在揭示客观事物的本质和运动规律，并用其作为人们改造世界的指南。技术开发是指在技术上实现较大突破，并创造出与已有产品原型或方法完全不同或有很大改进的新产品原型或新的方法。企业技术创新是将新的或改进的产品、生产工艺商业化运用，以产生经济效益。公共产品技术创新是提供新的或改进的公共产品，以产生社会效益。

表 1 - 2　各类科技创新活动的特点

活动类型	科学研究	技术开发	企业技术创新	公共产品技术创新
主要驱动力	兴趣和好奇心	市场需求和竞争或和公共需求	市场需求和竞争	公共需求
投资主体	政府	政府或和企业	企业	政府
主要风险	科学风险	技术风险	技术风险和市场风险	技术风险
主要目标	新的发现	新的发明	经济效益	社会效益
成果形式	论文和著作、原理性模型或发明专利	专利、专有知识、产品原型或原始样机	新产品、新工艺	新产品、新服务

其次是目的不同。科学研究的目的是获得新的发现和新的知识，科学不应该是发明或创新，而是通过研究发现本已经存在的客观规律。技术开发是解决具体的技术问题，强调的是技术的新颖性和先进性，目的是发明世界上没有的东西。企业技术创新是以技术为手段，目的是产生经济效益，衡量技术创新成功与否的核心不是技术的新颖性和先进性，而是经济效益。公共产品技术创新是以技术为手段，目的是产生社会效益，衡量公共产品技术创新成功的核心是社会效益。

再次是各类科技创新活动的投资主体不同。科学研究、公共产品技术创新的投资主体是政府。企业技术创新投资的主体是企业。技术开发投资的主体根据其技术的公共性不同既可能是政府也可能是企业，甚至是两者的结合。

最后是面临的风险不同。科学研究主要面临研究失败的风险，即成败风险。技术开发、公共产品技术创新面临的主要是技术风险。企业技术创新既要面临技术风险，还要面临很大和很难把握的市场风险。

四　技术创新的分类

从创新驱动经济发展和社会进步的角度看，在各类科技创新活动中技术创新处于核心位置。技术创新高度复杂，类型多样，不同的学者从不同的视角出发对技术创新进行了众多的分类。

（一）按技术创新变化程度分类

不同的创新带来的新颖程度往往不同，例如，通过创新由传统的燃油汽车改变为电动汽车的新颖程度明显高于只是改变汽车外形的创新。这样，可以按新颖程度对技术创新进行分类，一般可以分为突破性创新（radical innovation）和渐进性创新（incremental innovation）。

突破性创新是指引入新技术或研发出全新的技术，开发出全新的产品或生产工艺技术。集成电路、计算机、互联网、浮法玻璃生产技术、液晶显示器（电视机）等的发明，都属于突破性创新的范畴。

渐进性创新是对已有产品和生产工艺持续进行局部改进，不断提升产品的性能、质量和用户体验，改进生产工艺技术，降低生产成本。例如，集成电路发明之后不断提升其集成度，液晶显示器（电视机）发明之后不断扩大其屏幕尺寸从而提升收视效果，计算机发明之后不断提高其计算速度，如此等等，都属于渐进性创新的范畴。

大量的研究表明，在各类技术创新中，突破性创新只占极少数，有学者研究认为只占 6% ～ 10%[1]。同时，突破性创新离不开渐进性创新的支

---

[1] Ettlie, J.. Managing innovation, John Wiley & Sons, Inc., New York, 1999.

持。每项突破性创新之后，通过渐进性创新持续改进其产品和生产工艺的性能，提升质量，降低成本，满足广大用户的需求，才能使突破性创新带来实际的效益。从整体上看，大量的研究认为，渐进性创新的累积效益不小于突破性创新，甚至大于偶尔一次的突破性创新[1]。日本企业是这方面成功的典范，其全面质量管理和精益生产都是渐进性创新思想的充分体现，极大地提升了日本企业的产品质量、生产效率及国际竞争力。

（二）按技术创新对象分类

按技术创新对象不同，将技术创新分为产品和/或服务创新与工艺创新。

产品和/或服务创新（以下简称产品）是指为用户提供新的或改进的产品。产品创新既包括提供全新产品的创新，如美国贝尔公司发明并生产的电话开辟了机器对讲的新时代，得克萨斯仪器公司首先推出了集成电路把人类推向了微电子时代；也包括对现有产品进行改造的创新，如由收音机发展成组合音响等。

工艺创新是指对产品的生产与交付过程进行创新，用更少的投入得到更多更优质的产出。工艺创新既包括在技术较大变化基础上采用全新工艺的创新，如炼钢用的氧气顶吹转炉、钢铁生产中的连铸系统等；也包括对现有工艺技术进行持续改进的创新，如采取措施对现存产品生产工艺的某些方面进行改进，以提高生产效率。

（三）按创新对企业和产业现有技术及创新能力影响分类

按创新对企业和产业现有技术及其创新能力的影响分类，可分为延续性创新（sustaining innovation）和颠覆性创新（disruptive innovation）两类[2]。

延续性创新是沿着主流市场中主要顾客的需求，不断提高已定型产品

---

[1] Lundval, B. A.. National systems of innovation: towards a theory of innovation and interactive learning [M]. London: Pinter, 1992.

[2] Bower, J., C. M. Christensen. Disruptive technologies: catching the wave [J]. Harvard Business Review, 1995, 73 (1): 43-53.

的性能、质量和用户体验，改进其生产工艺技术，降低生产成本，以更好地满足用户的需求。例如，微软的个人计算机操作系统软件，经历了Win32、Win95、Win98、Win2000、WinXP 等多型改进产品，每一代产品的改进都是围绕主流客户的需求，对其进行改进和提升，使现有技术的价值不仅保持，而且不断增值。再如英特尔公司的每一代微处理器，286、386、486、奔腾、奔腾Ⅱ、奔腾Ⅲ、奔腾Ⅳ，都是建立在前一代技术基础之上的，而且每一代新微处理器的创新都补充和增强了英特尔现有的技术和创新能力。可以说，延续性创新是从 1 到 n 的创新。

颠覆性创新是针对已有的需求，运用对企业和产业而言全新的知识和技术，改变原有技术路径，形成新的技术标准和规范，创造出更典型、更简洁、更便利、更便宜的新产品或新的生产方式，使原有的技术和产品及生产工艺失去价值。数码相机取代胶片相机，液晶电视取代 CRT 电视，晶体管取代电子管，浮法玻璃生产技术取代传统生产技术等都是这类创新的典型代表。颠覆性创新技术有两种可能的来源，一种是研发形成的全新技术取代现有的技术，如液晶显示器取代 CRT 显示器就是如此；另一种是来源于其他产业领域已经运用的技术，数码相机取代胶片相机，采用的是已经在其他行业得到运用的技术。

（四）按创新满足的需求分类

从创新与需求的关系看，不外乎存在两种关系，一是通过创新更好地满足已有需求，二是通过创新满足全新的需求，由此可以将技术创新分为连续性创新和非连续性创新[1]。

连续性创新是指在已经存在的产品和需求上的创新。连续性创新也存在两种情况，一种是通过更好地运用已有的技术以更好地满足已有需求，也即进行延续性创新；另一种是通过运用对企业和产业而言全新的技术以更好地满足已有需求，也即实现颠覆性创新。例如，液晶电视取代 CRT 电

---

① 司春林. 企业创新空间与技术管理［M］. 北京：清华大学出版社，2005.

视满足的是同类需求，而且更好地满足了已有需求，属于连续性创新，其满足的需求没有明显变化。

非连续性创新是指开发出新的过去不存在的产品，创造出新的需求，这意味着产品和生产工艺也是全新的。这方面的案例也很多，例如，计算机和互联网、卡拉 OK 等的发明，是这类创新的典型代表。

（五）按技术来源的创新分类

Jensen 等人的开创性研究认为，企业的学习和创新存在两种典型模式，一种是基于研发的创新（science，technology and innovation，简称 STI），另一种是基于工程经验的创新（doing，using and interacting，简称 DUI）。[①]

基于研发的创新，是指企业的新产品和新工艺开发，主要基于由科学知识运用而开发出的新技术。推进这类创新的关键，是大量投入研发活动，培养高素质的科学家和工程师，加强企业与高校和科研院所等新知识产生和新技术发明机构的合作。这类创新更多地出现在大企业，大企业建立 R&D 部门和开展 R&D 活动，其创新目标是产生新颖程度非常高的新产品和新工艺，追求的往往是突破性创新。当然，这种创新模式强调显性知识的重要性并不意味着其不需要隐性知识或隐性知识不重要，科学家和工程师在技术开发之前开展 R&D 活动还是需要积累经验和诀窍（know - how）。但是在这种模式下，通过正式的过程创造知识仍然处于主导位置，该过程中创造的知识需要被显性表达出来，科学家和工程师将其转变为文章、文档和资料。由于这种创新模式产生的是显性知识，易于被转移和学习，因此需要进行专利申请和知识产权保护。

基于工程经验的创新，是指企业解决其各种产品和工艺问题，是基于其解决问题过程中产生的经验和诀窍等隐性知识。这类创新是干中学、用中学、互动中学相结合的产物。在这种创新模式下，创新能力主要来源于

---

① Lundval, B. A.. National systems of innovation: towards a theory of innovation and interactive learning [M]. London: Pinter, 1992.

企业管理者和员工发现问题和形成高质量的解决方案以及有效应对客户、供应商和市场（竞争者）挑战过程中持续积累形成的经验和诀窍。推进这类创新，很重要的是要加强发明者和用户之间、企业内部员工与员工之间、部门与部门之间的相互联系和交流，通过持续和大量的交流及运用试错法（trial - and - error）解决问题而产生隐性知识，使企业能更好地响应用户的需求。在该类创新模式下，企业内部的 R&D 活动相对而言不是很重要，其创新动力更多地来自于客户或供应商的联系。这种创新模式不在于追求很高的新颖性，而主要是对已有产品和工艺的渐进性创新。例如，针对客户的需求改进产品的可靠性、实用性和用户友好性。在这种类型的创新过程中，隐性知识处于更加重要的位置，因为企业必须拥有相应的经验和诀窍，如了解产品的诀窍，深刻和准确把握用户的具体需求等。这种创新模式更多单独运用于非 R&D 密集型产业以及中小企业。

STI 与 DUI 两种创新模式的特点显著不同（见表 1 - 3）。实证研究发现，德国企业国际竞争优势的主要来源是其具有高水平的基于工程经验的创新能力[1]。成功的经验表明，企业将基于研发的创新和基于工程经验的创新两种模式结合运用，比单独运用基于研发的创新模式有更好的创新绩效[2]。DUI 模式可以单独运用，企业运用 STI 模式一般要结合运用 DUI 模式，这说明 DUI 模式在企业技术创新中处于更重要的位置。

表 1 - 3　STI 和 DUI 的比较

比较内容	STI	DUI
知识获取路径	know - what，know - why，通过学习获得	know - how，know - who，通过实践获得
知识类型	显性知识，普适性知识	隐性知识，区域性知识（因为大多数领域的实践只能被部分理解，许多工程解决方案和设计很难回答"为什么"）

---

① Thomä, J.. DUI mode learning and barriers to innovation—a case from Germany [J]. Research Policy, 2017, 46: 1327 - 1339.

② Fitjar, R. D. and A. Rodríguez - Pose. Firm collaboration and modes of innovation in Norway [J]. Research Policy, 2013, 42: 128 - 138.

续表

比较内容	STI	DUI
知识的扩散和保护	知识能被广泛运用，易于扩散，需要通过申请专利等方式予以保护	知识难以模仿和学习，较难扩散，掌握相应知识的人的流动是知识扩散的有效途径
典型产业	生物医药、纳米材料	机械、汽车
组织方式	建立研发部门，开展正规的R&D活动	创新活动的正式化、规范化程度不高；推进这类创新，伴随着组织和市场的创新；需要建立学习型组织
创新程度	能获得新颖程度高的新产品和新工艺，甚至实现突破性创新	服务于产品和生产工艺的渐进性创新
带来的竞争优势	提供新颖程度很高的新产品和新工艺	针对用户的需求改进产品的可靠性、实用性和用户友好性；灵活快速地为客户提供差异化、个性化、专业化、定制化的产品和服务
关系类型	以正式关系为主	供应链内正式关系为主，供应链外非正式关系为主
主要合作与联系对象	加强与高校、科研院所和科技创新服务机构的联系及合作	加强与客户、供应商和竞争者之间的联系和互动；加强企业内部各部门（设计、生产、销售）之间的联系和互动
知识共享	更易跨地区和跨文化共享	要共享共同的问题和实践经验，更多地与区域内的伙伴和同行共享
优势	显示度高，容易得到政府的支持	形成的新知识具有独占性，很难被模仿，能支持企业形成独特的竞争优势
缺陷	显性知识为主，容易被模仿，需要通过申请专利等加强知识产权保护	一是这种核心竞争力往往依赖于少数员工，其员工的流动就会导致其核心竞争力的削弱甚至丧失；二是企业吸收外部新知识和新技术的能力会比较弱；三是内部创新管理的非结构化和非系统化特征明显；四是容易阻碍其知识在企业内部不同部门与人员以及与合作伙伴的共享，影响其相互合作
运用情况	企业创新过程中，STI模式往往要与DUI模式综合运用，而且综合运用两种模式的成效比单独运用一种模式要好	该创新模式可以被企业单独运用；德国企业的情况表明，部分企业不运用STI模式，但是绝大多数企业运用DUI模式

第二节　国家创新体系与其经济影响

英国学者克里斯托夫·弗里曼教授在 1987 年出版的《技术政策和经济绩效：日本国家创新系统的经验》一书中明确使用了国家创新体系概念①。他在考察日本时，发现日本通产省在实现日本的技术追赶和跨越中发挥了很重要的作用。日本通产省从长远、战略和动态的视角出发，通过资源的优化配置，推动产业和企业技术创新，辅以组织创新和制度创新，使日本在短短几十年内迅速发展成为工业化大国。弗里曼认为，这是国家创新体系发挥作用的结果。可以看出，国家创新体系不仅包含那些直接关系到科学和技术推广的要素，它还包括所有影响创新的经济、政治和社会因素（例如，一个国家的金融体系、私营企业的组织、教育体系、劳动力市场、文化等）。国家创新体系是一个理论框架，在弗里曼等学者的不断推动下，各国开始接受并运用创新体系理论框架来观察评估本国创新实践及其对经济的影响。

一　国家创新体系产生的背景

弗里曼教授指出，在 1870 年之前，很多发明都是几百年甚至几千年才出现的。进入 20 世纪，随着新的专业研发实验室的出现，科技发展开始突飞猛进。研发实验室的力量在第二次世界大战中得到进一步的加强，雷达、计算机、火箭和炸药都是研发项目的成果。按弗里曼教授的观点，这是充分调动政府、工业界和学术界工程师、科学家共同努力的结果②。国家创新体系的雏形也是在这期间孕育而起的。

① Chris Freeman. Technology policy and economic performance: lessons from Japan [M]. London: Frances Pinter Publishers, 1987.

② Chris Freeman. The national system of innovation in historical perspective [J]. Cambridge Journal of Economics, 1995 (19): 5 – 24.

（一）从日本和美国国家创新体系看国家创新体系理论框架的起源

第二次世界大战后，日本迅速进行改革，到 1955 年 GDP 位居资本主义国家第七，再到 1967 年跃居第二位，社会、经济、政治等方面的变化使一些人相信，日本会成为世界上其他国家的榜样。此外，日本取得这样一个令人瞩目的成绩并不像西方国家一样，有着亚当·斯密的伟大理论为基础，运用西方所信奉的经济理论难以解释日本的现象。因此，这一新现象为新理论的发展提供了更广阔的空间。弗里曼从日本制度变迁的角度揭示了其在 20 世纪迅速崛起的原因，他认为国家创新体系对日本战后的快速发展起到了非常重要的推动作用。国家创新体系即由公共和私有机构组成的网络系统，该网络中各个行为主体的活动及其相互作用旨在经济地创造、引入、改进和扩散知识和技术，使一国的技术创新取得更好绩效。它是政府、企业、大学、研究院所、中介机构之间为寻求一系列共同的社会经济目标而建设性地相互作用，并将创新作为变革和发展的关键动力系统。

美国独立后的相当一段时期内，并不处于全球技术前沿位置，全球技术前沿这一优势地位由一些欧洲国家占据，首先是英国，然后是德国。然而，随着 19 世纪 90 年代后期以钢铁为基础的工业革命的出现，美国加入世界领导者的行列，产生了许多领先的创新。巨大的美国市场使美国公司能够成功进入新的大规模生产行业，如化工、钢铁和肉类加工行业，以及后来的汽车、航空和电子产品行业。最值得一提的是美国建立的由大公司和联邦政府主导的基于科学系统的创新体系。最初是在大萧条时期，后来是在战争结束后，美国建立了大型的、中央集权的企业研发实验室，帮助推动了电子、制药和航空航天等一系列行业的创新。除此之外，二战中联邦政府对科学技术的大力支持帮助促进了军工发展，盟军用这些军火击退了轴心国的威胁。这种强有力的联邦作用在战后继续存在，为研发实验室提供了大量资金，并大幅增加了对研究型大学的研发资助，促使了美国能够在软件、硬件、航空和生物技术等一系列行业中迅速领先。20 世纪 70

年代末，联邦政府开始更加关注技术、创新和竞争力的提升，这其中最重要的动机是 1974 年的大衰退（自大萧条以来最严重的一次），美国贸易差额从顺差转向逆差，以及人们日益认识到法国、德国和日本等国对美国工业构成了严重的竞争力挑战。政策制定者做出了一系列重大政策创新，包括通过了《史蒂文森 - 怀勒技术创新法案》《拜杜法案》《联邦技术转让法案》等，规划了一系列扶持企业发展的项目，如小企业创新研究计划（SBIR）、小企业投资公司计划（SBIC）等，实施了研发税收抵免，降低了企业税率，设置了美国国家科学基金会（NSF）、国家标准化与技术研究所（NIST）等①。与此同时，美国的大多数州都认识到研发和创新是经济发展的驱动力，转向技术引导性的经济发展实践。

日本和美国国家创新体系的发展以及二战后各国科技政策的快速调整，表明国家创新体系在促进国家经济发展与社会进步方面正发挥着越来越重要的、不可替代的作用。国家创新体系的形成是经济、社会、科技、文化等共同演化的结果，同时也受国与国之间的竞争以及外界环境的影响。研究国家创新体系的缘起及发展历程，将有助于我们全面把握国家创新体系的基本内涵。

（二）国家创新体系研究的不同视角

尽管弗里曼等多位教授提出了国家创新体系的概念，但是关于最早由哪位科学家提出了国家创新体系的概念，一直存在争议。弗里曼教授认为，根据他本人收集的资料，丹麦奥尔伯格大学的技术创新经济学家本特 - 雅克·朗德威尔（Bent - AkeLundvall）教授是第一个使用"国家创新体系"这一概念的作者，他在 1992 年出版的《国家创新体系》一书是一本"高度原创性的和启发性思想"的著作②。加拿大魁北克大学的乔治·尼奥斯（Jor-geNiosi）教授和法国巴黎大学的伯特兰·伯龙（Bertrand Bellon）教授则认

---

① Robert D. Atkinson. Understanding the U. S. national innovation system ［R］. 2014.
② Chris Freeman. The national system of innovation in historical perspective ［J］. Cambridge Journal of Economics，1995（19）：5 - 24.

为，国家创新体系这个概念是由朗德威尔教授在 1985 年出版的《产品创新：用户—生产者之间的相互作用》一书中最先提出来的，弗里曼和理查德·纳尔逊（Richard R. Nelson）等人采用并进一步发展了这一概念①。在多西（GiovannDosi）教授主编、1988 年出版的《技术进步与经济理论》一书中，纳尔逊、弗里曼、朗德威尔教授均提交了有关国家创新体系问题的论文。其中，纳尔逊教授侧重讨论美国的国家创新体系问题，指出"现代国家的创新体系从制度上讲是非常复杂的，当它们涉及制度要素和每个企业时，它们既包括致力于公共技术知识的大学，也包括政府基金与计划"；弗里曼教授侧重讨论日本国家创新体系的特色；而朗德威尔教授则着重研究了技术创新过程中的相互作用问题，并把国家当作这种用户—生产者相互作用的基本框架。由此可见，正是弗里曼教授、纳尔逊教授和朗德威尔教授三人的研究成果共同丰富了国家创新体系的主要内容。因为对国家创新体系的理解并不完全相同，实际研究中形成了国家创新理论研究的不同学术视角。弗里曼的国家创新体系概念侧重于分析技术创新与国家经济发展之间的关系，特别强调国家专有因素对于一国经济发展的影响。纳尔逊则将技术变革及其演进特点作为研究的起点，将重点放在知识和创新的生产对于国家创新体系的影响上，还把国家创新体系与高技术产业发展联系起来，并将企业、大学与国家技术政策之间的相互作用置于国家创新体系分析的核心位置。朗德威尔的研究，强调国家创新体系植根于其生产体系之中，并认为规范和规则即制度发挥着非常重要的作用②。

　　早期关于国家创新体系的研究主要集中在欧美等发达国家和地区，后来越来越多的学者开始将研究方向转向亚洲新兴工业化国家、发展中国家以及经济转型国家。不少学者认为，与发达国家相比，发展中国家更加体现出创新系统的差异性及特有的体系结构，并呈现不同发展阶段

---

① Jorge Niosi, Bertrand Bellon. The global interdependence of national innovation systems: evidence, limits, and implications [J]. Technology in Society, 1994, 16 (2): 177 - 197.

② 王春法. 关于国家创新体系研究的几个问题 [J]. 社会科学与管理评论, 2003 (1): 1 - 12.

的不同特征①。虽然不同的学者对国家创新体系的研究各有侧重，形成了不同的观点，但是他们也有显著共识。首先，国家创新体系建设过程中各类参与者之间的联系对于促进技术创新至关重要。国家创新体系中的参与方包括企业、大学和公共研究机构等，它们之间典型的联系方式包括合作研究、人员交流、专利共享、设备购买等。其次，创新体系的分析应以一国为疆界，分析重点在于学习和创新。学习和创新是经济长期增长的推动力量，而学习和创新是在一定的制度框架内进行的，完整的制度框架分析应该以国家为疆界，因此，国家应该成为创新体系分析的基本单元。

二 国家创新体系的内涵与基本架构

随着对创新和技术创新研究的深入，人们逐渐发现，不同国家的创新能力存在巨大的差距。这意味着一个国家的创新能力不仅受到科学研究和技术开发即研发能力的显著影响，还与该国的制度、文化、政策等众多因素密切相关。因此，需要运用系统工程的理论和方法，从系统的角度分析和研究国家创新体系的内涵和基本框架。

（一）国家创新体系的内涵与演变

对国家创新体系的内涵最常用的表述是弗里曼教授在 1987 年提出的，他将国家创新体系定义为"公共部门和私人部门中的机构网络，其活动及相互作用激发、引入、改变和扩散着新技术"②。OECD 出版了一系列相关报告，对国家创新体系作出明确定义，认为国家创新体系是指参加新技术发展和扩散的企业、大学、研究机构及中介组成的为创造、储备及转让知识、技能和新产品的相互作用的网络系统③。国家创新体系呈现出网状的结构，主要行为主体是政府、企业、大学和科研机构，主要任务是引导创

---

① 张俊芳，雷家骕. 国家创新体系研究：理论与政策并行 [J]. 科研管理，2009，30 (7)：10 - 16.

② Chris Freeman. The national system of innovation in historical perspective [J]. Cambridge Journal of Economics, 1995 (19)：5 - 24.

③ OECD. Managing national innovation system [R]. Pairs, OECD, 1999.

新性的行为、产生创新的成果，以及将创新的成果应用于实践。国家创新体系是一个十分复杂的系统，在创新实践的过程中，不同机构、不同组织、不同主体之间的相互联系和作用会直接影响创新成果①。还有不少学者认为，国家创新体系作为一个系统，也应具有明确的功能，国家创新体系中各参与方之间的相互作用和制度安排一定是为特定的功能和目标的实现服务的。这样，后来关于国家创新体系的研究，向着越来越关注国家创新体系的目的和功能演变。国家创新体系理论的形成还带动了区域创新体系、产业创新体系等多种新的理论的形成和发展，为支持相关政策的制定发挥了很大的作用。

国家创新体系随着时间的推移不断演变，王春法曾分析 20 世纪 80 年代至 90 年代中期美国国家创新体系的结构调整，认为那种调整方向并不主要是促进科学技术知识的创造，而是促进科技知识的扩散和应用，由此，促成了以 Spin - off 形式产生的科技型中小企业的大规模兴起与发展，以及促使创办技术孵化器和科学研究园区的高潮的出现。王春法认为，"美国的科技进步和经济发展表明，由国家创新体系所决定的国家创新能力是多方面因素构成的，其中最重要的是知识扩散能力与知识应用能力。从这个意义上说，重要的不在于创造出什么样的新技术，而是如何应用这些新技术知识以及怎样尽快地将这些新技术投入应用"。②

基于上述分析，王春法、游光荣教授于 2007 年提出国家创新体系的内涵应该由八个命题组成③。①国家创新体系是一种制度安排，其核心就是科学技术知识的循环流转及其应用。随着现代经济增长方式的转变，人们已经越来越多地认识到知识流动在现代经济增长中的巨大作用，因而有必要设立一种有关知识流动的制度安排，使科学技术知识的流动能够最大限度地与物流与资金流融合起来，统一起来。②在国家创新体系中，科学技

① 沈桂龙. 美国创新体系：基本框架、主要特征与经验启示 [J]. 社会科学，2015（8）：3 - 13.
② 王春法. 主要发达国家国家创新体系的历史演变与发展趋势 [M]. 北京：经济科学出版社，2003.
③ 王春法，游光荣. 国家创新体系理论的基本内涵 [J]. 国防科技，2007（4）：47 - 49.

术知识的循环流转是通过国家创新体系各组成部分之间的相互作用而实现的。这种相互作用发生在各种不同的层面上，因而表现为各种不同的形式。③就国家创新体系中各组成部分的相互作用而言，其实质是学习。创新过程实际上也就是一个学习过程。根据郎德威尔的观点，现实生活中主要有三种学习方式，即旨在提高生产作业效率的"干中学"，旨在提高复杂系统的使用效率的"用中学"和促进产品创新的用户—生产者相互作用型学习。④国家边界对于知识流动来说是有影响的。国家边界对于国家创新体系实绩的重要性主要体现在地理上的亲近、文化上的亲近和制度上的亲近三个方面。由此可见，国家边界的突出作用在于减少或者增加国家创新体系不同组成部分之间相互作用所必须付出的交易成本。⑤国家专有因素对于科学技术知识流动的方向和效率有着直接的影响。一国国家创新体系的特点很大程度上就是由这种国家专有因素决定的，而它的存在也决定了国家创新体系是不可模仿的。换句话说，国家创新体系的特点受到国情的直接影响。⑥科学技术知识流动的效率与方向直接影响到一个国家的经济增长实绩。国家创新体系理论认为，一国经济发展与国际技术经济竞争的实绩就是该国国家创新体系的函数，它在很大程度上反映了该国国家创新体系的效率与能力。⑦国家创新体系中可能会存在系统失效或制度失效的现象。经济发展实绩的国别差异表明，不同国家的国家创新体系在效率方面确实存在重大差别，而造成这种差别的一个重要原因就是有些国家的国家创新体系存在系统失效或者说制度失效的现象。⑧不存在一个国家创新体系的最优模式。

上述研究至今仍有很强的借鉴意义。当前，国际国内形势不断变化，新兴技术不断兴起，技术在经济发展过程中的决定性作用日益增强，国家创新体系的内涵也在相应发生改变。基于王春法教授的研究，我们认为，国家创新体系的基本内涵可以按照如下框架理解。

一是从创新的主体和创新单元看，国家创新体系由国家科研院所、大学、企业、社会研发机构等单元组成。当前，区域创新体系已经成为国家创新体系的重要组成部分，区域创新系统创造、扩散和应用技术知识的能力就是区域创新能力，它直接决定着一国或地区、企业的经济发展实绩，在这里，区域创新（或技术－经济）能力是由经济行为主体确认和利用商业机会的能力所决定的。

二是从创新过程看，国家创新体系由知识生产、知识流动、知识应用等部分组成。科学技术知识流动的效率与方向对经济增长具有重要的促进作用。企业间合作、公共部门和私营部门的相互作用、技术扩散、人员流动均是其重要组成部分。

三是从创新环境看，国家创新体系是一个开放的生态系统，经济全球化已经成为国家创新体系必须考虑的主要因素。由于存在国家技术专业化的倾向，而且不同机构之间相互作用的偏好与强度在国与国之间存在巨大的差异，因此，需要在国际一体化日益增强的框架内研究国家创新体系问题。

四是从系统调控看，国家创新体系通过特殊的制度安排，形成自我调节与宏观调控相结合的机制。技术交易、风险投资等中介活动的健康发育是建立体系内各创新单元有机联系与自我调节机制必不可少的因素。

五是从技术角度看，新兴的技术对国家创新体系的影响不容忽视，尤其是在数字化转型的大背景下，国家创新体系被赋予了新的研究视野和研究内涵。

（二）国家创新体系的基本架构

纳尔逊教授通过比较不同国家的创新体系，得出组成国家创新体系最重要的一些因素①。具体包括如下方面。①教育和培训。教育和培训是国家范围内进行的基础性能力建设。教育的质量虽然难以量化，但教育和培训为国家劳动力市场提供不同技能的人才是其核心的目标。②科学技术能

---

① Richard R. Nelson. National innovation systems. a comparative analysis ［M］. Oxford University Press，1993.

力。每个国家用于正式研发和其他创新相关活动（如设计、工程、加工等）的资源水平代表了国家创新体系的一个基本特征。世界范围内，大部分研发活动是在工业发达国家进行的，发展中国家的研发活动只占全球研发活动的很小一部分。即使在经合组织国家中，研发强度也存在显著差异。只有少数国家，包括美国、日本、德国、瑞士和瑞典，将正式的研发活动作为其创新体系的核心。③政府/业务收支平衡。公共部门和商业部门之间研发支出的细分存在差异。政府在太空、国防和核技术方面的大规模计划常常塑造了一个国家科技体系的整个结构，美国的情况就是如此。在日本、德国和瑞士等国家，研发主要集中在提升工业竞争力上。④产业结构。企业是技术创新的主体。一个国家的产业结构对其创新活动的性质有着强烈的影响。大公司更有可能从事基础研究项目和长期投资计划。企业在国内市场所面临的竞争也对企业的研发投资选择起着至关重要的作用。⑤创新系统不同部分之间的相互作用。不同行为者之间的协调水平是促进技术变革的一个关键方面。这在不同的国家是非常不同的：在一些国家和地区，政府与大公司有着密切的联系，例如，支撑日本、韩国工业发展的一个关键因素是政府与工业界的密切合作。缺乏相互作用往往会妨碍科技创新体系的绩效。

　　基于上述的研究成果，结合我国的国家创新体系特征，我们认为，国家创新体系是由一个国家的公共部门和私有部门等组成的网络。良好的制度设计能够促进各参与方之间的紧密联系和协调互动，使各类科技创新活动高效开展，加速新知识和新技术的创造、扩散和使用。国家创新体系能够提升自主创新能力，支撑引领经济社会又好又快发展，增强国家的核心竞争力①。这里需要注意以下几点。①国家创新体系建设涉及许多参与方，企业、科研机构和高校、科技中介服务机构、政府是这一体系中最重要的参与者。②国家创新体系建设的主要任务是要高效开展各类科技创新活动，基本目的是创造、扩散和使用新知识与新技术，提升自主创新能力，

---

　　① 仲伟俊，梅姝娥，黄超．国家创新体系与科技公共服务［M］．北京：科学出版社，2013．

支撑引领经济社会又好又快发展。③由于各个国家科学技术发展基础和经济社会发展水平不同，现有的制度安排和文化传统不同，不同国家科技创新的战略重点及其对经济社会发展的支撑引领能力往往显著不同。这样，不同国家的创新体系往往存在显著的差异，推进国家创新体系建设应采取的主要举措也可能明显不同。④国家创新体系建设不仅受到各类科技创新活动水平的影响，而且与各参与方之间的相互联系和作用密切相关，联系和合作是国家创新体系建设的重要影响因素。促进各参与方之间的交流和合作，是推进国家创新体系建设的重要举措。⑤国家创新体系建设中的各参与方会如何表现和发挥作用，与该国的制度、政策、文化等密切相关。与此同时，在全球化背景下，一国的创新体系建设还受到全球经济社会和科技发展态势的直接影响，也受到其他国家创新体系建设的间接影响，国家创新体系建设必须考虑国际环境的变化。结合上述研究，从系统分析的角度看，国家创新体系组成可以用下述结构模型来表述（见图1-2）。该模型分为三个层次。

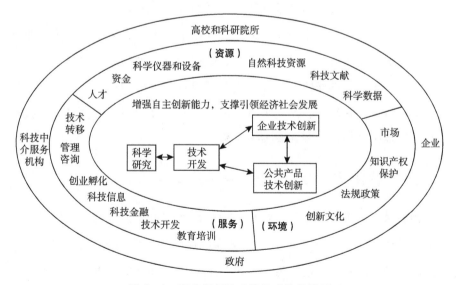

图1-2　国家创新体系的组成结构模型

第一层次描述的是国家创新体系建设的目的、功能和活动，即通过广泛和深入地开展基础研究、应用研究、技术开发、技术转移、企业技术创新和公共产品技术创新等活动，促进新知识和新技术的创造、扩散和使用，增强自主创新能力，支撑引领经济社会又好又快发展。

第二层次描述的是加快新知识和新技术的创造、扩散和使用以及开展科技创新活动的主要影响因素。第一类影响因素是科技创新资源，包括人才、资金、科学仪器设备、科技文献、自然科技资源和科学数据等；第二类影响因素是科技创新环境，涉及创新文化环境、市场环境、知识产权保护环境和鼓励创新的法规政策环境等；第三类影响因素是科技创新服务，如教育和培训服务、科技金融服务、科技信息服务、技术开发服务、技术转移服务、创新创业服务和管理咨询服务等。

第三层次描述的是其主要参与者及其相互联系。国家创新体系的参与者众多，主要有政府、高校和科研院所、企业以及科技中介服务机构，它们均是不可或缺的重要角色，承担重要的职责。一般而言，高校既要承担人才培养的重任，又是科学研究和技术开发等的重要力量；国家支持建立的科研院所，包含从事公共产品技术创新的国有企业，也要承担科学研究、技术开发和公共产品技术创新等一系列任务；从事私人产品研发和生产的企业是私人产品技术创新，也即企业技术创新的主体；科技中介服务机构必须承担技术推广、中介、信息、咨询等一系列的专业服务职能；政府部门更是在国家创新体系建设中担负着艰巨的历史使命，需要支持开展多方面的科技创新活动，需要为科技创新营造良好的环境，直接或间接地支持市场提供各种科技创新服务和资源。

三 国家创新体系在经济发展中的作用

创新之所以重要，是因为它是全球长期经济增长的基础。美国商务部在 2010 年报告中指出，自第二次世界大战以来，技术创新可以与美国 3/4 的经济增长率联系在一起。另一项研究将美国约 50% 的年度国内生产总值（GDP）增长归因于创新。同样，2000 ~ 2007 年，英国私营部门生产率增长的 2/3 是创新带来的。克莱诺（Klenow）和罗德里格斯·克莱尔（Rodriguez Clare）提出，尽管创新带来的私人回报率（从技术上讲，是研发投资）为 25% ~30%，但创新带来的社会回报通常是私人回报的 2 ~3 倍。总体而言，创新带来的好处会波及整个社会。因此，创新对经济发展至关重要[①]。

关于国家创新体系在经济发展中的作用，弗里德里希·李斯特（Friedrich List）和弗里曼教授均做了开创性的研究。

（一）后发国家的追赶型经济发展理论——李斯特的思想

德国著名的历史学派经济学家弗里德里希·李斯特确信知识（他称之为"智力资本"）是国家财富的主要经济资产。但他注意到，知识就像自然资源一样，在各个国家之间的分配不均，然而，每个国家都可以获得它。李斯特不仅分析了国家创新体系的许多特点，还高度重视国家在协调、执行长期工业和经济政策方面的作用。

1. 国家干预理论

19 世纪，由于德国当时是落伍后起的国家，相对于英国、法国等国来说，其自然存在许多后发优势可以利用。恰值资本主义处于上升时期，德国改革基本上是从英国、法国和美国等先发的西方国家引进资本主义制度。农村改革只是一个方面，此外还有军事、教育、财政、工业、税收等方面的改革。总之，德国的改革是在引进的过程中，不断地根据本国的国情和民情进行创新，使德国的现代化赶超道路出现了与英国、法国和美国等国相当不同的特点。德国的自上而下的改革客观上强化了政府的作用，整个经济生活也都在政府的主管下，政府创办并资助各种企业。法国科尔培尔时期的政府干预经济的做法，在德国得到进一步的发展。当然，德国政府的干预活动接受了李斯特的理论指导[②]。

李斯特学说中有关国家干预的阐述为后发国家提供了宝贵启示。他尤

---

① Global Trade & Innovation Policy Alliance. National innovation policies, what countries do best and how they can improve [R]. 2019.

② 尹朝安. 19 世纪中后期德国经济的发展与制度创新 [J]. 德国研究，2003，18 (1)：43 - 50.

为推崇国家政权在经济发展中的助推作用，这是他历览各国成败得失经验教训后的一个实证结论。李斯特考察了太多的正反两方面发展进程，不再相信发展是一个由看不见的手引导的自发过程。在他看来，时机恰当、力度恰当的国家干预乃成功发展不可缺少的先决条件。他设想的国家干预包含两个方面，一是针对领先国的竞争打压构筑贸易和产业保护的壁垒，二是有为地采取培植生产力的内政措施，如完善交通等基础设施并改良政法制度安排①。政府在社会经济发展中的不可替代作用，为以国家为主导的国家创新体系建设提供了理论和经验支持。

2. 以生产力为主线的经济发展阶段论

李斯特把一国经济的发展划分为四个阶段。第一阶段是自给自足的经济状态。在这一阶段，一个国家的经济以农业为主，唯一的工业是原始的手工业；生产力极为低下，人的智力资本根本就没有得到开发和利用，几乎没有什么剩余产品。第二阶段，占统治地位的仍然是农业经济，但是，由于对外经济交往关系的发展，社会经济生活开始发生巨大的变化。第三阶段，"本国工业虽然没有完全控制国内市场，但已占支配地位"②，工农业之间开始形成一种和谐的平衡发展。人们的智力资本不仅得到较充分的开发，而且也可找到较多的发挥作用的机会。第四阶段是成熟的工业化经济阶段。在这一阶段，国内外贸易都已在工农业生产高效率的基础上达到相当大的规模，工业再也不怕其他国家的竞争，人的智力资本得到充分的开发和利用，社会政治制度是一种开明、自由的制度。

李斯特认为，后发国家要想追赶上先进国家，大力发展生产力（实现工业化）是核心要素。李斯特的学说独树一帜地将国家生产力发展作为研究对象，他将斯密的理论称为价值理论，而将自己的理论定义为生产力理论③。

---

① 欧根·文得乐. 弗里德里希·李斯特传 [M]. 梅俊杰，译. 北京：商务印书馆，2019.
② 弗里德里希·李斯特. 政治经济学的自然体系 [M]. 杨春学，译. 北京：商务印书馆，1997.
③ 马腾. 后发国家的追赶型经济发展理论——以李斯特经济思想为中心的考察 [J]. 经济问题探索，2015（5）：138 - 143.

工业的发展对于一个国家的整体经济发展来说不可或缺，李斯特对此提出"一个国家如果只有农业的发展而不存在工业，就相当于在物质生产中缺少了一只胳膊的人一样"①。这类国家缺乏自身的工业生产能力，只能生产外国不屑于生产的剩余部分，很多工业制成品需要从别国购买，因而经济活动会受制于他国的反复无常，容易受到外来操控。一个国家要想维持自身的独立，取得经济的迅速增长和文化的高度繁荣，提高国际竞争力，就必须充分保证国内工业产业的发展和技术效率的提高。同样，后发国家要想追赶上先进国家，必须拥有自己的工业制造能力，才能生产出国内制造商能够消费的粮食和原材料，不至于过分依赖外国工业制成品的进口，才能在国际竞争中力争摆脱劣势地位。

但他没有预见到工业领域内部专业化的研究与发展活动的兴起，更没有预见到跨国公司的兴起，这些公司在许多不同国家经营生产设施，并且越来越多地在原有基地之外设立研究与发展机构。这些因素都在深刻地影响着国家创新体系的发展。

（二）弗里曼的技术政策与经济绩效理论

在人类历史上，技术领先国家从英国到德国、美国，再到日本，这种追赶、跨越，不仅是技术创新的结果，而且包含着许多制度、组织的创新，是一种国家创新体系演变的结果。换句话说，在一国的经济发展和追赶、跨越中，仅靠自由竞争的市场经济是不够的，需要政府提供一些公共商品，需要从一个长远的、动态的视野出发，寻求一个资源的最优配置，以推动产业和企业的技术创新。

1. 研发活动的兴起

弗里曼指出，在德国，工业企业内部研发部门的制度创新是在 1870 年引入的。当时，德国染料工业第一次意识到基础研究对新产品和新化学工

---

① 弗里德里希·李斯特. 政治经济学的国民体系［M］. 邱伟立，译. 北京：华夏出版社，2013.

艺的开发至关重要、有利可图，开始建立自己的研发实验室，并取得巨大成功。德国化学工业的成功促使其他国家的化学公司（如瑞士的 CIBA）纷纷模仿。企业内部研发实验室也开始出现在其他行业中，这些行业同样需要获得大学和其他研究机构的基础研究成果，并开发自己的新产品。美国和德国的电子工业在 19 世纪 70 年代创立了大量的研发实验室，在国家创新体系中发挥了重大作用（见表 1-4）。

表 1-4　1934～1983 年研发总支出占国民生产总值的百分比

单位：%

国家（经济体）	1934 年	1967 年	1983 年	1983 年 （仅民用研发）
美国	0.6	3.1	2.7	2.0
欧共体 12 国*	0.2	1.2	2.1	1.8
日本	0.1	1.0	2.7	2.7
苏联	0.3	3.2	3.6	1.0

注：* 欧共体 12 国均值。

2. 20 世纪 70 年代和 80 年代国家创新体系的一些对比特征

弗里曼对比了苏联和日本的发展，认为苏联除了飞机工业和其他国防部门之外，研发、生产和技术进口的一体化很弱；用户—生产者的联系在苏联的某些地区非常薄弱或几乎不存在。相似的是，苏联和日本两国在 20 世纪 50 年代和 60 年代都享有较高的经济增长率，拥有良好的教育体系，年轻人接受高等教育的比例很高，而且都非常重视科学和技术（见表 1-5）。

表 1-5　国家创新制度的对比：20 世纪 70 年代

日　本	苏　联
高 GERD/GNP 比例（2.5%）	非常高的 GERD/GNP 比例（4%）
军事/航天研发占比极低（<R&D 的 2%）	军事/航天研发占比极高（>R&D 的 70%）
企业资助的研发活动占比较高（约 67%）	企业资助的研发活动占比很低（<10%）

日　本	苏　联
具有较强的研发、生产和技术引进一体化整合能力	研发、生产和进口分离，体制联系薄弱
强大的用户生产商和分包商网络连接	营销、生产和采购之间的联系薄弱或不存在
很强的激励机制，激励企业和管理人员参与创新	一些鼓励创新的因素在 20 世纪 60 年代和 70 年代变得越来越强烈，但被其他影响管理和劳动力的消极因素抵消了
丰富的国际市场竞争经验	除军备竞赛外，国际竞争相对薄弱

　　弗里曼同时对比了拉丁美洲国家在 20 世纪 80 年代的创新体系与东亚地区的创新体系（见表 1 - 6），尤其是 20 世纪 80 年代的两个新兴工业化国家——巴西和韩国（见表 1 - 7）。20 世纪 50 年代，亚洲国家的工业化水平较低，但在 20 世纪 60 年代和 70 年代，拉丁美洲和东亚经常被归为增长非常迅速的新兴工业化地区，到 20 世纪 80 年代，具有鲜明差异的情况开始出现：东亚地区的国民生产总值年均增长率约为 8%，但在包括巴西在内的大多数拉丁美洲国家，这一增长率下降到不到 2%。弗里曼提出，对于这种鲜明的对比，有许多解释。与大多数拉丁美洲国家相比，一些亚洲地区引入社会变革，如土地改革和普及教育，而且进行了大规模的技术变革。

表 1 - 6　20 世纪 80 年代创新体系的差异：东亚、拉丁美洲的比较

东　亚	拉丁美洲
扩大普及教育体系，提高高等教育和工程专业毕业生的比例	工程师产出相应减少，教育体系恶化
技术进口通常与当地在技术变革方面的主动行动相结合，在后期阶段，研发水平迅速提高	有许多技术转让，特别是来自美国的技术转让，但企业级研发能力薄弱，与技术转让的整合很少
工业研发占比上升到所有研发的 50% 以上	工业研发占比小于 25%
发展强有力的科技基础设施，并在后期与工业研发建立良好的联系	科技基础设施薄弱，与工业联系薄弱

东　亚	拉丁美洲
20 世纪 80 年代日元强劲，日本投资和技术大量流入，日本管理模式和网络组织的强大影响力	外国投资（主要是美国）减少，投资水平普遍下降，国际技术联网水平低
对先进电信基础设施的大量投资	现代电信发展缓慢
强大且快速发展的电子行业，出口量很高，并且来自国际市场的用户反馈也很多	电子工业薄弱，出口低，缺乏国际营销经验

表 1 - 7　国家创新制度：巴西、韩国 20 世纪 80 年代的一些数量指标

单位：%，美元

指　标	巴　西	韩　国
第三级（高等）教育年龄组百分比	11（1985 年）	32（1985 年）
工科学生占人口的百分比	0.13（1985 年）	0.54（1985 年）
研发占国民生产总值的百分比	0.7（1987 年）	2.1（1989 年）
工业研发占比	30（1988 年）	65（1987 年）
电子元器件增长率	8（1983～1987 年）	21（1985～1990 年）
电信设备的人均销售额	10（1989 年）	77（1989 年）

总体而言，弗里曼特别强调在剧烈的技术变革情况下，将技术创新与组织创新和社会创新结合起来的必要性。弗里曼十分肯定技术对经济的促进作用，认为技术创新是国家创新体系的核心，国家创新体系对国民经济发展起到了巨大的推动作用。

（三）经济全球化视角下的国家创新体系的思考

随着经济全球化的到来，国家创新体系对全球经济发展的影响日益显著。当前阶段，要在全球范围内最大化创新产出，需要两个关键条件：首先，各国必须实施有效的政策，以最大限度地提高自己的创新产出；其次，全球经济和贸易体系必须通过设立大型国际市场的准入机制，提供强有力的知识产权保护等措施来使基于创新的产业蓬勃发展[1]。各国的创新

---

[1]　Global Trade & Innovation Policy Alliance. National innovation policies, what countries do best and how they can improve [R]. 2019.

战略必须以能够促进经济增长为宗旨，协调针对科学研究、技术商业化、信息技术投资、教育和技能开发、税收、贸易、知识产权、政府采购以及监管的不同政策。正如芬兰的国家创新战略所主张的那样，各国的创新战略必须全面解决一系列广泛的政策问题，因为"零星的政策措施不足以确保该国在创新领域处于领先地位"。ITIF 在其报告"国家创新基金会的全球繁荣"中写道，现在至少有 50 个国家制定了国家创新战略，而且大多数公司甚至建立了专门机构或基金会，以最大限度地丰富其所在国家的企业和组织的创新成果。

综上所述，经济全球化视角下的国家创新体系应旨在将科学、技术、创新与经济、就业增长明确地联系起来，有效地制定国内和国际相关规则，充分参与全球基于创新的经济活动。

第三节　创新：从传统到绿色

自熊彼特提出创新概念以来，创新一直是经济发展与社会进步的重要手段，也是制定企业发展战略、制定国家政策、提升国际竞争力以及解决人类一般性生产生活中实际问题等方面必然考虑的优先事项。按照熊彼特以及后来研究与实践中不断完善的创新概念内涵，创新不外乎技术、制度以及管理等几个方面的变化和进步，从更大的范围看也包括理念的创新。从创新的动力机制看，既有以问题为导向的创新，比如生产过程中遇到技术障碍、社会管理中遇到不易解决的难题而产生的技术与制度等方面的创新，也有以目标为导向的创新，比如，企业为扩大产品市场以及提升核心竞争力、增强国家的实力等方面的技术创新。创新既有主体的内生动力，也有来自主体所在环境施加的外在压力，其核心目标是突破人类生存的可能界限，促进经济增长和社会进步。

在过去近 300 年的人类发展历史中，通过技术进步、制度创新以及管理上的不断改进，经济出现了史无前例的增长，社会发展突飞猛进，人的生存条件和生活质量得到显著改善；同时随着知识的不断积累以及视野的不断扩大，人类触及的空间广度和深度也在不断延伸，可能性的边界似乎没有了边界。这是创新给人类提供的美好前景。但是，社会生产力的提升加快了人类开发利用自然资源的步伐，人类赖以生存的生态系统乃至整个地球正在超负荷运转，如果继续不加限制地发展，我们很可能将丧失发展的基础。经济发展与环境保护、社会进步与生态协同、生活质量改善与生存条件呵护之间的关系等，正考验着人类是否有智慧通过创新手段来协调人与自然的关系。人既不可能从自然环境中抽离出来，也不可能退回到原始下的生存阶段，因此必须在发展中寻找人与自然和谐的新路径，这便是我们需要关注和研究的绿色创新。

绿色创新这一概念的提出并不是偶然的，而是社会经济发展到特定阶段的实践认知和现实需求。事实上，由于传统创新过于关注对经济效益的追求，而忽视了生态效益和社会效益，从而引发了各种各样的社会经济以及生态环境方面的问题，迫使人们逐渐认识到，对传统创新的重新认知和重塑的重要性。国家创新体系的提出，既是对传统创新的升级，也是对传统创新不足之处的一种修正和改进。而绿色创新的提出，则预示着一个全新的创新时代的来临。

一　传统创新的失灵

创新代表着旧的事物消亡、新的事物产生，但同时也蕴含着未知和盲动。这是创新所呈现的一体两面特质。创新所带来的变革是巨大的，尤其是当创新融入社会经济发展中时，人类社会能够得以跨越式前进。人类历史上的数次工业革命都是创新所推动的，英、美等国家正是借助创新而先后成为世界强国。然而，创新是对未来不确定性的一种探索，其目标是不确定的，其创新活动过程是未知的，甚至多数的创新只是为了创新而创新，因而创新的后果也是不可预知的。美国著名管理学大师德鲁克在其著作《后资本主义社会》一书中深刻地指出："在二次大战后，从科技知识的产量来看，英国的经济本来应该位居世界领导地位。抗生素、喷射引擎、扫描仪器甚至计算机等，都是由英国研究发展起来的。但是，英国并未能将这些知识成就转化为成功的产品、服务、工作、出口和市场地位。知识与生产脱节，比其他原因更能解释英国经济何以愈来愈走下坡路。"① 现如今，美国也在重蹈英国的覆辙。正如美国著名智库"信息技术与创新基金会"创始人罗伯特·D. 阿特金森（Robert D. Atkinson）在《创新经济学：全球优势竞争》中写道："说实话，英国和美国不同，并非英国的所有经验都适用于美国。但是当我们研究英国产业衰落的原因时，我们很快就产生了一种奇怪的似曾相识的感觉。一个领域接着一个领域，美国正在犯着英国当年曾经犯过的相同错误。"② 这不得不让我们反思英美等发达国家出现经济衰退的根本原因。美国作为世界头号科技大国，一直把创新看作立国之本，创新已经渗透到美国社会经济的方方面面。但即便是这样，美国经济依然出现衰退，就不能用缺乏创新来解释了。也就是说，美国等发达国家在社会经济发展中出现的问题，很大程度上可以解释为这些国家在创新上的迷失，即创新的失灵。

相对而言，与英、美等国这种由创新的失灵所导致的经济衰退相比，不合理地利用技术创新所引发的生态环境灾难，后果更为严重。20 世纪 60 年代的环境公害、90 年代的生态危机等，都是在追求利润最大化的本能驱使下，使技术创新这一工具被更多地引向了经济效益这个方向，而忽视环境保护甚至以牺牲资源环境为代价所造成的③。这引发了学者们对创新的伦理思考。例如，1918 年毒气弹发明者弗里茨·哈伯获诺贝尔化学奖，遭到英法科学家的强烈抗议和谴责，称这是"历史的耻辱"；1955 年 4 月，爱因斯坦在去世前一周还与罗素等科学家代表人类签署了著名的《罗素 – 爱因斯坦宣言》，主张废除核武器，消除核战争④。事实上，当我们重新审

---

① 彼得·F. 德鲁克. 后资本主义社会 [M]. 傅振焜，译. 北京：东方出版社，2009：148 – 149.

② 罗伯特·D. 阿特金森，史蒂芬 J. 伊泽尔. 创新经济学：全球优势竞争 [M]. 王瑞军等，译. 北京：科学技术文献出版社，2014：65 – 66.

③ 马媛，侯贵生，尹华. 技术创新的演变：从传统到绿色 [J]. 科技管理研究，2014，34 (19)：11 – 15.

④ 潘锡杨，李建清. 科技伦理视阈下的绿色创新研究 [J]. 自然辩证法研究，2014，30 (6)：82 – 88.

视创新目标时会发现，创新除了要追求经济效益目标外，生态效益目标的实现也应该体现到创新的价值体系中，即创新应朝着生态化的方向转变，或者说是朝着绿色化的方向转变，从而使创新能够更好地符合经济社会全面、协调、可持续发展的需要①。

二 传统创新的绿色化

何谓绿色化？2015 年 4 月 25 日中共中央、国务院印发了《关于加快推进生态文明建设的意见》的文件。意见中提出"协同推进新型工业化、城镇化、信息化、农业现代化和绿色化"。这是绿色化首次在中央重要文件中被提出，也是对党的十八大提出的"新四化"的拓展与延伸，足见绿色化的重要性和受重视程度。绿色化，简单来说，就是朝着绿色的方向变革，经济增长需要绿色化，生活消费方式需要绿色化，传统创新同样也需要绿色化。

传统创新的绿色化，意味着传统创新一方面要满足随时代发展和变化的经济效益要求，另一方面也要满足生态效益的要求，是经济效益和生态效益的统一②。然而，由于传统创新自身的局限性，其并不能适应社会经济发展的这种更高要求。从生态伦理学的角度看，传统创新虽然促进了经济的增长，却导致了环境污染及自然生态平衡破坏的后果，其社会经济发展的负面效应不断凸显。为此，对于传统创新的绿色化，就是要修正其唯经济效益的特性，并赋予它绿色化的功能，即维护自然界的生态平衡、维护人类社会的动态平衡以及维护人类社会与自然界之间的平衡。自然界具备自我调节和平衡功能，因此传统创新的绿色化功能对于自然界而言，主要是用于污染防治、荒漠化的修复，以及生物多样性的保护等方面。对于人类社会来说，传统创新的绿色化功能，就是有利于营造一个在劳动就

---

① 彭福扬，曾广波，兰甲云. 论技术创新生态化转向 [J]. 湖南大学学报：社会科学版，2004（6）：49 - 54.

② 孙育红，张志勇. 生态技术创新与传统技术创新的比较分析——基于可持续发展视角 [J]. 税务与经济，2012（4）：1 - 4.

业、收入分配、资源利用等方面和谐有序的、保障人们自由平等的健康
的社会环境，促进社会稳定、公平、民主和人民生活质量的提高；有利
于缩小城乡差别、区域发展差距，对于消除失业与贫困、增进弱势群体
的社会福利有着积极的意义；同时，传统创新的绿色化，还会带来制度
上的创新，促进制度的变迁，使制度设置更好地满足社会生态良性发展
的要求①。

对人类社会与自然界之间的平衡而言，传统创新的绿色化功能，就是
修正传统创新所造成的人与自然严重对立的关系，以及代内、代际的不公
平问题。也就是说，传统创新的绿色化，就是要打造一个"生产—消费—
回收"的产业创新生态链，将人类社会与自然界有机地整合在一起，在实
现生产环节提高资源效率、消费环节注重生活品质和适度消费，以及回收
环节零排放的基础上，架接起一个人与自然之间良好的和谐、共生关系。
而传统创新由于其自利性和逐利性，仅仅关注生产环节的技术创新，而忽
视消费和回收环节的创新需求，这是传统创新的局限性，也是需要克服的
地方。

此外，国家创新体系也是对传统创新的一个改进和完善。国家创新体
系针对传统创新专注于技术创新的不足，将组织创新和制度创新纳入一个
体系中，从而使组织创新和制度创新不仅能为技术创新提供发展的空间，
而且还能规范、激发技术创新沿着既定的方向演进。不过值得指出的是，
国家创新体系目前还只是一个理论框架，因此，在设计和构建的过程中，
也需要考虑绿色化的问题，即一般创新体系也存在向环境创新体系演变的
过程②，同时也是国家绿色创新技术体系构建的过程③。

因此，可以说，传统创新的绿色化既是对传统创新的纠正和完善，也
是社会经济发展进入可持续发展时期对绿色创新的本质要求和召唤。

_____

① 彭福扬，曾广波，兰甲云 . 论技术创新生态化转向 [J]. 湖南大学学报：社会科学版，
  2004 (6)：49 - 54.
② 戴鸿铁，柳卸林 . 对环境创新研究的一些评论 [J]. 科学学研究，2009，27 (11)：1601 -
  1610.
③ 陈劲 . 国家绿色技术创新系统的构建与分析 [J]. 科学学研究，1999 (03)：37 - 41.

三 绿色创新的概念与基本属性

从目前已有的研究文献资料来看，因各自研究领域以及知识背景的限制，绿色创新概念呈现明显的专业特色。同时，考虑绿色创新是一个新概念，目前的研究还不允分，可以说只要是具备了创新的新颖性、价值性特征，且能实现资源节约和环境改善，就可以被归为绿色创新。绿色创新也常被称为"可持续创新"、"生态创新"或"环境创新"等，并且通常与"可持续发展"、"环境问题"和"外部性"相关联①。因此，尽管对于绿色创新很难有一个统一的定义，国内外学者还是根据各自的理解对绿色创新给出了界定。

可持续创新、环境创新以及生态创新三者在概念上虽然没有太大的差异，但在具体的解读上，依然存在一些差别。可持续发展通常更多地被理解为一种类似于自由与公正这样的启发性的理念，因而，可持续发展作为一种诸如减轻环境负担、改进环境质量等框架式的概念，为环境创新或生态创新的定义提供背景知识②。如 Huppes 从持续的经济增长以及环境质量的改善这一构成可持续发展的基本要素出发，将生态创新定义为社会经济绩效和环境绩效的综合提升③。Huppes 的这个生态创新定义显然是相对要严格很多，因为对于世界各国而言，其中的绝大多数国家估计都很难实现这样的目标，毕竟要在经济与环境之间取得平衡就很难，而追求两者都能够在绩效上得到提升几乎是很难完成的任务。为此，Ekins 给出了一个相对温和的定义，即生态创新是一个新产品的研发与生产，或者一种新服务、新生产工艺、新组织结构、新管理或经营方法的应用；在这个过程

① 李旭. 绿色创新相关研究的梳理与展望 [J]. 研究与发展管理, 2015, 27 (02): 1-11.
② Rennings K. Redefining innovation: eco-innovation research and the contribution from ecological economics [J]. Ecological Economics, 2000 (32): 319-332.
③ Huppes G, Kleijn R, Huele R, Ekins P, Shaw B, Esders M, Schaltegger S Measuring eco-innovation: framework and typology of indicators based on causal chains. Final Report of the ECO-DRIVE Project, CML, University of Leiden. 2008. http://www2.leuphana.de/umanagement/csm/content/nama/downloads/download_publikationen/Huppes_Esders_Schaltegger_2009.pdf.

中，与其他方案相比，可减少环境风险、污染和资源使用（包括能源使用）的负面影响①。在这一定义中，经济和环境的绩效改进并没有明确提出。也就是说，对于生态创新这一类概念进行界定时，需要考虑到其可行性和可操作性的问题。类似地，Kemp 从环境创新的角度，给出了与生态创新相似的定义，即环境创新是指新的或改进的工艺、技术、系统和产品，以避免或减少环境危害。它们可以涉及技术创新或组织创新，后者包括企业的组织结构、程序以及惯例的变化②。通过研究大量绿色创新的文献可以发现，学者们并没有对环境创新与生态创新进行区分，两个概念通常会在论文中交互使用③。事实上，如果不进行特别地细究，绿色创新的定义大致看起来也与环境创新和生态创新没有太大的区别，只不过范围会更广一些。诸如 Schiederig 从六个方面对绿色创新进行了界定。①创新目标：产品、工艺、服务、方法。②市场定位：满足需求/在市场上具有竞争力。③环境方面：减少负面影响（最佳 = 零影响）。④阶段：必须考虑整个生命周期（对于减少物质流动）。⑤动机：减少负面影响的意图可能是经济的或生态的。⑥水平：为企业制定新的创新/绿色标准④。绿色创新的这个定义，基本上可以适用于可持续创新、环境创新和生态创新等各种创新概念。

从众多文献对生态创新、环境创新以及绿色创新的定义中看，迄今的研究使用了四种不同的概念/术语来描述减少环境负面影响的创新："绿色"、"生态"、"环境"和"可持续"。从以上学者们的定义来看，这些术语似乎都可以互相替换。但如果仔细比较分析，前三个创新概念都有各自的片面性。与布伦兰特报告（Brundtland report）中关于可持续创新概念相

① Ekins P.. Eco – innovation for environmental sustainability：concepts, progress and policies [J]. International Economics & Economic Policy, 2010, 7 (2 – 3)：267 – 290.

② Kemp R., Arundel A.. Survey indicators for environmental innovation. IDEA paper. 1998. http：// pdfs. semanticscholar. org/2f05/5398ef086c94d9efd5917ff5e522a5da0dc8. pdf.

③ Ozusaglam S.. Environmental innovation：a concise review of the literature [J]. Vie & Sciences de lentreprise, 2012, 191/192：15 – 38.

④ Schiederig, T., Tietzer, F., & Herstatt, C.. Green innovation in technology and innovation management – an exploratory literature review [J]. R&D Management, 2012 (42)：180 – 192.

比，可以发现，可持续创新概念涉及经济、生态和社会等三个方面，而其他的三个概念则仅包括经济和生态这两个方面①。这就揭示了，绿色创新、生态创新以及可持续创新等概念并不是人们所理解的那样，其背后的含义依然还没有得到透彻阐释，还需要进一步深入探究。同时也表明，"绿色"、"生态"、"环境"和"可持续"这四个术语之间并不是没有差异的，它们所代表的含义存在明显的区别；因此，对于它们内在的本质属性还需要进一步刻画。

我们认为，绿色创新的提出并不是要否定传统创新，而是要把传统创新拉回正轨，赋予其"绿色"、"生态"以及"可持续"的属性，本意是对突破性创新和渐进性创新的兼容并蓄。"绿色"意味着和谐，也就是说，由传统创新的局限导致创新的结果和影响忽视甚至破坏了自然界自身的和谐、人类社会自身的和谐以及人类社会与自然界的和谐。因此，绿色创新过程就是重新让这种和谐回归的过程；同时，这种和谐也是社会经济由快速发展向理性发展转变的一种要求和体现。"可持续"反映的是自然、经济、社会的总体可持续发展，其中，贫富差距等所引发的影响可持续发展的社会不公平问题，是绿色创新需要解决的重要议题。"生态"一词所具有的丰富含义在于，它不仅是指自然环境良好，而更关键的含义是一种系统的内在良性运作。对于绿色创新而言，生态除了反映环境改善外，也要把绿色创新看作一个自我演化的系统动力，是驱动低级系统不断向高级系统演化的过程。由此，从对"绿色"、"生态"以及"可持续"的深入解读来说，绿色创新具有如下三个方面的基本属性。

（一）绿色创新促成"自然文明"② 与人类文明间的相互和谐

和谐是绿色创新遵循的准则。而所谓和谐包含三个方面的含义：一是

---

① Diaz – Garcia C. ,Gonzalez – Moreno A. ,Saez – Martinez F. J.. Eco – innovation：Insights from a literature review [J]. Innovation：Organization & Management，2015，17（1）：6－23.
② 所谓自然文明，在这里专指与人类文明相区别的一种自然界特有的内在的运作规律，也应该是一种文明形态的展现。

自然界本身的自我运行和谐，简单来说，就是自然生态系统的动态平衡；二是人类社会本身的自我运行和谐，即社会经济系统的动态平衡；三是人类社会与自然界之间的和谐共生与平衡。事实上，自然界并不是人们通常所认为的一种原始的、未开化的生态环境，而是一个能够按照自我运行的规则和逻辑体系、长期演替形成自主性、独立于人类文明而存在的"自然文明"。但这并不否认自然文明与人类文明间的交互性。道法自然，人类文明脱胎于自然文明。人类文明不仅要以自然文明为生存环境的依托，而且还要师从自然文明，了解和学到自然的运作规律，以及所要遵循的自然法则，使人类文明能够持续稳定地发展下去。

传统创新所取得的科技成就，使征服自然的科技创新成为人类满足欲望的工具①。而绿色创新则抛弃了传统创新的科技万能论，并以一种正确的创新发展观，把人类文明重新拉回继续学习和遵循自然文明的正轨上来。也就是说，自然文明并不是我们所想象得那么简单，而是对人类有所保留，需要人类谦逊地不断去探究。正如卢风所强调的，"我们就可以意识到人类之所知相对于自然所隐藏的奥秘，永远都只是沧海一粟。不管科学如何进步，知识如何爆炸，……在知识论方面我们必须放弃完全可知论，接受谦逊的理性主义，承认大自然是永远捉摸不透的，大自然对我们是有所隐藏和保留的"。

因此，绿色创新通过绿色的科技体系和制度体系的建立，来协调人类文明与自然文明之间的关系，确保人类文明从自然文明获取适度的发展资源，而人类文明在取得发展成就的同时，也要回馈自然文明，从而能够在人类文明与自然文明的互动过程中加深两者的融合深度。生态文明的提出，则是人类文明与自然文明之间相互交融与和谐的最佳展示。

（二）绿色创新是推动可持续发展进程的动力源泉

传统工业经济时期，推动经济增长的主要目的是消除贫困，解决绝大

---

① 卢风. 绿色发展与生态文明建设的关键和根本 ［J］. 中国地质大学学报：社会科学版，2017，17（01）：1－9.

多数人的温饱问题。为了应对这样的需求而产生的传统创新，自然就以大规模的生产为主要任务，即通过技术革新以提高劳动生产率，解决生产力不足的问题，并为工业经济的快速发展提供了强大的技术支撑体系。工业社会实现了物质极大丰富，人们的生活水平也得到很大的提高。但是，这是以大量的自然资源消耗以及环境污染为代价的。工业经济的这种发展模式，将人类社会推到了自然界的对立面。资源的大量消耗和环境的污染，实际上又造成了代与代之间的不公平。显然，传统创新支撑下的工业经济是不可持续的。

为了解决工业经济的不可持续性问题，需要一种全新的经济形态，即绿色创新经济来替代传统的工业经济。而绿色创新经济的动力和支撑体系是绿色创新。可持续发展概念自 1987 年首次被提出以来，已经过去 30 多年了，可持续发展的进程依然不容乐观。究其原因还在于，可持续发展的动力机制还没有从传统创新转换到一种新的创新模式，即绿色创新，它与可持续发展的内在含义和指向是一致的，可以说绿色是可持续发展的"底色"①。绿色创新，以探寻绿色价值为根本，以人类社会的可持续发展为目标，为经济的绿色化以及生活消费方式的绿色化提供技术和制度支撑。一方面，绿色创新以高效、低碳、环保的绿色技术体系为根本，通过改造、替换传统工业经济的技术体系，实现经济的绿色化。另一方面，绿色创新通过在制度上的创新和安排，实现绿色产品对传统的高耗能、高污染产品的替代，从而引导生产、消费以及生活方式向绿色化的方向转变。可以说，在全社会推行厉行节约、绿色运行的社会发展模式，是一种可持续的发展模式，而绿色创新在其中起到原动力的作用。

（三）绿色创新是一个不断进阶演化的"生态系统"

传统创新向绿色创新转变的过程，实质上是对传统创新的重塑，即赋

---

① 黄晶. 立于变革风口，重温"绿色经典"——追寻可持续发展历史轨迹 [J]. 可持续发展经济导刊，2020（1）：53-58.

予传统创新以双重的生态意蕴：一是创新具有重要的生态功能；二是创新可被视为一种"生态系统"。前者更多地倡导在环境保护和生态文明的前提下进行创新；后者则更倾向于将创新活动看作一个生成、进化、互动的过程，以"生态"为隐喻展开，探索如何通过各创新要素互惠、协调、结网群居，形成生态化创新体系①。其中，创新被视为生态系统的意义在于，对于创新本身而言，创新也存在可持续性的问题，即创新也需要进行自我的创新演进。与此同时，创新涉及方方面面的利益相关方，创新需要以一种系统的形式，将各利益相关方纳入一个整体体系，并协调相互间的关系，以适应人类社会与自然界间关系的动态演变过程中所不断引发的新的挑战。

总之，绿色创新是一种全新的创新过程和创新方式，需要与之相匹配的经济形态作为载体，以及相应的科技手段作为支撑。自给自足的农耕经济可以看作是一种较为原始的绿色经济形态，人类的生产活动与自然界保持着一种相对朴素的和谐。农耕文明下的经济特点决定了其技术支撑是较为原始的环境友好型的技术体系，如休耕技术、轮作技术、育种技术、套种技术等；工业文明下是资源大规模开发、商品大量生产的工业化经济，其技术特点是与大自然不同的技术体系，如机械技术、材料技术、化工技术、信息技术等；而生态文明建设意义下的绿色经济，与农耕经济和工业化经济截然不同，是对绿色创新的一种呼应和召唤。绿色经济在为绿色创新提供载体的同时，也需要绿色创新作为其内在的驱动力。绿色创新经济的技术体系表现出明显的绿色、低碳的环境友好型特点，诸如生态农业技术、绿色服务技术、循环经济技术、低碳技术、新能源技术、绿色管理技术等，并且，在这些技术的驱动下，配合相应的组织、制度的创新，绿色创新将支撑绿色经济以一种新的经济形态即"绿色创新经济"为人类社会的发展找到新的途径。

---

① 詹志华，董皓. 科技创新的双重生态意蕴及其整合路径［J］. 科技进步与对策，2017，34（03）：26－30.

参考文献

［1］ 熊彼特. 经济发展理论［M］. 何畏，易家详，译. 北京：商务印书馆，1997.

［2］ OECD. The oslo manual：The measurement of scientific and technological Activities, 1996.

［3］ 胡哲一. 技术创新的概念与定义［J］. 科学学与科学技术管理，1992，13（5）：47－50.

［4］ Freeman, C.. The economics of industrial innovation［M］. MA：The MIT Press, 1982.

［5］ Mueser, R, . Identifing technical innovations, IEEE Trans on Eng. Management, Nov, 1985.

［6］ 傅家骥. 技术创新学［M］. 北京：清华大学出版社，2000.

［7］ 吴贵生. 技术创新管理［M］. 北京：清华大学出版社，2000.

［8］ Ettlie, J.. Managing innovation, John Wiley & Sons, Inc. , New York, 1999.

［9］ Lundval, B. A.. National systems of innovation：towards a theory of innovation and inter-active learning［M］. London：Pinter, 1992.

［10］ Bower, J. , C. M. Christensen. Disruptive technologies：catching the wave［J］. Harvard Business Review, 1995, 73（1）：43－53.

［11］ 司春林. 企业创新空间与技术管理［M］. 北京：清华大学出版社，2005.

［12］ Jensen, M. B. , B. Johnson, E. Lorenz, B. A. Lundvall. Forms of knowledge and modes of innovation［J］. Research Policy, 2007, 36：680－693.

［13］ Thomä, J.. DUI mode learning and barriers to innovation—A case from Germany［J］. Research Policy, 2017, 46：1327－1339.

［14］ Fitjar, R. D. and A. Rodríguez－Pose. Firm collaboration and modes of innovation in Norway［J］. Research Policy, 2013, 42：128－138.

［15］ Arrow, K. J.. Economic welfare and the allocation of resources for invention［J］. In：Nelson, R. （Ed. ）, The Rate and Direction of Inventive Activity. National Bureau of Economic Research and Princeton University Press, Princeton NJ, 1962, 609－625.

［16］ Nelson, R. R. The simple economics of basic scientific research. Journal of Political E-conomy, 1959, 67（3）, 297－306.

［17］ 仲伟俊，梅姝娥，黄超. 国家创新体系与科技公共服务［M］. 北京：科学出版社，2013.

［18］ Freeman, C.. Technology policy and economic performance: lessons from Japan ［M］. London: Pinter, 1987.

［19］ Nelson, R. R. (ed.). National systems of innovations: a comparative analysis ［M］. Oxford: Oxford University Press, 1993.

［20］ Bent - Ake lundvall. National system of innovation: towards a theory of innovation and interactive learning ［M］. London: Pinter, 1992.

［21］ OECD. Managing national innovation systems. Paris, 1999.

［22］ Bergek, A., S. Jacobsson, B. Carlsson, S. Lindmark, A. Rickne. Analyzing the functional dynamics of technolojical innovation systems: A scheme of analysis ［J］. Research Policy, 2008, 37: 407 - 429.

［23］ Edquist, C.. Systems of innovation: perspectives and challenges. In: Jan Fagerberg, D. C. Mowery, R. R. Nelon ed., The Oxford Handbook of Innovation ［M］. Oxford University Press, 2004.

［24］ Edquist, C., L. Hommen. Small country innovation system: globalisation, change and policy in Asia and Europe, Edward Elgar, 2008.

［25］ JanFagerberg, D. C. Mowery, R. R. Nelon ed., The Oxford Handbook of Innovation, Oxford University Press, 2004.

［26］ Bardi, U.. The Limits to growth revisited. Springer ［M］. New York, NY. 2011.

［27］ Steffen, W., Richardsonand, K., Rockström, J. Planetary boundaries: guiding human development on a changing planet ［J］. Science, 2015, 347 (6223), 736 - 746.

［28］ Kaplinsky, R. Schumacher meets Schumpeter: appropriate technology below the radar ［J］. Research Policy, 2011, 40 (2), 193 - 203.

［29］ 李万. 正视科技"双刃剑"的叠加效应 ［N］. 学习时报, 2018 - 10 - 17.

［30］ Soete, L. From emerging to submerging economies: new policy challenges for research and innovation ［J］. Sci. Technol. Innov. Policy, 2013, Rev. 4 (1), 1 - 13.

［31］ Martin, B. R. Twenty challenges for innovation studies ［J］, Science and Public Policy, 2016, 43 (3), 432 - 450.

［32］ Schot, J. and W. E. Steinmueller. Three frames for innovation policy: R&D, systems of innovation and transformative change ［J］. Research Policy, 2018, 47: 1554 - 1567.

［33］ Weber, K. M., Rohracher, H. Legitimizing research, technology and innovation policies for ransformative change. Combining insights from innovation systems and multi – level per-spective in a comprehensive 'failures' framework ［J］. Research Policy, 2012, 41：1037 – 1047.

［34］ Schot, J., Geels, F. W. Strategic niche management and sustainable innovation journeys：theory, findings, research agenda, and policy. Technol ［J］. Anal. Strateg. Manag, 2008, 20 (5), 537 – 554.

［35］ Schot, J. and W. E. Steinmueller. Three frames for innovation policy：R&D, systems of innovation and transformative change ［J］. Research Policy, 2018, 47：1554 – 1567.

［36］ Leach, M., J. Rockström, P. Raskin, I. Scoones, A. C. Stirling, A. Smith, J. Thompson, E. Millstone, A. Ely, E. Arond, C. Folke, and P. Olsson. Transforming innovation for sustainability ［J］. Ecology and Society, 2012, 17 (2)：11.

［37］ 许庆瑞，王毅，黄岳元，等. 中小企业可持续发展的技术战略研究 ［J］. 科学管理研究，1998 (2)：5 – 9.

［38］ Brawn E., Wield D.. Regulation as a means for the social control of technology ［J］. Technology Analysis and Strategic Management, 1994 (3)：497 – 505.

［39］ Schwab K.. The Green investment report The ways and means to unlock private finance for green growth ［R］. World Economic Forum. http：//reports. weforum. org/green – investing – 2013/.

［40］ 田泽，马海良. 低碳经济理论与中国实现路径研究 ［M］. 北京：科学出版社，2015.

［41］ 周小川. 以绿色融资促可持续发展 ［J］. 中国金融，2018 (13)：11.

［42］ 张江雪，张力小，李丁. 绿色技术创新：制度障碍与政策体系 ［J］. 中国行政管理，2018 (2)：153 – 155.

［43］ 中国人民银行等七部委. 关于构建绿色金融体系的指导意见 ［Z］. 2016 – 8 – 31.

［44］ 马骏. 论构建中国绿色金融体系 ［J］. 金融论坛，2015 (5)：18 – 27.

［45］ 马中，周月秋，王文. 中国绿色金融发展研究报告 ［M］. 北京：中国金融出版社，2018.

［46］ Inderst G., Kaminker C., Stewart F.. Defining and measuring green investments：implications for institutional investors' asset allocations ［R］. OECD Working Papers on Finance, Insurance and Private Pensions, No. 24, OECD Publishing, Paris. 2012.

http：//dx. doi. org/10. 1787/5k9312twnn44 – en.

[47] Johnstone N. , Haščič I. , Kalamova M.. Environmental policy design characteristics and innovation ［R］. Invention and Transfer of Environmental Technologies, OECD Publishing. 2011. http：//dx. doi. org/10. 1787/9789264115620 – 3 – en.

[48] 马骏. 构建中国绿色金融体系 ［M］. 北京：中国金融出版社，2017.

[49] 马骏. 国际绿色金融发展与案例研究 ［M］. 北京：中国金融出版社，2017.

[50] 康琪. 以色列国家创新体系的特点与启示 ［R］. 科技部内部报告. 2015.

[51] 李哲，杨洋，蔡笑天，等. 实现重大原创科技突破需要大幅提高开放水平 ［R］. 科技部内部报告. 2019.

[52] 郭滕达. 韩国第四期科学技术基本计划及其政策启示 ［J］. 世界科技研究与发展，2018，40（8）：414 – 421.

[53] 李蔷薇. 可持续发展是创新的根本动力和最终归属 访谈嘉宾：瑞典国家创新署社会发展处项目经理 Lars Nybom ［J］. WTO 经济导刊，2016，11.

[54] 郭滕达，魏世杰，李希义. 构建市场导向的绿色技术创新体系：问题与建议［J］. 自然辩证法研究，2019，35（7）：46 – 50.

[55] 彼得. F. 德鲁克. 后资本主义社会 ［M］. 傅振焜，译. 北京：东方出版社，2009：148 – 149.

[56] 罗伯特 D. 阿特金森，史蒂芬 J. 伊泽尔. 创新经济学：全球优势竞争 ［M］. 王瑞军等，译. 北京：科学技术文献出版社，2014：65 – 66.

[57] 马媛，侯贵生，尹华. 技术创新的演变：从传统到绿色 ［J］. 科技管理研究，2014，34（19）：11 – 15.

[58] 潘锡杨，李建清. 科技伦理视阈下的绿色创新研究 ［J］. 自然辩证法研究，2014，30（6）：82 – 88.

[59] 彭福扬，曾广波，兰甲云. 论技术创新生态化转向 ［J］. 湖南大学学报：社会科学版，2004（6）：49 – 54.

[60] 孙育红，张志勇. 生态技术创新与传统技术创新的比较分析：基于可持续发展视角 ［J］. 税务与经济，2012（4）：1 – 4.

[61] 戴鸿轶，柳卸林. 对环境创新研究的一些评论 ［J］. 科学学研究，2009，27（11）：1601 – 1610.

[62] 陈劲. 国家绿色技术创新系统的构建与分析 ［J］. 科学学研究，1999（3）：

37 – 41.

［63］李旭. 绿色创新相关研究的梳理与展望［M］. 研究与发展管理，2015，27（2）：1 – 11.

［64］Rennings K. Redefining innovation：eco – innovation research and the contribution from ecological economics［J］. Ecological Economics，2000，32：319 – 332.

［65］Huppes G，Kleijn R，Huele R，Ekins P，Shaw B，Esders M，Schaltegger S Measuring eco – innovation：framework and typology of indicators based on causal chains. Final Report of the ECODRIVE Project，CML，University of Leiden. 2008. http：// www2. leuphana. de/umanagement/csm/content/nama/downloads/download ＿ publikationen/Huppes_Esders_Schaltegger_2009. pdf.

［66］Ekins P. Eco – innovation for environmental sustainability：concepts，progress and policies［J］. International Economics & Economic Policy，2010，7（2 – 3）：267 – 290.

［67］Kemp R.，Arundel A. Survey indicators for environmental innovation. IDEA paper. 1998. http：//pdfs. semanticscholar. org/2f05/5398ef086c94d9efd5917ff5e522a5 da0dc8. pdf.

［68］Ozusaglam S.. Environmental innovation：a concise review of the literature［J］. vie & sciences de lentreprise，2012，191/192：15 – 38.

［69］卢风. 绿色发展与生态文明建设的关键和根本［J］. 中国地质大学学报：社会科学版，2017，17（1）：1 – 9.

［70］黄晶. 立于变革风口，重温"绿色经典"：追寻可持续发展历史轨迹［J］. 可持续发展经济导刊，2020（1）：53 – 58.

［71］詹志华，董皓. 科技创新的双重生态意蕴及其整合路径［J］. 科技进步与对策，2017，34（3）：26 – 30.

第二章　绿色创新经济的兴起

第一节　创新经济的由来与趋势

一　概念溯源

简单来说，经济学就是一门研究资源配置的科学。在人类社会从低级发展阶段向高级发展阶段演变的过程中，经济发展将越来越强调对资源利用效率的提高，而资源效率的提高，必须借助新的动力，或者说依赖动力机制的转换。这种新动力也可以理解为技术进步与制度变迁所引发的"创新"。因此，从某种意义上来讲，创新经济就是经济学概念中对创新含义的解读和新动力的引入。

在近四个世纪的人类经济思想史中，最早的创新观点可以追溯到亚当·斯密和约翰·雷的观点，他们认为创新是财富创造的核心因素，这种观点在穆勒特别是索洛以及罗森堡的引文中再次出现①。综观创新经济学的发展历程可以看出，早期的学者是用辩证的眼光来看待创新的。这些学者在肯定创新所起作用的同时，也表达了对创新的负面性担忧。例如，约翰·斯图亚特·穆勒对于创新的矛盾性提出了自己的看法，他认为"一切美好事物都是独创性的成果"②，并且指出"现在所有的机械发明是否减轻了人类一天的劳累，是值得怀疑的。它们让普通大众过着与苦役和监禁

---

① G. M. 彼得·斯旺. 创新经济学 [M]. 韦倩，译. 上海：致格出版社，上海人民出版社，2013.

② Mill J. S.. On liberty. 1859. http：//www.limpidsoft.com/galaxy10/onliberty.pdf.

一样的生活，却使更多的制造商和其他人能够发财"。① 约翰·罗斯金和亨利·乔治也持相同的观点。约翰·罗斯金对于发明持赞成态度："高贵的发明""发明的活力"，但他反对不顾后果的创新。也就是说，在约翰·罗斯金看来，发明是中性的，不带任何感情色彩和价值欲求；而创新则具有很强的目的性。同样，亨利·乔治也认为创新的结果未必都是人们所期望的，他指出，"无论什么样的改进或发明，都会造成对土地及其直接产品的需求增加，从而导致生产的边际收益下降，正如人口增加所引起的需求一样，尽管这些改进或发明赋予了劳动者生产更多财富的力量。既然如此，每一项节省劳动力的发明，不管是蒸汽机，还是电报，一种改良的矿石冶炼工艺，还是一种完善的印刷机或缝纫机，都有增加租金的趋势"。"产业萧条总是伴随着物质进步而不断加剧"②。甚至亚当·斯密在晚年的时候也意识到创新所导致的财富累积引起了不利的影响。他在《道德情操论》中写道"崇拜财富会导致道德情操败坏"③。此外，约翰·斯图亚特·穆勒还敏锐地观察到，物质的极大丰富会导致精神危机。④ 为此，约翰·罗斯金希望借助"词语系谱学"重建权威知识话语，让人们树立正确的财富价值观，挽救世道人心。⑤ 由此可见，亚当·斯密、约翰·罗斯金以及约翰·斯图亚特·穆勒等对于创新的两面性的认识是有见地的，尽管当时对创新的负面影响的担忧还较为朴素，但为后世的学者对创新所引发的不均衡和不公平等问题进行思辨提供了思想源泉。

与亚当·斯密等学者不同的是，约瑟夫·熊彼特对创新的认识要相对乐观和深刻一些。他在1912年出版的《经济发展理论》中，对创新的基

① Mill J. S.. Principles of political economy. 1885. http：//mirrors. xmission. com/gutenberg/3/0/1/0/30107/30107 - pdf. pdf.
② Henry G.. Progress and poverty, 1879. http：//www. rosenfels. org/pll - v5/pdf/George_0777_EBk_v5. pdf.
③ Adam S.. The Theory of moral sertinents, 1790. https：//www. ibiblio. org/ml/libri/s/SmithA_MoralSentiments_p. pdf.
④ 宁莉娜. 论穆勒逻辑的思想内涵及当代价值 [J]. 哲学研究，2015 (12)：95 - 99.
⑤ 乔修峰. 原富：罗斯金的词语系谱学 [J]. 外国文学评论，2014 (4)：80 - 96.

本概念和思想进行了阐述，他认为创新是指把一种新的生产要素和生产条件的结合引入生产体系，这是最早也是最正式的对创新概念所下的定义①。从熊彼特对创新的定义来看，熊彼特赋予了创新更加积极的一面。他认为，创新毕竟代表了新的事物，其所产生的效益要远远大于负面的影响。而更为关键的是，创新可以被看作是一种工具，如果使用得当，那么创新的负面效果将可以规避，这是熊彼特对于创新概念的定义所带给我们的启示。

熊彼特对创新经济学理论研究的贡献，除了创造性地发扬了亚当·斯密和约翰·雷提出的"创新是财富创造的核心因素"思想外，还继承了马克思的创新观。马克思认为创新是竞争性战争至关重要的一部分，因为创新者在创新中的首要目标是赢得这场竞争性战争，而这一观点在熊彼特的"创造性破坏"的概念中得到了进一步的发展。熊彼特指出，企业家就是"经济发展的带头人"，也是能够"实现生产要素的重新组合"的创新者。熊彼特将企业家视为创新的主体，其作用在于创造性地破坏市场的均衡。此外，熊彼特在分析中极力强调"变动"和"发展"的观点，注重并采用了历史分析的方法；同时认为"创新"是一种"内在的因素"，"经济发展"也是"来自内部自身创造性"的一种变动，从而把社会经济制度"内在因素"的作用纳入创新思想中②。熊彼特对创新的研究和见解非常超前，具有跨时代意义，不仅为创新经济学理论体系的建立奠定了基石，同时也为后人继续深入开展创新经济学研究提供了理论基础。

在熊彼特之后，大量学者加入创新经济学理论的研究中，在继承和发扬了熊彼特的创新经济学说的同时，也取得了丰硕的研究成果。其中包括索洛提出的"技术进步理论"③、罗默提出的"知识外溢长期增长模式"④，

---

① 约瑟夫·熊彼特. 经济发展理论［M］. 何畏，易家详，译. 北京：商务印书馆，1990.5.

② Hargrave T. J. , VAN DE VEN A. H.. A collective action model of institutional innovation［J］. Academy of Management Review, 2006, 31 (4): 864 – 888.

③ Solow R M. A Contribution to the Theory of Economic Growth［J］. The Quarterly Journal of Economics, 1956, 70 (1): 65 – 94.

④ Romer, Paul M.. increasing returns and long – Run growth［J］. Journal of Political Economy, 1986, 94 (5): 1002 – 1037.

以及卢卡斯提出的"人力资本完整性增长模式"① 等；另外，门施等人的周期理论、弗里曼的技术创新政策体系和卡曼的市场理论等，也是继承和发展熊彼特创新理论的几个具有代表性的技术创新理论②。这些创新理论的提出丰富了创新经济学的理论体系。

随着社会经济的快速发展，环境与经济之间的矛盾趋于复杂和尖锐化，从而引发对于创新的研究，创新经济学理论从经济学领域逐渐向环境、可持续发展乃至系统学等学科领域延伸，进而学术界出现了相关的研究流派。其中，英国经济学家舒马赫在创新经济学的基础上，把环境问题融入进来，开创了环境经济学的先河。他撰写并出版的《小的是美好的》一书，成为可持续发展经济学方面的权威著作③。该书通过探讨包括技术、环境、资源和发展等在内的诸多问题，揭示了创新不仅仅针对技术层面的问题，更多的是涉及发展理念问题，而这需要从社会层面来进行考量④。舒马赫关于环境经济学的研究观点，对于当前全球气候变暖、资源能源制约日益趋紧的情况下，具有重要的现实意义和警示作用。

目前，世界各国都纷纷将注意力聚焦到经济的绿色转型上，其目的除了应对经济增长、能源与气候变化等方面出现的危机外，更多的是希望通过经济绿色转型，来引领一场全新的、绿色的科技革命。创新经济将在这场绿色科技革命中处于什么样的一种角色，值得深入研究。正如加尔布雷斯（1965）指出，"货物的生产，满足了这些货物的消费所创造的欲望，或是货物的生产者人工制造的欲望。生产诱发更多的欲望以及对更多产品的需要"。也就是说，人们在不断地利用科技创造新的需求，而新的需求又刺激了更新一轮的创新，而在这个过程中创造出来的需求并没有推动创造出新的价值，且资源没有得到合理的利用。因此，对于创新经济的内涵

① Lucas R. E. J.. Why doesn't capital flow from rich to poor countries? .1990, 80（2）：92 - 96.
② 王蕾，曹希敬. 熊彼特之创新理论的发展演变［J］. 科技和产业，2012（6）：84 - 88.
③ 舒马赫，虞鸿钧. 小的是美好的［M］. 郑关林，译. 北京：商务印书馆，1984.
④ G. M. 格罗斯曼，E. 赫尔普曼. 全球经济中的创新与增长［M］. 何帆等，译. 北京：中国人民大学出版社，2009：28 - 30.

在认识上还有待进一步地深入。

二 创新经济的内涵和特征

目前，学术界对于创新经济的论述似乎不多见，而更多探讨的是创新，包括技术创新、组织创新、制度创新和系统创新等。创新经济与创新之间似乎也被等同为一回事。但实质上，两者之间是具有较大差异的。这就需要对创新经济的内涵进行研究和阐释，并与创新加以区别。

众所周知，创新是一种行为过程，一种新思想产生、新产品研发以及新技术应用的过程，因而，创新本身是中性的，不带有任何目的性。也就是说，如果创新不能被给予正面的属性或引导，那么创新就有可能被引向反面，呈现其负面性。这也就是为什么亚当·斯密、约翰·斯图亚特·穆勒、约翰·罗斯金以及亨利·乔治等质疑创新的负面性。因为，对于一个企业或企业家来说，通过创新来追求利益最大化是其本能驱使所致，而这种对利益最大化的追逐，很可能最终演变为引发社会的不公平甚至生态环境灾难。正如彼得·斯旺所指出的"创新的负面影响都是意料不到的。而且，这些负面影响无疑都不是创新本身所固有的。相反，它们出现的原因是这些创新在竞争市场中的使用鼓励了有经济效率优势的生产过程，但是，在运输、产品废弃以及人员集聚方面却具有非常显著的环境成本"。因此，赋予创新一个什么样的属性至关重要。

熊彼特的伟大之处在于，他将创新引入经济中，即将创新与产业以及生产过程融合到了一起，这是创新经济理念的萌芽。但是，熊彼特也仅仅是从产业经济的角度，把创新当成一种工具，一种推动产业革命、实现社会进步的技术手段，并没有赋予创新经济太多的含义。事实上，熊彼特之后的众多学者也都仅仅关注创新在经济中的作用，而忽视了创新的经济意义。包括索洛、罗默以及卢卡斯等在内的众多经济学家也只是从宏观经济学长期增长的角度来研究创新，并把创新活动看作一个无

法解释的 "黑匣子"，以至于有学者发出创新不被主流经济学所接纳的感慨①。

当然，并不是所有的经济学家都没有意识到创新的经济含义。舒马赫就是其中的一个。舒马赫强调技术的选择，主张发展一种 "具有人性的技术"，一种适用的 "中间技术"。舒马赫并不认为创新带来的大量生产的先进技术就是有益的技术。他指出："大量生产的技术本质上是暴力的，破坏生态的，从非再生资源的角度来说，是自我毁灭的，并且使人失去作用"②。可以看出，舒马赫在看待创新的问题上是冷静的、人性化的。他给创新贴上了 "人性的""中间技术" 的标签，从而赋予了创新以积极的经济意义。但是，不得不承认的是，尽管舒马赫开启了环境经济学的先河，推动了可持续经济学、生态经济学的发展，但对于创新经济内涵的认识和解读依然为人们所忽视。为此，开展对创新经济的内涵阐释和解读十分必要。

可以说，创新经济就是一种赋予创新以经济意义的经济形态，是使创新得以跳出一般意义上技术创新的经济行为。一方面，创新与产业结合，能够提高劳动生产率，实现经济效益的大幅度提升，这既是经典的熊彼特创新经济学观点，也是整个社会的普遍认知；另一方面，创新经济赋予创新以经济意义的更深层含义是，通过经济行为来约束和规范创新行为，这种经济行为要赋予创新正面的、积极的经济意义。通常来说，科技创新是由人的需求性、目的性和好奇性等特性激发的，而个人和社会的内在价值观决定了科技创新的价值取向③。传统的经济化技术创新遭遇到前所未有的人文价值困境，原因在于没有在技术创新的经济价值维度与人文价值维度之间形成相互规范、相互制约的关系，因此有必要将人文价值嵌入技术创新的过程和结果中。科技创新的这种为人类造福的社会价值④，被蕴含

① http://jjsb.cet.com.cn/show_471541.html.
② 舒马赫，虞鸿钧. 小的是美好的 [M]. 郑关林，译. 北京：商务印书馆，1984.
③ 朱耀明，郑宗文. 技术创新的本质分析——价值 & 决策 [J]. 科学技术哲学研究，2010，27 (03)：69-73.
④ 贺善侃. 论科技创新的社会价值 [J]. 科学技术哲学研究，2010，27 (3)：92-97.

在创新经济的经济行为当中。由此，随着社会的发展与进步，创新经济只有更多地面向资源环境与社会经济发展之间存在的问题，才能够以一种系统的形态与资源环境系统和社会经济系统进行交互，并尽可能从更为宏观的角度为社会经济发展提供支撑。因此，创新经济应该具备以下三个方面的本质特征。

（一）创新经济是资源节约、环境友好的经济形态

创新经济与传统工业经济的根本区别在于，在传统工业经济中，市场均衡状态的打破，以及资源配置的最优化，通常是借助价格作为传导机制来实现的；而创新经济则是通过技术革新实现资源配置和利用的优化。价格机制是一种市场交易行为，交易成本的最小化是其核心。因此，价格机制很难促使一个企业实现对自身的生产可能性边界的突破。换句话说，就是企业不可能通过价格来实现生产潜力的深度挖掘，从而实现成本的大幅度下降，即在价格机制的作用下，企业通过权衡研发成本与收益之间的得失时，通常以收益作为企业决策的根本依据。而创新经济则将实现社会价值作为首要任务，更多的是要达成经济价值和社会价值的统一。为此，在生态环境要素改善的驱动下，创新经济会推动一次次的技术革新来突破既有技术状态下的均衡，从而能够在技术创新的作用下确保资源得到最佳配置，与此同时，资源效率将得到大幅提升，生产成本也将显著下降。其次，创新技术的一次次突破，将最终实现对资源环境制约的突破，甚至实现对资源能源的替代，如太阳能、风能等替代化石能源等，这样，通过一次次的创新活动，实现发展与环境之间的和谐，最终推动传统经济向绿色、可持续的经济形态转变。

（二）创新经济是一种理性发展的经济形态

一般而言，对于一个企业或者一个企业家而言，适度创新是不存在的，毕竟创新所带来的最大化利益诱惑是无法抗拒的。创新能够形成一种技术上的优势和垄断地位，而垄断必然会导致拥有技术的一方占据财富再

分配的主导权①，这不可避免地导致出现社会的贫富分化。因此，在鼓励企业技术创新的同时，也要提倡符合经济发展阶段特征的技术创新。正如舒马赫所指出的，创新技术要与发展阶段、国情以及自然条件相衔接，适用的技术就是最佳的技术。就发展中国家而言，适度的、有利于社会经济发展的创新技术就是很好的技术，而不必去追求更加先进的技术。此外，创新所带来的财富增长，是发达国家享乐主义的消费模式产生的根源，从而导致创新与消费互为根本，创新带来了消费，而消费又刺激创新的情况出现②。而为了消费而创新，是不可持续的，也是创新经济所摒弃的。从理性发展的角度来看，创新经济就是要修正传统工业经济仅仅追求经济价值而导致生态价值取向缺失以及人文价值取向负向的不足，达成生态价值和人文价值回归的目的③，从而推动传统工业经济社会向适度、理性创新的经济社会转变。为此，需要从组织创新、制度创新和治理创新等方面，对创新行为和活动进行干预和引导，从而能够在全社会形成一个人与自然和谐的、人与人和谐的、全新的、理性的创新发展形态。

（三）创新经济是一个不断演化的经济形态

演化经济学家纳尔逊认为，社会经济是一个不断演化的经济形态，尽管社会经济的演化与自然系统的演化之间存在不同，正如道格拉斯·诺思所指出的，"人类的演化是由参与者的感知所支配的；选择－决策是根据这些感知做出的，这些感知能在追求政治、经济和社会组织的目标过程中降低组织的不确定性"。也就是说，人类社会在自身的演化过程中，是能够在一定程度上主导演化的过程、方向的。同样，创新经济也是一个不断进行演化的经济形态。在罗斯托看来，创新是推动人类社会不断从低级阶

① 亨利·乔治. 进步与贫困 [M]. 北京：商务印书馆，1995：220－228.
② 加尔布雷斯. 丰裕社会 [M]. 徐世平，译. 上海：上海人民出版社，1965：149.
③ 易显飞. 技术创新价值取向历史变迁的多重剖析 [J]. 自然辩证法研究，2010，26（7）：49－54.

段向高级阶段演进的动力。他指出，经济成长总是先由某一个部门采用先进技术（创新）开始的，一旦它的先进技术及其影响扩散到各个有关部门之后，它的使命也就完成了，这时就有赖于新的部门采用新的技术，再度影响其他部门，带动经济成长。按照罗斯托的观点，创新经济也是一个从低端经济系统向高端经济系统不断演化的过程，在这个过程，创新与经济之间时刻在进行着互动。也就是说，在既定的技术条件下，低端经济系统内处于均衡的状态，同时有与之相对应的组织、制度和社会体系。而当创新技术实现突破后，系统内的均衡就会被打破。这时，为了适应新的创新技术，组织、制度和社会体系都要进行相应的调整。由此，经济系统进入更高一级的状态。

值得指出的是，在创新经济的演化过程中，既有内在的演化动力和规律在推动着其演化进程，也有道格拉斯·诺思所谓的"选择－决策"感知在起支配作用。因此，一方面，创新经济作为一个创新系统，其演化过程会展现出持续性和周期性的特征；而与传统工业经济不同的是，创新经济这种演化的持续性和周期性将更加可控，更加符合自然的发展规律，也就更加平稳和合理。另一方面，创新经济的演化在自身的演化规律和人为的"选择－决策"感知支配下，具有明显的方向性和目的性，即创新的经济行为有绿色化的发展趋势。

三　创新经济的未来发展趋势

创新经济作为一种演化经济形态，与社会发展一样也具有清晰可辨的模式，它取决于技术创新、社会结构、经济发展、制度框架和文化水平之间的关系。而这种关系体现了"协调"这一演化经济学的核心要素①。创新经济中的协调反映了至少两个方面的内涵。一是创新经济能够实现生态环境与社会经济之间的协调。创新经济对于生态环境与社会经济之间的协

---

① 弗里曼，卢桑. 光阴似箭：从工业革命到信息革命［M］. 沈宏亮，译. 北京：中国人民大学出版社，2007：8.

调，体现了绿色发展的本质要求，是一种对绿色创新的呼唤，因此，创新经济的未来发展趋势是朝着绿色创新的方向演变。二是创新经济系统内部的协调性，即协同创新。协同创新意味着，随着创新资源如技术、人才以及知识等在全球范围内的流动，创新全球化已成为趋势①。而创新过程的复杂化，要求更加灵活多变的、跨界的创新合作模式来应对创新的需求②。传统的科层制创新管理模式，难以应对协同创新的需求，需要构建包含企业、高校、研究机构、中介机构、政府等创新行为主体在内的协同创新模式③，这需要在管理上进行创新。

（一）创新经济朝着绿色创新方向演变

作为创新经济的核心动力，创新技术在创新经济的演化过程中，将呈现朝着集群化和绿色化方向演变的趋势。人类社会自工业革命以来，经历了五次技术集群（Technological Clusters）的演变④，如表2-1所示。

表2-1　普通技术的集群

工业革命	时间	主导行业	新兴行业	组织方式
第一次工业革命	1750～1820年	水力、帆船、收费公路、铸铁件、纺织品	机械设备、煤、固定蒸汽、运河	大量生产
	1800～1870年	煤炭、运河、钢铁、蒸汽、电力、机械设备	钢铁、城市燃气、煤化工、电报、铁路、城市基础设施	工厂制度
第二次工业革命	1850～1940年	铁路、蒸汽船、重工业、钢铁、煤化工、电报、城市基础设施	电力、汽车、卡车、道路、收音机、电话、石油、石油化工	福特-泰勒主义

---

① 夏先良. 如何构建开放型科技创新体制体系 [J]. 人民论坛·学术前沿，2017 (6)：62-76.

② GassmannO.. Opening up the innovation process：towards an agenda [J]. R & D Management，2006，36 (3)：223-228.

③ 解学梅，左蕾蕾，刘丝雨. 中小企业协同创新模式对协同创新效应的影响——协同机制和协同环境的双调节效应模型 [J]. 科学学与科学技术管理，2014，35 (5)：72-81.

④ Grubler, A.. Technology and global change：land use, past and present. IIASA Working Paper. IIASA, 1992. http：//pure. iiasa. ac. at/3693/.

续表

工业革命	时间	主导行业	新兴行业	组织方式
第三次工业革命	1920～2000 年	电力、石油、汽车、公路、电话、收音机、电视、耐用品、石油化工	核能、电脑、天然气、远程通信、飞机	标准化
第四次工业革命	1980 年至今	天然气、核能、飞机、电信、信息、光电	生物技术、人工智能、航天工业与运输	质量控制

资料来源：Grubler, A.（1992）。

　　从表 2-1 的时间上看，历次的技术集群都对应相应的工业革命，即技术的集群是工业革命的主要推动力。同时，历次技术集群的演变过程，也是相应的组织形式调整和创新的过程。这表明，单一的技术创新对于社会的进步包括经济增长、社会制度等的贡献将变得越来越有限。也就是说，没有一项单独的技术能够推动社会经济系统的改进，例如大型而又复杂的能源系统等。单一技术的重要性只能通过两个效应来显现：①"集群"（clustering）或相互关联技术的组合；②"溢出"（spillovers）或一项新技术的应用远远超出最初发明的用途。换言之，技术作为家庭或"帮派"（gangs）比个体更能有效地发挥作用①。

　　21 世纪初，Hargroves 在总结概括的基础上提出六次技术集群，创造性地将这六次技术集群归纳为六次创新波的发生，即每一次的技术集群发生，都会引发重大创新浪潮。目前，第六次创新波正处于演化的过程中，如图 2-1 所示。

　　这意味着，创新经济时代，科技创新将呈现集体化、规模化、系统化、整体化以及技术集群化的发展趋势②。相应地，组织形式也会朝着复杂网络结构型的科层治理结构模式转变③。

---

① Wilson C. , Grubler A.. Lessons from the history of technology and global change for the emerging clean technology cluster. IIASA Interim Report. IIASA, Laxenburg, 2011, http://pure.iiasa.ac.at/9833/.

② 熊志军. 试论小科学与大科学的关系 [J]. 科学学与科学技术管理，2004（12）：5-8.

③ 黄振羽，丁云龙. 小科学与大科学组织差异性界说——资产专用性、治理结构与组织边界 [J]. 科学学研究，2014，32（05）：650-659.

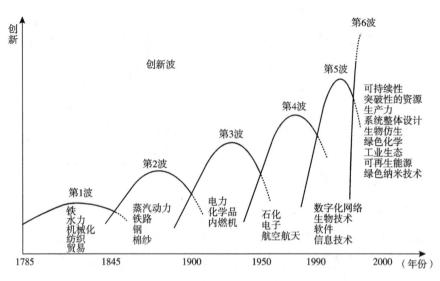

图 2 - 1 工业革命以来人类社会创新波的演化示意

与此同时，创新技术的集群化，是相同或者相互关联的技术进行集群的过程，因此，未来的创新技术集群将表现为绿色环保的创新技术集群的过程。由图 2 - 1 可知，在前五次创新波演化过程所展现出来的不仅是劳动生产效率的提升，而且更关键的是，无论资源能源的消耗还是产业发展，都朝着更加清洁、更加绿色的方式和模式转变。在第六次创新波中，具有可持续性、绿色、低碳、智能等特性的创新技术正在成为主流，这就揭示了以创新技术为核心的创新经济将朝着绿色化的方向演化。

（二）创新经济朝着管理创新的方向演变

在创新经济中，除了新旧创新技术的交替更新外，新旧技术经济范式也处于更迭之中①。而创新经济的技术经济范式的更迭，将触发管理模式的创新和变革②。

综观人类技术革命史，人类技术变革的演进过程，总是伴随着技术经

---

① 邬晓燕. 论技术范式更替与文明演进的关系——兼论以绿色技术范式引领生态文明建设 [J]. 自然辩证法研究，2016，32（01）：122 - 126.

② 高璐，李正风. 从"统治"到"治理"——疯牛病危机与英国生物技术政策范式的演变 [J]. 科学学研究，2010，28（5）：655 - 661.

济范式的更迭。Perez C 对发生自英国的第一次工业革命以来的技术革命进行了归纳，并对每次技术革命的相应技术经济范式进行了总结，如表 2 - 2 所示。

表 2 - 2　历次技术革命与技术经济范式

技术革命（所在的核心国家）	技术经济范式（"常识"创新原则）
自 1771 年在英国发生的第一次工业革命以来	工厂生产、机械化、生产力/时间保持和时间节约、运动的流动性、本地网络
1829 年英国的蒸汽和铁路时代开始向大陆和美国扩散时期	集聚经济/工业城市/国家市场、国家电网电力中心、按进度缩放、标准零件/机械制造机器、所需能量（蒸汽）、（机器和运输工具的）相互依存的运动
1875 年起钢铁、电力和重型工程时代，美国和德国超过英国	巨型结构（钢）、工厂规模经济/垂直一体化、工业用分布式电源（电力）、科学作为生产力、全球网络和帝国（包括卡特尔）普遍标准化、控制与效率的成本会计、世界市场力量的巨大规模/小是成功的，如果是本地的
1908 年的石油时代开始，美国的汽车和大规模生产向欧洲扩散	大规模生产/大规模市场、规模经济（产品和市场量）/横向一体化、产品标准化、能源强度（油基）、合成材料、功能专业化/层级金字塔、中心化/大都市中心—郊区化、国家权力、世界协定和对抗
1971 年美国信息和电信时代开始，扩散到欧洲和亚洲	信息强度（基于微电子的 ICT）、分散集成/网络结构、知识作为资本/无形增值、异质性、多样性、适应性、市场分割/利基市场扩散、范围经济、专业化和规模经济、全球化/全球与本地的互动、内外合作/集群、即时联系和行动/即时全球通信

资料来源：Perez C. (2009)。

从表 2 - 2 可以看出，历次技术革命和技术经济范式都是在以往旧的技术和范式基础上进行的淘汰和改造、依次更迭前进的，因此具有路径依赖的特点。这种技术和技术经济范式在路径上的依赖，对于下一次的技术革命将产生一定程度的负面影响。其中，对于新技术革命下的技术经济范式的影响将出现分化。例如，自 20 世纪 70 年代信息革命爆发以来，企业的结构和组织朝着更加灵活的网络化（日益全球化）方向转变。但是，与在企业中技术经济范式迅速变化相比，在公共机构中这样的改进却缓慢得多，远未得到充分发展①。这就意味着公私机构之间这种组织和结构等技术经济范式上变动的不同步，将引发管理上的难题。因而，一种能够调节类似公私机构间冲突的机构和运行机制的建构将变得尤为迫切。Hargrave指出，在技术创新尤其是全新的或颠覆性的技术变革过程中，要么这种全新技术的市场可能不存在；要么需要开发这种全新技术的企业家经常与其他人一起采取集体行动，参与到技术创新制度环境的创建活动中。这表明在未来的技术创新中，个体的行动将很难对技术创新产生推动作用，需要私有机构、公共机构乃至社会公众的共同参与。

此外，创新技术革命对于技术经济范式所带来的变革有时是颠覆性的。今天还可能是关于自然资源的稀缺经济，而随着技术的变革，自然资源的稀缺性将不复存在，取而代之的可能是知识的稀缺，以及有眼光、敢于冒风险、有组织能力的企业家或创新者的缺失②。对创新经济而言，知识对于社会经济发展的重要性变得比以往更加突出。但是，知识与其他商品不同之处在于知识具有公共物品的属性，而这直接导致了知识产权保护问题的复杂化。更有甚者，知识垄断所引发的危险性可能更大。知识经济的这些问题的存在，揭示了公共机构如政府部门在知识经济中的作用可能与在工业经济中的作用不同③。这也预示着，政府这样的公共机构在顺应社会经济的发展，进行职能改革的同时，还需要引入非政府机构的社会组织的参与④。张来武提出，针对政府部门自上而下的"内向型行政"的管理方式与市场逐利性间的冲突，需要在政府和市场之外，引入 NGO 这类第三方力量来破解政府和市场难以应对科技创新中的复杂性难题。正如德国

---

① Perez C.. Technological revolutions and techno – economic paradigms. Working Papers in Technology Governance and Economic Dynamics, 2009, Norway and Tallinn University of Technology, Tallinn. http：//hum. ttu. ee/tg/.

② 厉以宁. 技术创新经济学——它的由来和当前研究的问题 [J]. 科技导报, 1990 (2)：3 – 8 + 11.

③ Stiglitz J. E.. Public policy for a knowledge economy. London, U. K. , 1999. http：//citeseerx. ist. psu. edu/viewdoc/download? doi = 10. 1. 1. 123. 9173&rep = rep1&type = pdf.

④ 高璐, 李正风. 从"统治"到"治理"——疯牛病危机与英国生物技术政策范式的演变 [J]. 科学学研究, 2010, 28 (5)：655 – 661.

科技创新体系的有序而协调的混合治理结构中，引入的间歇性组织来起到第三方力量的作用一样①。因此，在创新技术和技术经济范式间不断交互演进的过程中，创新经济中的创新活动将更加频繁和活跃、创新方式更加开放、创新模式也会更加灵活多变，这就要求在创新活动上的管理模式需要进行调整，包括引入第三方力量，来构建分权化的、参与式的协同治理模式，实现创新活动的管理模式的改进和创新。因此，创新经济将在创新技术和技术经济范式不断交互演进的推动下，朝着管理创新的方向演变。

综上所述，创新经济并不是一个最终的经济形态，它在不断地创新演化中。除了在绿色化和管理创新上的演化进程外，随着社会经济的进一步发展，以及环境与发展之间关系的动态演变，创新经济中更多的内在属性和特质如开放性、共享性等也将会被挖掘出来。对于这些属性和特质的挖掘，将赋予创新经济更深的含义，创新经济也能够得以朝着更完美的经济形态演进。

第二节　经济转型与绿色经济发展

一　经济转型和经济绿色转型

（一）经济转型

传统意义上的经济转型通常是指工业化的过程，即从最初农业在国民经济中占据主导地位的经济结构，逐渐向工业和服务业占据主导地位的经济结构转变的过程。一般而言，传统的工业经济转型过程体现的是资源配置问题，是包括劳动力和资本等在内的资源，从经济效率低的农业部门向效率更高的工业和服务业部门流动的过程，在这个过程中价格机制起到了调节的作用。事实上，传统工业经济的转型是劳动生产率提高的过程，或者说是劳动生产率的提高撬动了价格杠杆，进而导致资源的流动。但是，

---

① 陈强．德国科技创新体系的治理特征及实践启示［J］．社会科学，2015（08）：14－20.

这种劳动生产率的提高是以牺牲其他要素（包括人的生存环境）甚至劳动本身为代价的，进而造成生态危机，威胁到人类的生存①。也就是说，价格机制虽然促进了资源的流动，但对资源利用效率的提升影响甚微。众所周知，在市场经济中，商品的供求关系受价格机制的影响而在不断地变动。当市场中出现某种商品供不应求时，市场就会将这种信息以价格上浮为信号向生产领域传递，从而刺激商品的大量生产，以满足市场的需求。但价格信号与商品生产之间存在时间上的滞后，当大量商品生产出来进入市场时，供求关系发生逆转，供过于求的局面难以避免。这与林毅夫提出的"潮涌现象"，即众多企业争相涌入某一可能具有发展潜力的产业进行投资，在本质上是一致的。因此，不难看出，在这种价格与供求关系互动的过程中，价格机制对资源仅仅起到了数量上的配置作用，而对于资源效率的影响甚微，却造成了资源的浪费。

发达国家早期的经济转型过程就是一个逐步工业化的发展历程。相比较而言，发达国家在工业化的进程中，资源环境的制约相对要宽松许多。因此，发达国家的工业化进程是一种粗放的经济转型方式。而对于发展中国家而言，发达国家曾经较为宽松的工业化资源环境条件已经不复存在。发展中国家的工业化进程面临着"三条件约束"的制约。所谓"三条件约束"，是指一国的经济活动同时受到三个条件制约，即资源约束紧、资源效率低、消费规模不可逆②。这就意味着发展中国家已经无法重走发达国家"先污染、后治理"的工业化道路，必须探索出一条全新的经济转型之路，以应对"三条件约束"的制约。

而对于发达国家而言，尽管工业化进程已经完成，但是在社会经济发展中依然存在诸多困境和挑战，包括人口老龄化、制造业劳动力成本上升、竞争力下降，以及制造业规模相对萎缩等一系列问题③。尤其是自金

---

① 肖安宝. 资源效率与劳动生产率之比较 [J]. 湖北社会科学, 2011 (7)：86 - 89.

② 傅予行，张健君，伍海华. 论"三条件约束"下经济发展的运行机制 [J]. 经济学家, 1992 (2)：26 - 35 + 127.

③ 丁纯，李君扬. 德国"工业 4.0"：内容、动因与前景及其启示 [J]. 德国研究, 2014, 29 (04)：49 - 66 + 126.

融危机爆发以来，发达国家失业率居高不下，制造业生产能力逐步丧失等，随时都可能导致国家陷入经济衰退的风险①。因此，对于发达国家而言也需要探索出一条全新的经济转型之路。

总之，从人类经济发展的历程尤其是以市场为配置主体的经济发展进程来看，经济转型是经济发展中的常态现象，也是经济发展遇到阻力时，呈现出来的必然选择。经济是在发展中转型、在转型中得以发展的。

（二）经济绿色转型

对于世界各国而言，经济绿色转型已经是必然的选择。经济绿色转型的核心内容就是从传统发展模式向科学发展模式转变，是由人与自然相背离以及经济、社会、生态相分割的发展形态，向人与自然和谐共生以及经济、社会、生态协调发展形态的转变②。经济绿色转型与传统意义上的经济转型不同之处在于，经济绿色转型的动力机制发生根本性改变。这种动力机制的改变主要表现在结构、效率、制度和管理等方面的变革③。

对于经济绿色转型来说，首要的动力机制改变是结构上的变革。传统的经济转型在结构上的变动方面更多的是实现经济结构的多元化。而经济绿色转型的结构性变革，则体现在结构的高端化和合理化。所谓结构的高端化和合理化是指技术的集约化，即采用先进技术的部门在数量上和比例上的增加④。换言之，就是通过大力发展战略性新兴产业，诸如节能环保、新一代信息技术、生物、高端装备制造、新能源、新材料、新能源汽车等产业，使经济结构朝着绿色、低碳方向转型，进而推动产业链的高端化升级。无论美国提出的"再工业化"战略，还是德国制定的"工业4.0"，

---

① 苏立君. 逆全球化与美国"再工业化"的不可能性研究 [J]. 经济学家，2017 (6)：96 - 104.

② 杜创国，郭戈英. 绿色转型的内在结构和表达方式——以太原市的实践为例 [J]. 中国行政管理，2010，(12)：114 - 117.

③ 任保平. 新常态要素禀赋结构变化背景下中国经济增长潜力开发的动力转换 [J]. 经济学家，2015 (5)：13 - 19.

④ 叶依广，孙林. 资源效率与科技创新 [J]. 中国人口·资源与环境，2002 (6)：17 - 19.

其目的无不寄希望于借助高端技术来改造和提升传统制造业，继续巩固和强化传统制造业在技术含量、产品质量和品牌等方面的优势，强化制造业的竞争力，大力发展高技术新兴产业①。

经济绿色转型的第二个动力机制改变来自资源效率的提升，而技术创新是资源效率提升的关键所在。无论索洛的"水平效应"，还是丹尼森的"增长的余值"，乃至罗默的"收益递增增长模型"等理论的阐述，无不说明了技术进步对提高效率的作用②。格罗斯曼指出，"如果没有技术进步，在资本和劳动力的规模收益不变的条件下，且有效劳动力的数量不变，投资将导致资本的边际产品下降。在这里，我们假定它将最终下降到贴现率的水平。如果比这一水平还低，消费者就不愿推迟当期的消费以换取未来产量的增加。资本收益递减导致经济增长过程最终停滞"。而当技术取得突破时，技术的进步使资本的边际产品不会下降到贴现率的水平，因而，尽管资本存量不断增加，进行资本积累的动机仍然不会消失。也就是说，技术进步能够弥补资本的收益递减，从而使资源能够得到更加有效的利用，资源效率得到提升。

经济绿色转型的动力机制变动除了要在技术上进行创新外，还需要在制度上进行创新。通常来说，技术创新与制度创新之间存在协同演化的关系③。换言之，技术创新导致规模效益的改变以及劳动和资本的节约，提高了制度创新的潜在利润，从而诱致制度边界的扩大。技术变革要求相应的制度变革与之相适应，即技术创新推动制度创新。而制度创新为技术创新的发展创造制度环境和经济条件，是技术创新的重要驱动力，体现出约束效能、激励效能与导向效能④。事实上，与传统经济转型不同的是，经

① 裴长洪，于燕. 德国"工业4.0"与中德制造业合作新发展 [J]. 财经问题研究，2014 (10)：27-33.
② 叶依广，孙林. 资源效率与科技创新 [J]. 中国人口·资源与环境，2002 (6)：17-19.
③ Pelikan P.. Bringing institutions into evolutionary economics: Another view with links to changes in physical and social technologies [J]. Journal of Evolutionary Economics, 2003, 13 (3): 237-258.
④ 蔡乌赶. 技术创新、制度创新和产业系统的协同演化机理及实证研究 [J]. 天津大学学报：社会科学版，2012，14 (05)：401-406.

济绿色转型最初对于技术创新是具有排斥性的。这是因为，绿色转型是一个兼具市场利益和公共利益甚至更加强调社会效益和生态效益的经济变轨过程，而这一过程与着眼于短期利益和局部利益的技术创新之间存在不一致或矛盾性①，这种不一致或矛盾性仅仅依靠市场机制是难以进行调和的。此外，鉴于经济绿色转型的公益性，公众普遍欢迎和乐于接受这样的一种经济转型发展方式。但是，公众乐于接受经济绿色转型，并不代表公众有能力去推动经济的绿色转型，尽管经济绿色转型的这一过程离不开公众的共同参与。为此，在经济的绿色转型方面，更多的是需要政府介入，并在制度上进行创新和重新安排，为技术创新提供支撑，给企业主体创造利润空间，从而推动经济绿色转型的顺利实施。

最后，经济绿色转型的动力机制变革来自管理上的创新。经济绿色转型的过程，是相对于原有资源配置和利益分享机制重新调整的过程，其中必然涉及不同利益诉求群体间的观念和利益博弈，包括政府与企业、政府与公众、企业与公众等之间的博弈②。为此，需要在管理上进行创新，并引入以驱动力为导向的政府、企业和公众等行为主体互动合作的治理机制，从而构建起一个以制度改革驱动为保障、以技术创新驱动为手段和以资源效率驱动为支撑的经济绿色转型动力体系③。

二　全球经济的绿色转型

世界经济的转型，一方面是出于缓解由经济衰退所带来的增长和就业压力；另一方面是寄希望发展一种全新的经济与环境和谐互动的增长模式，以替代传统的资源消耗型增长方式。因此，与以往的经济转型不同的是，此次经济转型将呈现鲜明的绿色、低碳、智能、创新、合作以及包容

---

① 涂自力，王朝全. 发展循环经济的企业内生动力问题 [J]. 社会科学研究，2009 (1)：53 - 57.

② 杜创国，郭戈英. 绿色转型的内在结构和表达方式——以太原市的实践为例 [J]. 中国行政管理，2010 (12)：114 - 117.

③ 蒋长流，韩春虹. 低碳城镇化转型的内生性约束：机制分析与治理框架 [J]. 城市发展研究，2015，22 (09)：9 - 14.

等绿色低碳化特征①。对于世界各国而言，无论发达国家还是发展中国家，都把发展战略性新兴产业作为经济转型的重要推动力②。

（一）美国的绿色转型

为了应对气候变化危机、减少对石油进口的依赖、助推美国经济的绿色转型，美国推出了经济复兴计划以及能源和环境计划。在这些计划中，以优先发展清洁能源产业、积极应对气候变化为内容的绿色能源战略，成为美国新兴产业发展战略中的重中之重。美国希望通过清洁能源产业的发展，实现经济的绿色转型，从而再造美国经济。其中更为关键的是，美国希望借助其先进的技术优势，通过制定新的技术标准，形成技术壁垒和垄断，力图借此继续掌控世界经济主导权。

自 2009 年制订能源与环境计划，以及颁布《美国复苏与再投资法案》和《美国清洁能源与安全法案》以来，美国在新能源产业发展方面取得了巨大进展。美国能源信息管理局发布的数据显示，自 2009 年以来，美国的可再生能源装机容量已经增加了 3 倍。到 2016 年底，美国来自可持续能源（包括风能、太阳能、生物质能和地热等）的能源装机容量达到创纪录的 141 吉瓦，其中新增风能和太阳能装机容量占据新增装机容量的大部分。发电量方面，2016 年美国可再生能源新增发电量占新增总发电量的 63%，已经连续三年实现可再生能源新增发电量占新增总发电量的 50% 以上，表明可再生能源将成为美国未来能源的支柱产业。而随着太阳能、风电厂建造和维护成本的迅速下降，近年来美国新增发电装机中非水电可再生能源发电装机已占主导地位。

为了更进一步巩固新能源的发展态势，并在技术上取得领先优势，2019 年美国能源部又先后宣布了多项研发项目。其中，2019 年 6 月 25 日，

---

① Association of Academies of Sciences in Asia（AASA）. Towards a sustainable Asia: green transition and innovation. Science Press Beijing and Springer Verlag Berlin Heidelberg. 2010.

② 李晓华，吕铁. 战略性新兴产业的特征与政策导向研究 [J]. 宏观经济研究，2010（9）：20 – 26.

美国能源部通过部署技术商业化基金项目，为77个能源技术项目提供2400多万美元的资金，推动其中有前途的能源技术商业化，并加强能源部国家实验室和私营部门公司之间的合作，将这些技术部署到市场；2019年6月26日，美国能源部投资4450万美元用于回收非常规石油和天然气先进技术；2019年7月1日，美国能源部宣布根据联邦刺激竞争性研究项目（EPSCoR），为9个能源研究项目投入1700万美元资金，项目涉及与化学和材料相关的基础科学研究、推进聚变能研究、电网整合/太阳能、燃料电池和先进制造业研究等领域。

在实现经济绿色转型的过程中，美国希望通过在能源技术领域的不断投入和加大研发力度，来进一步确保美国在新能源方面的话语权。

（二）欧盟的绿色转型

与美国类似，欧盟也在尝试把促进经济复苏和就业机会增长的短期措施与旨在向绿色低碳经济转型的中长期战略结合起来。2008年11月，欧盟发布了总额为2000亿欧元的经济刺激计划，其中投资480亿欧元以实现欧盟应对气候变化的目标。2010年3月，欧盟委员会发布了"欧盟2020战略"，把智能增长、可持续增长和包容性增长作为今后十年的发展战略，提出了"后危机时代"欧盟的经济发展战略目标，即通过高效使用资源和鼓励自主创新，实现经济更加健康和更为"绿色"的发展。为此，在排放目标制定上，欧盟根据巴黎协定提交联合国的国家自主贡献目标是，在一揽子能源气候计划中提出"20/20"战略目标，即到2020年使温室气体排放量比1990年削减20%，可再生能源的比重提高到20%；到2030年温室气体排放比1990年减少40%。

最新公布的数据显示，2019年全球燃煤发电量有望下降约3%，创有史以来最大降幅，其中，欧盟尤其是西欧国家处于降幅的领先地位。2019年上半年，欧盟燃煤发电量同比下降19%，同样创历史最大降幅。其中，德国同比下降22%，爱尔兰同比下降高达79%。燃煤发电在爱尔兰、法国和英国的电力结构中所占比例不足2%，在西班牙和意大利也仅为6%左右。预计 2019 年全年欧盟燃煤发电量将下降 23%。出现这种情况的原因，既有政策的因素如欧盟的碳排放限额和交易制度，即所谓的碳排放交易计划，使更多的燃煤发电被清洁能源发电所替代；同时，也与风能和太阳能电力日益广泛的应用有关。SolarPower Europe 发布的首份欧盟光伏市场报告显示，欧盟太阳能市场 2019 年翻番，增长趋势遍及整个欧盟，28 个欧盟国家中有 26 个国家装机量超过上一年。新增装机量达到 16.7 吉瓦（GW），相比 2018 年的 8.2GW 增长了 104%。此外，2019 年欧洲风能协会发布的《我们的能源，我们的未来》（Our Energy，Our Future）报告中提出，到 2050 年欧洲海上风电装机容量目标要达到 450GW，而这将为该地区提供 30% 的所需能源。一旦这一目标得以实现，将会颠覆欧洲地区的能源结构，甚至可能实现部分欧洲国家燃煤发电全替代，从这可以看出，欧盟采取的能源结构调整、可再生能源替代等能源革命的方式，推动经济绿色转型，对于欧洲的碳减排将起到极大的推动作用。

（三）日本的绿色转型

在日本的经济刺激计划中，相当部分用于"投资未来"，而"低碳革命"是"投资未来"的最核心的内容。围绕"低碳革命"，日本制定了相应的具体目标和行动计划。除了在行动计划方面强调智能电网、太阳能发电、低碳技术标准、环保车普及、低碳型交通设施外，氢能逐渐成为日本新能源发展的未来。

日本从 1973 年开始进行氢能生产、储运和利用相关技术研究。到 2013 年 5 月发布《日本再复兴战略》，正式把发展氢能提升为国策。2014 年，日本修订了《日本再复兴战略》，发出建设"氢能源社会"的呼吁；同时在第四次能源基本计划中，将氢能源定位为与电力和热能并列的核心二次能源，提出建设"氢能源社会"。同年，为了推动"氢能源社会"建设的实施，日本又发布了《日本氢和燃料电池战略路线图》。2015 年，日本政府在施政方针中公开表达了实现"氢能社会"的决心。同时，NEDO 也出台了氢能源白皮书，将氢能源定位为国内发电的第三支柱；2017 年 12

月专门制定了《氢能基本战略》；2018年7月制定了第五次能源基本计划。2019年3月12日，日本经济产业省又重新发布了新版《氢能与燃料电池路线图》。

日本在氢能社会建设方面，可谓雄心勃勃。根据日本能源研究所（IEEJ）计算，2013~2018年日本政府为氢能研发的投入、氢能应用的补贴金额逐年上升，总计达到14.58亿美元。日本希望通过在氢能方面的大力发展，能够在全球氢能市场上居于领先地位。

目前，日本已经初步形成了包括制氢、储运、氢能利用、加氢站建站在内的相对完整的氢能产业链体系。在标准和技术领域，日本积极参与国际标准制定，并围绕参与制定的《全球氢能和燃料电池技术规范》和《联合国氢能和燃料电池汽车规范》，形成了国内完善的标准法规体系。通过这些氢能发展战略的部署和实施，日本在燃料电池研发、乘用车开发、氢储运和小型化氢能应用等领域，已经掌握和拥有了先进的、独具特色的核心技术。发展氢能的战略举措为日本经济的绿色转型提供了理论极佳的切入点。

（四）韩国的绿色转型

2009年7月，韩国公布《绿色增长国家战略及五年计划》，并提出了"绿色增长"的经济振兴战略。该经济振兴战略指出，韩国要通过发展绿色环保技术和可再生能源技术，实现节能减排、增加就业和创造经济发展新动力这三大发展目标，并争取在2050年将韩国建设成为全球第五大"绿色经济大国"。绿色增长国家战略主要围绕三个主题：防范气候变化，减少能源依赖；发展绿色经济，寻求新的经济增长引擎；改善国民生活水平，提升国家经济地位。此外，韩国政府还制定了《绿色增长基本法》，内容包括推进绿色金融和基金发展、培育和支持绿色技术及产业等内容，为绿色经济发展提供法律保障。

韩国作为放弃核电的国家之一，在未来能源发展上主要开展氢能的研发。韩国认为，氢经济是其经济增长的新引擎，寄希望于将氢技术与汽车、航运和石油化工等传统制造业联系起来，使韩国的氢经济发展方面处于领先地位。为此，2019 年 1 月，韩国政府在蔚山市发布了"氢经济发展路线图"。根据该路线图，韩国政府计划未来 20 年内增加氢供应量至 526 万吨，确保到 2040 年氢燃料电池汽车累计产量由目前的 2000 余辆增至 620 万辆，氢燃料电池汽车加氢站从现有的 14 个增至 1200 个。

2020 年 1 月 17 日，韩国政府的"氢能经济路线图"迎来了实施的一周年。在过去的 1 年里，韩国政府根据这一路线图为核心技术研发领域投入 3700 亿韩元（约合人民币 22 亿元），取得了显著成果。具体来看，2019 年韩国氢燃料电池汽车销量跃居全球第一，截至 2019 年底，累计出口达 1724 辆，同比几近翻番。国内普及率也同比增加 6 倍，首次突破 5000 辆关口。在基建方面，韩国政府已建设了 34 个氢燃料充电站，总规模虽少于日、德、美，但 2019 年新建数量居全球之首。燃料电池方面，以 2019 年底为准，韩国燃料电池出货量占全球出货总量的 40%，氢燃料电池发电量为 408 兆瓦，超过美国（382 兆瓦）和日本（245 兆瓦）。在制度方面，韩国政府继 2019 年发布"氢能安全管理综合对策"以来，2020 年 1 月 9 日又在全球首次制定《氢能经济发展及氢能安全管理法》，为氢能经济发展加强制度保障。

世界经济绿色转型方兴未艾，这对于发展中国家而言，是难得的机遇，同时也是巨大的挑战。为此，新兴经济体和发展中国家如巴西、俄罗斯、印度、印度尼西亚、哈萨克斯坦、马尔代夫等国家也不甘落后，主动调整其经济和科技战略布局，出台或正在出台相应的战略性新兴产业规划和政策，以培育和增强后金融危机时代的国际竞争力。中国也不失时机地着眼长远，积极布局七大战略性新兴产业，将战略性新兴产业的培育和发展视为发挥后发优势、实现赶超的重要机遇，采取推动产业结构升级、加快经济增长方式转变的重大举措，积极推动经济的绿色转型。

三 全球经济绿色转型启示

经济绿色转型是一个传统经济发展模式向更加低碳、环保、高效的绿色经济发展模式转变的过程，尽管经济绿色转型这一战略的制定和实施，是为了解决资源环境约束趋紧、经济增长后劲不足等问题而被迫做出的抉择，事实上，从人类经济发展史来看，世界经济就是一个发展模式不断更迭的历程。工业革命前低投入、低产出的农业经济发展模式，随着技术进步的突破被高投入、高产出的工业化经济发展模式所取代。然而，工业化经济时代对自然资源的强取豪夺，以及对环境造成的污染，使得工业化经济发展模式已经难以为继，即将被绿色经济发展模式所替代。这表明，世界经济运行存在规律性和阶段性的发展特征。

从罗斯托的经济成长阶段理论来看，当适用于粗放的经济增长方式的资源环境条件不复存在时，就会要求世界各国通过创新的方式来驱动社会经济向更高层级的形态跃迁。而代表着创新的高新技术就被用来对传统制造业进行改造升级以提升资源利用效率，以及着眼于发展新兴产业，拓展新的经济增长点。传统意义上的创新发展，其创新过程的风险相对而言可控性更强些，因而在超额利润诱发下更容易激发企业从事创新活动，推动科技进步。与传统意义上的创新发展不同的是，绿色转型意义下的创新活动更多的是考虑如何应对和解决资源环境约束的问题，以及探索更加尖端的突破性技术，这就使得绿色转型下创新活动中的利润回报以及风险的不确定性因素增加，从而导致对来自市场机制下的创新活动的排斥现象出现。因此，对于绿色转型意义的创新活动要从 EPNR（Entrepreneur、Policy、Need 和 Resource），即企业家、政策、需求和资源等四个方面进行综合考量①，既要认识到绿色转型积极的一面，但也不能否认绿色转型可能带来的负面影响。

首先，从政策（Policy）供给的角度来看，或者说从供给侧来说，经济绿色转型需要政府在转型的过程中起到主导作用，至少在绿色转型的初期阶段是如此。从世界各国尤其是发达国家的绿色转型来看，无论从国家

---

① 王海山. 技术创新动力机制的理论模式［J］. 科学技术与辩证法，1992（6）：22 - 27 + 64.

战略到行动计划，还是从法律法规到配套政策等，无不充分展现了政府的导向和扶持作用。例如，美欧国家在政策上大力扶持可再生能源如风电、太阳能的发展；而日本、韩国则举全国之力发展氢能等。但是，这并不意味着在整个绿色转型过程中政府部门包办一切，毕竟创新和绿色转型升级最终是需要市场化运作，并寻求利润回报的。同时不可否认的是，绿色转型又是一个高投入、高风险、回报无法预期的创新活动过程。从技术创新期望理论来说，企业会对创新或绿色转型的未来预期进行评估分析，只有当成功概率较大、预期收益较高时，企业才会进行创新[①]。因此，对于政府部门而言，首要的任务是在全社会树立起绿色转型的信心。而更为重要的是给市场或者说企业注入绿色转型的初始动力和活力，并在政策制定、法规建立和制度安排等方面进行配套，为绿色转型提供必要的物质和制度基础，从而营造出一个良好的绿色转型的发展氛围。

其次，从熊彼特的创新理论来看，企业家（Entrepreneur）是创新活动的主体，同时也是绿色转型的主要践行者。然而经济的绿色转型意味着技术经济范式发生根本性的、颠覆式的变革。也就是说，在绿色转型的过程中原有的技术经济范式的主导技术群发生变更的情况下，经济发展的技术基础也会随之改变。因此，可以说，经济绿色转型过程就是一个技术经济范式演变的过程[②]。而经济的绿色转型代表的是国家的意志，是由政府部门主导和推动的，并不是一种市场本身自发的行为。在经济绿色转型的过程中，如果企业家在对社会经济发展环境的评价中，不能及时地发现和抓住社会经济的技术经济范式总体演化趋势，那么，在这种情况下，企业家就有可能被固化在原有的技术经济范式中，而不能适应经济绿色转型的发展形势。因此，在政府部门主导的经济绿色转型过程中，如何激发并培育出企业家在绿色转型中应有的动力和活力，是绿色转型形势下一个颇为严峻的课题。

---

① 万君康，王开明. 论技术创新的动力机制与期望理论 [J]. 科研管理，1997（2）：32 - 36.

② 朱瑞博. 中国战略性新兴产业培育及其政策取向 [J]. 改革，2010（3）：19 - 28.

再次，经济绿色转型是一个不断将原有的均衡状态打破的过程。从资源（Resource）的角度来看，转型就是一个不断进行的资源匹配过程，包括自然资源与能源、劳动力、资本以及科技资源等的再分配过程。事实上，在二元创新①平衡过程中，资源尤其是创新资源总是在不断进行着动态再分配。而绿色转型则是对二元创新平衡关系的重塑。因为绿色转型过程中带来了技术的多样化，而由于技术多样化与二元创新平衡间存在倒 U 形关系②，从而影响到资源在两种创新之间的分配③。表面上看，绿色转型过程似乎是一个资源分配的帕累托改进过程；然而，在技术多样化的过程中，对于企业或者创新者而言，面临着在突破性技术创新与持久性技术创新之间进行选择的困境④。突破性技术创新能够使企业确保核心技术的领先，但同时也会使企业面临研发出来的技术超出市场的需求而不能产生效益的风险；而持久性技术创新虽然能够确保企业规避较高的风险，却会使企业被固化到既有的技术模式中，最终会失去核心技术上的优势。因而，在这样的技术创新选择的困境下，不论怎样进行技术创新的选择，都存在创新效益可能低于创新成本的可能性，那么在这种技术选择上形成的资源配置就不能促成帕累托最优⑤。这就意味着，绿色转型过程中要在组织架构和制度上进行规划，寻求突破性技术创新与持久性技术创新之间的契合点，力图实现突破性创新向持久性技术创新快速转化，从而达到创新资源最优配置的目的。

最后，从需求（Need）来看，需求是绿色转型的内在动力。绿色转型所产生的绿色产品，具有公共产品和私人产品双重价值属性。就绿色产品价值的公共属性而言，或者更确切地说生态产品价值，一般更容易能够为

---

① 所谓二元创新，是指利用型创新与探索型创新。利用型创新的内容主要包括优化、选择、制造、效率、选择、实现、执行等方面，而探索型创新则是通过搜索、变化、冒险、实验、比赛、灵活性、发现、创新等来发现新的可能性（March J G.，1991）。

② 林明，董必荣. 行业技术动态下相关技术多样化对二元创新平衡的影响研究 [J]. 科研管理，2014，35（10）：9-16.

③ 刘志迎，路锋. 企业实施二元创新的有限资源动态配置机制研究 [J]. 研究与发展管理，2018，30（4）：54-64.

④ 克雷顿·克里斯滕森. 创新者的窘境 [M]. 吴潜龙，译. 南京：江苏人民出版社，2000.

⑤ 朱善利. 资源配置的效率与所有权 [J]. 北京大学学报：哲学社会科学版，1992（6）：49-56+129-130.

人们所认同和接受。但是，其产品价值的私人属性却还有待于市场的接受和人们的认可。战略性新兴产业作为一个全新的产业，其技术天然存在不确定性，加大了绿色产品的市场不确定性。也就是说，当战略性新兴产业中的一项技术被开发出来后，其市场用途常常不能被准确定位或者其用途被限制在很小的领域，而广阔的市场需求也会滞后于这一技术的创新[①]，为绿色产品培育和创造一个绿色市场来兑现它的私人产品价值[②]将是一个时间非常长而进度却又相对较为缓慢的过程。更有甚者，由于"柠檬市场"的存在[③]，绿色产品很有可能会被传统的低质量产品排挤出市场。因此，可以说，绿色转型的成功实施，在很大程度上取决于长期稳定而又具有非常广阔市场前景的预期。这就意味着在绿色产品的消费市场培育方面需要进行相应的规划和布局，包括建立技术标准、设立市场准入机制、制定绿色采购清单、对消费者进行补贴等，同时还应加大对绿色市场以及绿色产品的宣传力度，从而在全社会营造和倡导出一个绿色的消费氛围和消费理念，助推整个社会由传统的消费模式向绿色消费模式转型升级。

四　小结

经济绿色转型是一个传统经济形态向绿色经济形态转型的过程，同时也是原有的技术经济范式逐渐向绿色、低碳的技术经济范式演化的过程。在苏立君看来，新技术与新的技术经济范式的传播是通过新产业的形成和旧产业的升级与改造实现的，而新技术和新技术经济范式的传播是产业链与价值链分离的直接原因。伴随着产业链与价值链的分离，产业链链条开始在全球范围内延伸，进而导致世界范围内专业化分工体系的形成。因此，绿色转型的过程又是一个打破原有全球的生产分工格局、重塑全球产业链和价值链的过程。发达国家寄希望于通过绿色转型实现本国的"再工

---

① 李晓华，吕铁．战略性新兴产业的特征与政策导向研究［J］．宏观经济研究，2010（9）：20－26.

② 罗丽艳．绿色市场发育现状及其快速发展［J］．环境保护，1999（3）：35－38.

③ 亨利·乔治．进步与贫困［M］．北京：商务印书馆，1995：220－228.

业化",重现和继续维系其在制造业和高技术领域的优势地位。而发展中国家也试图借助绿色转型,推动本国产业链和价值链向高端延伸。由此,发达国家与发展中国家将不可避免地为争夺世界经济话语权而发生冲突。

与此同时,经济的绿色转型不仅意味着经济增长方式的转变,更重要的是在发展理念上要展现出开放性、包容性和共享性等特性[①]。夏先良指出,开放意味着不同的学术思想、学科领域更多的交流和碰撞,是全球创新资源的自由流动和合理配置。而包容性和共享性则要求,一方面,世界各国各地区应该加强交流合作,协力解决经济发展中的深层次、结构性问题,推动世界经济可持续增长,有效应对世界经济面临的风险和挑战;另一方面,就是让经济全球化和经济发展成果惠及所有国家和地区、所有人群,在可持续发展中实现经济社会协调发展[②]。绿色转型所展现的这些特性,呼唤和推动世界经济朝着共享、协同的开放式创新发展转变[③]。

经济绿色转型所展现出来的冲突与协同的二分性,即经济绿色转型过程中所引发的国家间的冲突,与绿色转型所倡导的包容性、开放性和共享性之间的背离,并不是不可调和的。这就需要在全球范围内构建绿色转型的战略联盟,包括创新联盟等形式,来推动世界各国在绿色转型过程中乃至未来的发展上的开放、融合、共享和协同。

作为全球第二大经济体的发展中国家,也是包容性增长的倡导国,中国理应在世界经济绿色转型之际,主导并推动全球经济朝着共享、协同的开放式创新发展迈进。可以预见的是,在世界各国的共同努力下,未来全球的经济转型将朝着绿色、低碳、高效、共享、协同的经济形态发展转变,而创新则是这一经济绿色转型战略成功的关键。

---

① 杜志雄,肖卫东,詹琳. 包容性增长理论的脉络、要义与政策内涵 [J]. 中国农村经济,2010 (11):4-14+25.

② APEC 人力资源开发部长级会议开幕 胡锦涛致辞 [EB/OL] . http://www.chinanews.com/gn/2010/09-16/2536878. shtml.

③ GassmannO.. Opening Up the innovation process: towards an agenda. R& D management, 2006, 36 (3): 223 – 228. Huizingh E K R E. Open innovation: State of the art and future perspectives. Technovation, 2011, 31 (1): 0 – 9.

第三节 绿色创新经济的提出及其特征

一 绿色经济辨析

绿色经济的概念最早可以追溯到 1946 年英国经济学家希克斯提出的绿色 GDP 思想，他认为只有当全部的资本存量随时间保持不变或增长时，这种发展方式才是可持续的。Pierce 虽然没有对绿色经济进行定义，但他在《绿色经济蓝图》一书中也表达了与希克斯相同的观点，即有害环境和耗竭资源的活动代价应被列入国家经济平衡表，而对造成污染者实施罚款的原则与市场机制相结合则可促进可持续的发展①。事实上，绿色经济并不是脱离可持续发展框架而另外提出来的一种新概念，而更应被看作是对可持续发展概念的延续、对可持续发展理念的一种实践，只不过相比较而言，绿色经济更强调资源环境的约束作用。例如，Reardon 将绿色经济界定为"资源、生态限制内人类幸福的最大化"，GEC 将绿色经济定义为"在地球生态资源范围内，为人们创造更好生活质量的增长方式"。与此同时，一些国际机构和非政府组织基于全球的视野，认为公平性、包容性、环境责任等是绿色经济应当遵循的基本原则。例如，UNEP 从人类福祉和社会公平的角度，将绿色经济定义为"低碳、资源高效、社会包容的经济"。联合国贸易和发展会议认为绿色经济应该具有包容性，即为了使发展中国家能够参与全球绿色经济，应该为发展中国家的人力和生产能力提供帮助，以便刺激其经济多样化发展，并为穷人创造就业机会；此外，国际商会提出的环境责任，是经济绿色化得以实现的重要举措，正如丹麦 92 小组所指出的"没有公平，经济就不可能是绿色的"。② 也就是说，资源环境受益者应对其资源环境破坏承担责任。

与绿色经济相类似的还有绿色增长和低碳经济等概念。经济合作与发

---

① 钟盛华. 绿色经济的蓝图 [J]. 世界研究与开发报导，1990（2）：112 – 113.
② https://www.92grp.dk/files/post – 2015/rio20/Greeneconomy.pdf.

展组织（OECD）将绿色增长定义为"在确保自然资产能够继续为人类幸福提供各种资源和环境服务的同时，促进经济增长和发展"。① 这一定义与绿色经济定义区别不大。同样，低碳经济概念与绿色经济在本质上基本一致，只是低碳经济的资源环境约束条件更为苛刻，如2℃升温范围内的碳排放控制和减排。

除了从资源环境约束等角度来定义绿色经济外，从经济学的角度来解读绿色经济，为我们提供了另一个视角。盛馥来提出，首先，作为一种经济形态，绿色经济是以绿色产品和服务为主的经济；其次，作为一种经济手段，绿色经济指的是针对关键的环境制约因素诸如碳制约，通过调整总需求，即总投资、总消费和政府开支，创建并积累新一代资本——清洁的、低碳的、能够提高资源能源使用效率的人造资本——简称"清洁资本"包括相关的技术资本等，对人类生活和生存至关重要的自然资本，受到良好教育、掌握现代化清洁技术的、健康的人力资本，以及有利于和谐包容和公平的社会资本，如社会保障体系。② 而 Chapple 则更进一步从产业的层面，把绿色经济直接看作清洁能源经济，即绿色经济不但具有生产清洁能源的能力，而且具有清洁生产过程的技术，同时也是减少环境影响或改善自然资源利用的产品、过程和服务。③ 可以看出，在经济学或产业层面的视角中，资源环境制约并不成为一个问题，可以通过变环境制约为契机来拉动新型的经济增长、就业和社会发展。

总体来说，虽然众多的学者和机构都从各自的角度，对绿色经济概念给出了解读和界定，并赋予了绿色经济诸多的内涵和属性，但是对于绿色经济概念的认知依然存在不完善的地方。

---

① https：//www.oecd.org/greengrowth/48012345.pdf.
② 盛馥来，诸大建.绿色经济：联合国视野中的理论、方法与案例［M］.北京：中国财政经济出版社，2015.
③ Chapple. Defining the green economy：a primer on green economic development. Center for Community Innovation，Berkeley，2008. https：//communityinnovation. berkeley. edu/sites/default/files/defining_green_economy_a_primer_on_green_economic_development. pdf？width = 1200&height = 800&iframe = true.

首先，尽管一些国际机构和非政府组织从均衡发展的角度提出了公平性和包容性等绿色经济概念中应当具有的属性，但由于发达国家出于满足自身更高的发展需要，如从提升能源效率、提供舒适的生态环境角度而提出的低碳发展理念，对于发展中国家而言就可能存在适用性的问题。例如，实施严格的低碳标准，将会置技术水平相对落后的发展中国家于非常不利的处境，引发新的不公平问题。据任力测算，发展中国家要实现从高碳经济向低碳经济的转变，每年用于支付购买低碳技术的费用就高达250亿美元，这对于发展中国家而言，将是一个非常沉重的负担。

其次，乌尔里希·布兰德指出，就发达国家而言，绿色经济战略的发展最终会促成一种新资本主义的形成，即"绿色资本主义"。顾名思义，所谓"绿色资本主义"是相对于传统资本主义而言的，即传统资本主义的绿色化。"绿色资本主义"不仅反映的是全新的、绿色的技术体系的形成，而更重要的是政治绿色化的表现。也就是说，除了资源环境外，经济的绿色化还受到相互矛盾的社会经济、政治、文化和主观的社会条件等方面因素的制约，尤其是受到这些因素所构成的社会关系的制约。这种社会关系中存在资本"绿色化"与"灰色化"之间的博弈，博弈的结果将取决于资本"绿色"和"灰色"部分之间的空间权力关系。这就意味着，在经济的绿色化过程中，社会关系需要不断地进行重构，尤其是需要在体制机制上进行不断的创新。因此，从某种意义上来讲，经济的绿色化过程，是一个创新的过程，是绿色与创新相融合的过程。这里的创新既包括技术创新，也包括制度创新，甚至包括社会结构的创新。

二　绿色经济发展的困境

协调好经济发展与生态环境保护之间的关系，是人类可持续发展的核心议题之一。但长期以来，发展与保护间的关系一直处在失衡状态，发展优先、环境保护让位于经济发展的认识在全球范围内广泛存在。其后果是，生态环境恶化，气候升温趋势没有得到有效的遏制，水资源安全、粮食安全、公共卫生安全等基本生存型保障受到严重威胁。在此背景下，一

些有识之士开始探索新的发展理念和模式，着力避免重蹈发达国家走过的
"先污染后治理的"传统工业化道路，从而实现自然生态系统从生态赤字
逐步转向生态盈余。在这一过程中，专家学者提出了一系列理念和认知，
如避免"公地的悲剧""宇宙飞船经济学""绿色经济""低碳经济""生
态现代化"等，其中相当部分概念上升为政府或政治派别的执政理念。

（一）绿色经济发展历程

2008 年国际金融危机后，以联合国为代表的国际组织开始主推"绿色
经济"，提出通过投资绿色技术和产业，实现短期经济复苏与长期可持续
发展的融合。2010 年，经济合作与发展组织发布《绿色增长战略中期报
告：为拥有可持续的未来履行我们的承诺》，呼吁绿色增长，并将其作为
一种追求经济增长和发展，同时又防止环境恶化、生物多样性丧失和不可
持续地利用自然资源的方式。欧盟的"欧洲 2020：智能、可持续和包容增
长战略"涵盖了以可持续增长提高资源效率，并且着力提升社会对环保、
更具竞争力的经济体系的关注。德国公布的一份旨在推动德国经济现代化
的战略文件，强调生态工业政策应成为德国经济的指导性方针。法国公布
了《绿色法案》，试图从绿色工业和可持续性农业等方面构建"绿色而公
平的经济"，以实现"生态善治"[①]。日本为维持太阳能发电、蓄电池、燃
料电池、绿色家电等主要低碳技术相关产业的领先地位，提出并实施一系
列以新技术为导向的雄心勃勃的战略目标[②]。作为全球最大的发展中国家，
中国则从自身发展阶段的需要出发，提出新发展理念并推进生态文明建
设，以加快产业结构转型和升级，实现高质量发展目标。

在这些战略措施的实施下，全球绿色经济发展取得了积极进展。有评
估研究显示[③]，经合组织国家和 20 国集团国家自 1990 年以来实施绿色发

---

① 朱留财，杜譞. 全球绿色发展的现状与展望 [J]. 环境保护，2011（19）：69 - 70.
② 董立延. 新世纪日本绿色经济发展战略——日本低碳政策与启示 [J]. 自然辩证法研究，
2012（11）：65 - 71.
③ 引自国务院发展研究中心课题组撰写的报告《全球绿色增长的进展与问题》。

展取得了一定的进展，并且多数国家的碳、能源和物质资源生产率也有所提升。在产业层面，新能源汽车、可再生能源等绿色产业快速发展，开始成为一些地区新的经济增长点，高能耗、高污染行业不断转型升级；在国土空间层面，一些生态功能区的保护得到强化，一些地区的城镇化空间布局变得更加绿色化、集约化。

全球生态环境和世界经济状况虽然有所改善，但形势仍不容乐观。有机构在对全球资源消耗、碳排放研究后表明，当前全球范围内资源消耗量依然居高不下，碳排放量仍将持续增加，环境压力依然很大。化石能源继续主导能源结构，甚至还会得到一些政府支持。例如，OECD 国家和 BRI-ICS 国家①对化石燃料的依赖程度依然超过 80%，而可再生能源在能源结构中的占比仍然很低，少数国家甚至出现煤炭比重大幅上升的现象，这其中既有 OECD 国家，也有 BRIICS 国家。化石能源在 OECD 国家能源消费结构中仍占 78%，在 BRIICS 国家中占到 87%②。辩证地看，这充分反映出，尽管现行相关政策已初见成效，但仍不足以应对当前日益加剧的资源环境压力，尤其是发展中国家长期以来累积所形成的高污染负荷③。全球特别是发展中国家在改善环境绩效和实现绿色增长方面面临巨大压力的同时，其技术与制度创新的潜力巨大，尤其是在进一步提升全要素生产率方面存在诸多机遇以待挖掘。

出现目前这种复杂局面有多方面的原因，诸如发展中国家传统经济增长方式的惯性一时难以扭转对能源和资源的依赖局面、激进的环保抬头阻碍绿色创新技术的扩散④、绿色科技创新的高成本、制度供给不足⑤，以及产业政策与环境政策之间的不一致性等因素的出现，影响了全球绿色转型

---

① BRIICS 国家包括巴西、俄罗斯、印度尼西亚、印度、中国、南非。
② 引自国务院发展研究中心课题组撰写的报告《国际经济格局变化和中国战略的选择》。
③ 引自国务院发展研究中心课题组撰写的报告《国际比较视角下的中国绿色增长进程与对策》。
④ 张梅. 绿色发展：全球态势与中国的出路 [J]. 国际问题研究，2013 (5)：93 – 102.
⑤ 陈洪昭，郑清英. 全球绿色科技创新的发展现状与前景展望 [J]. 经济研究参考，2018 (51)：70 – 79.

的进程①。欧盟调查局在对绿色创新型中小企业面临的主要问题进行的专门调查中发现②，阻碍绿色创新型企业快速发展和融入市场的原因众多，首先且最重要的是市场需求不确定，其次是绿色创新投资回报不确定。企业对绿色创新表示担忧的因素还包括缺少绿色创新资金投入、国家财政补贴不足、现有经济结构和政策措施不足以鼓励绿色创新以及缺少外部投资等辅助性支持。

显然，全球在提高资源效率以及发展绿色经济上遭遇的挫折，反映了世界各国在绿色经济的发展理念上依然存在认识上的不足。事实上，在应对全球生态环境危机上，已不仅仅是一个地区、一个国家分内的事，而是在全球范围内如何将各国协同起来，在竞争中合作，来共同面对和解决绿色创新难题的问题。

（二）绿色经济的争论

从发展趋势上看，绿色经济将成为未来世界经济的发展模式。但也不得不指出的是，与低碳经济概念一样，绿色经济由发达国家提出和积极倡导，更多体现的是发达国家的发展意愿。2012 年 6 月，在巴西里约热内卢举行的联合国可持续发展大会上，发达国家主张包括发展中国家在内的所有国家都应向绿色经济过渡，甚至要设定时间表、目标和措施；发达国家还试图让绿色经济取代可持续发展，成为国际社会新目标③。与此同时，发达国家在技术转让、资金支持、减免债务等方面并没有作出相应的承诺，导致发展中国家与发达国家在绿色经济模式、绿色技术转让、资金援助等关键问题上各执己见④。虽然大会最终的成果文件中有提及"可持续发展与消除贫困背景下的绿色经济"的条款⑤，但这一不具备太强约束力

---

① 引自国务院发展研究中心课题组撰写的报告《国际经济格局变化和中国战略的选择》。
② 张志勤. 欧盟绿色经济的发展现状及前景分析 [J]. 全球科技经济瞭望, 2013（1）：50 - 57.
③ http：//www. hi. chinanews. com/hnnew/2012 - 07 - 04/244686. html.
④ 张鑫. 我们憧憬的未来：所期望的与所践行的 [J]. 世界环境, 2012（4）：44 - 45.
⑤ http：//rio20. net/wp - content/uploads/2012/06/N1238164. pdf.

的大会文件，不足以确保能够消除绿色经济未来发展趋势的不确定性。

乌尔里希·布兰德认为，西方发达国家的绿色经济发展将最终走向"绿色资本主义"，而"绿色资本主义"并不是一个具有普适性的经济发展模式。"绿色资本主义"之所以对发展中国家具有排斥性，原因在于，"绿色资本主义"虽然在生产方面提倡低碳、高效的绿色增长模式，却延续了发达国家既有的传统工业经济下的消费模式，而这种消费模式与发达国家自身的绿色、环保要求并不冲突。陈岳指出，满足一个典型的消费者需要，发达国家在资源能源消耗方面是发展中国家的 10 倍左右。例如，在土地资源的占用方面，美国人均需要用 12.2 英亩土地，而印度人均只需要用 1 英亩土地。发达国家人均资源能源消耗量极高而污染程度却相对较低，这一看似矛盾的现象主要是因为发达国家将污染严重的产业转移到新兴工业国家，同时消耗的资源基本上来自发展中国家。从这一角度看，发达国家倡导的绿色经济理念是以满足发达国家自身的需求为前提的，并没有顾及发展中国家的现实情况和诉求。

世界经济的一体化就概念而言，就是发展一种世界各国均认可的、各国都能从中受益的经济发展模式。发达国家以往的经济增长是基于互相攀比消费的经济增长模式，这种增长模式并不会给人类福利带来持续的增长。对于发达国家而言，应当实施的是绿色经济学家所倡导的减增长战略（Degrowth）和生态学家所谓的繁荣的退却[①]。在发达国家并没有意识到其互相攀比追求"高品质"消费模式不足的情况下，为了应对金融危机所引发的一系列问题而提出的绿色经济概念，难免会存在偷换"可持续发展"概念、淡化或者替代"共同有区别责任"原则的嫌疑，很难获得新兴国家以及广大发展中国家的认可[②]。

发展中国家与发达国家在绿色经济发展模式选择上的差异表明，理论上应存在一种符合绝大多数国家意愿的"创新型绿色经济模式"。这种能

---

① 诸大建. 从"里约 + 20"看绿色经济新理念和新趋势 [J]. 中国人口·资源与环境，2012，22（09）：1 - 7.

② 姜妮. 里约 + 20：绿色经济南北争锋 [J]. 环境经济，2012（3）：10 - 19.

够为发展中国家的人力和生产能力提供帮助、使发展中国家成为世界经济发展生力军、把包容性作为核心要义的新型绿色经济[①]，对缓解全球环境压力、实现人类公平发展意义重大。事实上，包容性增长模式和理念已成为亚洲开发银行和世界银行等国际机构致力于减贫和发展的指导思想和核心战略，并在国际上得到了广泛接受和认可，包括中国在内的许多国家已明确要致力于推进和实现包容性增长[②]。倡导一种适用于绝大多数国家的绿色经济发展模式和理念，符合社会经济发展的运行规律，已经成为世界经济发展的新趋势。这种绿色经济推崇的是适度的经济增长和理性消费的发展模式。这种发展模式就是舒马赫所提倡的"人性的"发展模式；同时，也是加尔布雷斯所强调的，要避免为了创造消费而进行创新的发展模式。也就是说，发展中国家应避免走发达国家曾经走过的高消耗、高污染的发展道路，而是要借助有生态效率的聪明增长，用可以接受的地球自然资本消耗实现高质量的经济社会发展[③]，从而形成既是发展中国家所特有的绿色增长模式，也是世界各国普遍接受的一体化世界经济模式。

三　绿色创新经济的内涵及特征

从目前世界各国的经济发展趋势来看，不论美国提出的再工业化战略，还是德国提出的"工业4.0"，乃至中国提出的高质量发展，都揭示了一个不争的事实，即尽管发达国家和发展中国家在发展水平上存在较大差距，但都会遇到经济发展的现实问题，即经济发展离不开工业支撑，而传统的工业模式又面临不可持续性的挑战。对于工业的绿色增长而言，它不仅仅是单纯的环境治理，更重要的是涉及建立什么样的工业制造体系、

---

① UNCTD. The green economy：trade and sustainable development implications ［M］. New York：United Nations，2011.

② 姚荣. 包容性发展：思想渊源、现实意涵及其实践策略 ［J］. 理论导刊，2013（4）：95 - 98.

③ 诸大建. 从"里约 + 20"看绿色经济新理念和新趋势 ［J］. 中国人口·资源与环境，2012，22（09）：1 - 7.

什么样的产业结构，以及什么样的国际分工格局等国家战略性问题①。

从绿色创新的角度来看，绿色创新经济就是绿色的工业制造体系、绿色的产业结构，绿色的国际分工格局就是未来以绿色创新经济的全球实践，这种绿色体现了全新的经济模式。绿色创新的概念及内涵随环境与经济间关系的变化而趋于复杂化的演变，标志着社会经济已经进入一个全新的发展形态。在这样一种绿色创新驱动的发展趋势下，绿色、创新和经济发展将在要素、结构、功能、运行机制等方面深度融合，从而激发出充满活力的绿色创新经济业态。这种绿色创新经济业态，将产生新动能、创造新价值，从而驱动新产业、新业态、新模式、新增长点的形成和发展。绿色创新经济除了强调绿色和创新外，还注重协调、开放和共享的发展理念，与"创新、协调、绿色、开放、共享"理念相一致。从目前的理论探索与各国的战略实践看，绿色创新经济呈现如下几个基本特征。

（一）绿色创新经济是以绿色价值为导向的创新型经济

经济发展是发展经济学的核心概念。发展经济学更加注重协调性和公平性，更加注重物质资源和人力资源的质量改进②。绿色创新经济也以经济发展为前提，不同的是绿色创新经济是通过绿色创新来驱动经济的发展。也就是说，在经济发展过程中，要把创造绿色价值视为衡量经济发展质量的标杆，实现经济增长的绿色化，从而避免以损害未来人类的生存机遇为代价的扩张性增长。可以说，绿色价值的创造是绿色创新经济发展的主线③，绿色是经济发展追求的目标，也是永续发展的必要条件和人民对美好生活追求的重要体现④；而创新是实现绿色目标、引领发展的第一动力。发现、评价并测算绿色价值，将绿色价值纳入经济核算体系是绿色创

① 史丹．绿色发展开创全球工业化新阶段 [J]．中国经贸导刊，2019（5）：50-51．
② 贾根良．发展经济学 [M]．天津：南开大学出版社，2004：7-9．
③ http：//www.ddxyjj.com/zhuanti_xiangxi.asp？i=7907．
④ 潘家华．坚持绿色发展 [J]．求是，2015（23）：29-30．

新经济得以发展的关键所在。

（二）绿色创新经济是寻求实现共生和双赢的和谐经济

绿色创新经济作为一种正在形成中的经济形态，其从人本意义上所展现的是人与自然的和谐、人与人的和谐。从经济学意义上来说，绿色创新经济揭示的是经济系统各子系统内部各要素之间相互作用，推动各子系统间进行物质、能量和信息交换，最终使各子系统协调地统一于经济系统内，共同促进经济以可持续发展①。通常而言，工业革命前，人与自然、人与人之间是相对和谐的。正如巴斯夏所指出的，"每个人的幸福能增进全体的幸福；全体的幸福能增进每个人的幸福。要确保这一点是正确的，取决于社会的自然规律是否和谐；而社会的自然规律和谐与否，也取决于我们是否要遵循这些规律"。工业革命后，由西方国家主导的追求利益最大化的工业经济，打破了这种人文的、自然的和谐。绿色创新经济是对传统工业经济的超越和纠正，也是对工业革命前自然和谐社会的回归与升华。在社会发展方面，绿色创新经济树立起促使社会和谐的标杆和标准，并形成了相应的运行规律和规则，使整个社会的自然规律是和谐的，同时整个社会也在遵循自然的规律。在经济系统方面，绿色创新经济摒弃了工业经济追求利益最大化的不和谐之处，强调和谐主线在生产、分配和消费诸环节以及诸环节之间的贯穿，是低耗高效型的适度生产模式、和谐正义的分配方式以及理智、适度和生态性消费方式的形成②，是产业链上的生产、分配、消费等诸环节的平衡和有机统一。

（三）绿色创新经济是非传统边际效益递减的可持续性经济

在传统的经济学理论中，一般认为存在边际效益递减规律，即在技术水平不变的条件下，一种可变的生产要素的投入，会使产出增加、效益递

---

① 杨仲杰. 和谐经济的内涵探析 [J]. 经济研究导刊，2011（10）：3-4.
② 刘长明. 和谐经济学初论 [J]. 山东师范大学学报：人文社会科学版，2005（2）：79-86.

增，但到达一定限度后，再增加投入，就会出现效益递减①。边际效益递减是对传统工业经济中追求利润最大化的经济行为起约束作用的基本经济准则，是传统工业难以回避的自然经济规律。然而，边际效益递减这种传统工业经济中的经济规律，将在绿色创新经济中得以逆转。也就是说，传统工业经济中以物质资本投入为主的经济形态，被绿色创新经济中以技术资本投入为主的经济形态所取代。在绿色创新经济中，技术创新已成为常态，从而使技术资本的累积在不断增加，并形成对物质资本的替代，进而能够确保资本的边际产品不低于贴现率的水平②。这就是尽管资本存量不断增加，进行资本积累的动机仍然不会消失的原因所在③。因此，可以说，在绿色创新经济时代，以绿色创新为本质特征的经济行为，将物质资本的投入降到最低限度，经济的增长完全由技术资本驱动，从而彻底改写了传统经济学的经济规律，即绿色创新经济将传统的边际效益递减变更为边际效益递增，从而促成边际效益递增经济学的产生。

（四）绿色创新经济是协调利益关系、实现公平发展的经济

在传统工业经济向绿色经济或者说创新经济转型的过程中，所引发的各种社会矛盾、资源配置方式以及福利分配关系等方面的变化，都会促使利益格局的调整④，这种利益格局的调整体现的是一种与可持续发展相适应的绿色价值的共建。绿色价值的共建依托于全新的社会关系，是政府和市场（企业）作用在逐渐弱化的情况下，社会组织影响凸显的具体展现，或者说是一种绿色社会秩序的建立⑤。在这个过程中，政府、市场（企业）

① 江其务. 新经济与经济理论和经济发展 [J]. 河南金融管理干部学院学报，2000（6）：1-6.
② 叶依广，孙林. 资源效率与科技创新 [J]. 中国人口·资源与环境，2002（6）：17-19.
③ G. M. 格罗斯曼，E. 赫尔普曼. 全球经济中的创新与增长 [M]. 何帆，等，译. 北京：中国人民大学出版社，2009：28-30.
④ 任保平，宋文月. 我国经济增长从数量型向质量型转变的利益协调机制调整 [J]. 经济纵横，2014（4）：24-31.
⑤ 郭戈英，郑钰凡. 我国绿色转型动力结构形成的原因分析 [J]. 科技创新与生产力，2011（01）：53-54.

和社会组织间逐渐形成三足鼎立的局面，以及随之而来的相互之间的利益博弈①。绿色创新经济作为一种全新的经济形态，正是政府、市场（企业）和社会组织三者鼎足对博弈时出现僵局的一种衔接与化解。换言之，绿色创新经济在制度和运行机制上的创新，成功地将政府、市场（企业）和社会组织纳入一个能够协调三者利益关系的治理体系中，既能确保三者的利益诉求，又能充分调动三者参与和协作的积极性，从而构建起一个依托于政府、市场（企业）和社会组织的绿色、协同的命运共同体。因此，绿色创新经济是一个非零和博弈以及实现治理成本最优化的关系治理经济学。

（五）绿色创新经济是遵循开放共享的经济

绿色创新经济是一体化的世界经济，而从逻辑与历史相结合的角度看，世界经济就是开放经济，世界经济史就是一部开放的经济史。当代经济的鲜明特点在于它的商品性与开放性，生产的社会化、国际化与全球生产一体化的发展充分体现了世界经济、商品经济与开放经济的相辅相成关系。从本质上来讲，开放经济作为历史发展的必然产物，它的发展必然走向协同、合作和共享。就共享经济的内涵而言，一方面，共享资源会带来最高效率，分享知识会带动最伟大的创新②；可以说，共享经济就是帕累托最优的状态；另一方面，共享经济的核心特征并不在于所谓"共享"，而在于人类社会经济中"合作"的延伸，是基于共享经济的开放性以及知识结构变化而出现的市场边界的拓展③。因而，不难看出，开放经济与共享经济存在相互融合趋势。而绿色创新经济就是以共享经济为本、以开放经济为体，推动开放经济与共享经济融合的经济发展形态，是开放合作的

---

① 杜创国，郭戈英. 绿色转型的内在结构和表达方式——以太原市的实践为例 [J]. 中国行政管理，2010（12）：114 – 117.

② 罗宾·蔡斯. 共享经济：重构未来商业新模式 [M]. 王芮，译. 杭州：浙江人民出版社，2015：261.

③ 谢志刚. "共享经济"的知识经济学分析——基于哈耶克知识与秩序理论的一个创新合作框架 [J]. 经济学动态，2015（12）：78 – 87.

世界经济、开放创新的世界经济、开放共享的世界经济①。绿色创新经济的开放和共享理念是平等相待、互谅互让、创新合作、创新共享、包容互惠；在这样的发展理念下，全球经济必将朝着更加开放、包容、普惠、平衡、共赢的方向发展。因此，绿色创新经济是利益共享、责任共担且与生态环境协调的开放经济。

第四节　绿色创新经济的理论基础

一　理论溯源

有关绿色创新经济的理论，可以追溯到随着 20 世纪 60 年代环境意识日益提高而逐渐发展起来的环境经济、生态经济理论范畴，这些理论及相关实践的发展为绿色创新经济提供了坚实的理论基础。

（一）从孤立系统到"环境－经济"大系统

在以往的主流经济学研究与产业发展理论中，产业系统通常被视作孤立系统，脱离生态环境系统独立运行。合理界定产业系统与生态环境系统之间的关系，是绿色创新经济理论的基本前提。

20 世纪五六十年代，全球生态环境问题频发，迫使人类开始深刻反思人与自然的关系。经济学家尼古拉斯·乔治斯库·罗金和肯尼思·E. 博尔丁分别提出"熵流"和"通量经济"，阐明经济系统是地球生态系统中的一个开放子系统。罗金从物理角度指出，经济过程在物质上并非一个孤立、循环、可自我维持的过程，而是一个开放、单向、不可逆的过程，它以从环境中攫取低熵物质和能量为开始，以向环境排放高熵物质和能量为结束，废物处理才是经济过程的最后一环；博尔丁则将地球比喻为一艘孤立的宇宙飞船，生产和消化能力均有限，包括人类经济系统在内的整个地

---

① 习近平在第二届中国国际进口博览会开幕式上的主旨演讲［EB/OL］. http：//www. xinhuanet. com/2019－11/05/c_1125194405. htm.

球生态系统必须依靠不断消耗能量进行物质循环再生产，地球生态系统并非"无边无际的大草原"，人类的经济系统亦非建立在这个开放系统上的"牛仔经济"。

人类经济系统是自然生态系统的子系统，二者共同构成"环境－经济大系统"（见图2－2），经济系统不是一个封闭的循环系统，它不仅需要环境提供物质与能量输入，还需要一定的环境容量吸纳其产生的各种废弃物。

工业革命以来，人类大量消耗、大量生产、大量消费已成为社会运转的显著特征，资源约束越发显著，环境恶化趋势愈演愈烈，生态承载力岌岌可危，以高消耗、高排放为特征的传统制造业亟须转型升级，经济社会可持续发展的产业支撑动力面临考验。基于这样的现实背景，绿色创新经济便从对孤立的产业系统的关注，拓展到以"环境－经济大系统"为出发点的大系统视野，从而促进能量和物质在"环境－经济大系统"内实现高效循环和流动。

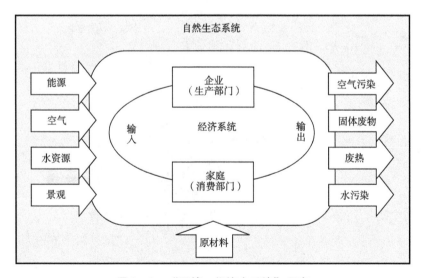

图2－2　"环境－经济大系统"示意

（二）规模限制理论

工业革命的主要成果是增加了不可再生资源（尤其是化石能源）的开

采，经济系统的生产能力大大提高。与此同时，经济增长削弱了人类最终依赖的自然提供物品和服务的能力。工业社会对自然环境造成的巨大变化使人类又一次重新定义了稀缺资源的概念，即经济发展的限制性要素已由人造资本转变为自然资本。

著名的生态经济学家赫尔曼·戴利以"从'空的世界'到'满的世界'"来形容这一"人类自然环境中的根本变化"。"空的世界"描述的是经济规模相对于自然生态系统承载力较小的状态，"满的世界"则是描述经济规模接近或超过自然生态系统承载力的状态（见图 2－3）。"规模"是经济系统相对于包含和支撑它的生态系统的物理大小。

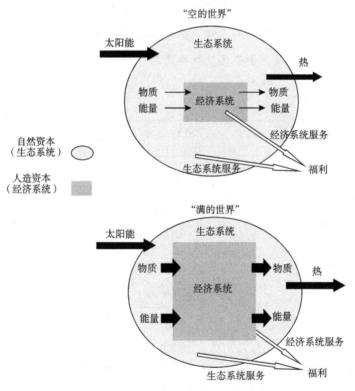

图 2－3　从"空的世界"到"满的世界"

"规模"之所以重要，是因为经济系统是地球系统的一部分，那么经济系统的物质扩张就会侵犯这个有限的、非增长系统的其他部分，因经济扩张而失去的最重要的自然空间或功能构成了扩张经济的机会成本。当宏观经济增长的成本高于其产生的价值的时候，这时的增长就被称为不经济的增长。

规模限制理论揭示了导致自然资本与环境容量日益稀缺的根源，指出经济系统相对于生态环境系统应有一个适度的规模限制，即经济增长存在最优规模。规模限制理论为绿色创新经济解决经济增长和生态环境系统约束之间的矛盾提供了理论基础。

（三）稳态经济思想

针对服从资本逻辑造成的经济病态增长，生态经济思想家和学者认为，不从人与人的关系出发，仅停留在人与自然矛盾的层次上去治理生态危机，实现可持续发展的手段只能是肤浅的、暂时性的，必须从建立人与人、人与自然和谐的社会制度入手才能解决生态危机，为此他们提出了"经济缩减、社会公正、减少消费、人口稳定"的稳态经济模式。

肯尼思·E. 博尔丁的《即将到来的宇宙飞船地球经济学》提出了"衡量经济成功的基本标准根本不是生产和消费，而是自然、广度、质量和资本存量的复杂性"的著名论断。赫尔曼·E. 戴利的《走向稳态经济》提出一个基于伦理学、物理学、生物学和经济学的"目的－手段序列"，强调经济对物质环境的依赖，强调人类为何必须从属于环境约束的综合解释，也强调经济要真正致力于促进人们真实福利的增加。这些学者从不同的角度、以不同的方法反驳了主流经济学追求无限增长的错误倾向和人们头脑中固有的技术万能理念，强调人类必须也只能追求的终极模式——稳态经济。

稳态经济的基本主张是控制三个基本量，即存量达到满足、通量最小化、服务最大化。存量是为未来提供产品与服务的资本，是能够满足人类需求、具有所有权关系的一切有形物体的集合，它包括人造资本存量与自然资本存量。人造资本指物质资本和人口数量的总和；自然资本指太阳能、土地、矿石和化石燃料、水、活的生物体以及生态系统各部分相互作用提供的服务。稳态经济强调存量要达到满足，意味着一定的人造资本满足当代人的生活水准，但是又要保留必要的维持可持续发展的自然资本水平。存量通过通量来消耗，为确保存量的充足，通量应该最小化。概括来讲，通量是指从全球生态系统进入经济系统，再以废弃物形式反馈给全球生态系统的原材料和能量流量。在存量既定的前提下，通量要求最小化，因为存量/通量＝维持效率，通量越小，维持效率越高，这样整个生态系统的寿命越长。提高通量效率是存量既定的必然要求。服务产生于人造资本和自然资本。在存量既定的前提下，服务要求最大化，这样人们得到的福利就越大，这种福利是由经济福利和非经济福利共同组成的。服务/存量＝配置效率，存量既定，服务越大，配置效率越高，整个生态系统运行效率越高。因此，通量不再是迫切追求的东西，是应该最小化而不是最大化的东西。量度经济成功与否的基本标准也不再是生产和消费，而是整个资本存量的性质、质量和复杂性，包括系统中人类的身心状态。人们首要关心的应是存量的维持——如何能以最小的通量（即最少的生产和消费）和最大的服务维持一个既定的资本存量，才是人类经济系统未来的生存之道。

二 相关支撑理论

（一）生态足迹理论

生态足迹理论是 1992 年由加拿大生态经济学家 William Rees 及其学生 Mathis Wackernagel 在《我们的生态足迹——减轻人类对地球的冲击》中提出的，该理论对分析人与自然之间的关系具有重要意义，通过估算维持人类资源消耗量和吸纳人类产生的废弃物所需要的生态生产性面积大小与生态承载力的比较，可以衡量区域的可持续发展状况。

1. **生态足迹**（Ecological Footprint，EF）

生态足迹也称"生态占用"，是指特定数量人群按照某一种生活方式所消费的、自然生态系统提供的各种商品和服务功能，以及在这一过程中所产生的废弃物需要环境（生态系统）吸纳并以生态生产性土地（或水域）面积来表示的一种可操作的定量方法。生态足迹的单位是"全球公顷"（ghm²），它区别于土地面积公顷（hm²），1 单位"全球公顷"指的是 1 公顷具有全球平均产量的生产力空间。

2. 生态承载力（Ecological Capacity，EC）

生态承载力是与生态足迹相对应的概念，又被称为生态容量或生态足迹供给，是指一定区域内各种类型的生态生产性土地面积的总和，体现为该区域内为当地人口提供生物产品和吸纳废弃物能力的大小。1991 年 Hardin 从生态系统本身的角度定义了生态承载力的概念，即在不损害有关生态系统的生产力和功能完整的前提下，该地区可持续利用的最大资源量和废物产生率。

3. 生态赤字/生态盈余（Ecological Deficit/Ecological Remainder）

生态赤字/生态盈余是通过生态足迹和生态承载力相比较得到的。当生态足迹超过生态承载力，表现为生态赤字；当生态足迹小于生态承载力，则表现为生态盈余。生态赤字或生态盈余反映了区域人口的生产和消费对自然资源的利用程度。

4. 生态生产性面积（Ecologically Productive Area）

生态足迹理论将地球表面的生态生产性土地分为六大类：耕地、草地、林地、化石燃料用地（碳足迹）、建设用地、渔业用地等。

5. 当量因子（Equivalence Factor）

由于单位面积的六类生态生产性土地的生态生产力各不相同，为了将不同类型的空间合计为统一的生态足迹和生态承载力，就需要给它们分别乘上一个当量因子。某类用地的当量因子等于全球该类生态生产性用地的平均生产力除以全球所有生态生产性用地的平均生产力（见表 2-3）。

表 2-3　当量因子估算

生态生产性用地	Chambers 等（2000）[①]	WWF（2000）[②]	WWF（2002）[③]	EU（2002）[④]
耕地	2.83	3.16	2.11	3.33
草地	0.44	0.39	0.47	0.37
林地	1.17	1.78	1.35	1.66
化石燃料用地	1.17	1.78	1.35	1.66

续表

生态生产性用地	Chambers 等（2000）[1]	WWF（2000）[2]	WWF（2002）[3]	EU（2002）[4]
建设用地	2.83	3.16	2.11	3.33
渔业用地	0.06	0.06	0.35	0.06

注：[1] Chambers, N. et al. (2000). Sharing Nature's Interest Earthscan London.

[2] World Wide Fund for Nature (2000). Living Planet Report 2000.

[3] World Wide Fund for Nature (2002). Living Planet Report 2002.

[4] EU Ecological Footprint, STOA 2002.

6. 产量因子（Yield Factor）

计算生态承载力时，不同国家和地区同类生态生产性用地的平均生产力不相等，需要对生态生产性用地的面积进行调整。不同国家或地区的某类用地所代表的局部产量与世界平均产量的差异可用产量因子表示。某个国家或地区某类生态生产性用地的产量因子是其平均生产力与世界同类用地的平均生产力的比值。

7. 生态足迹和生态承载力的计算

生态足迹的计算方法分为综合法和成分法。综合法是以各类物质的宏观统计量为基础，计算一个区域或群体对各类物质的整体消费及其对应的生态足迹，适合于全球、国家和区域层次的生态足迹研究。成分法是以构成消费成分的单体测量为基础，计算研究对象的物质消费量和生态足迹，适合于小单元对象的生态足迹计算，如城镇、村庄、公司、学校、个人或单项活动等。

生态足迹计算公式：$EF = Nef = N\sum_{i=1}^{n}\left(\dfrac{r_i c_i}{p_i}\right)$。其中 i 为消费商品和投入的类型；EF 为总生态足迹；N 为人口数；ef 为人均生态足迹；r_i 为当量因子；c_i 为第 i 类商品的人均消费量；p_i 为第 i 类消费商品的世界平均生产能力。

生态承载力计算公式：$EC = Nec = N\sum_{j=1}^{6}\left(\dfrac{a_j r_j}{y_j}\right)$。其中 j 为生态生产性用地的类型；EC 为区域总生态承载力；N 为人口数；ec 为人均生态承载力；a_j 为人均生态生产性用地面积；r_j 为当量因子；y_j 为产量因子。

（二）环境库兹涅茨曲线理论

环境库兹涅茨曲线（Environment Kuznets Curve，EKC）的概念源于库兹涅茨曲线（Kuznets Curve），由美国著名经济学家西蒙·库兹涅茨于1955年在其著作《经济发展与不平等》中研究收入分配状况与经济发展过程时所提出，是一条收入分配随着经济发展而变化的曲线。揭示的规律为收入分配情况随经济发展水平的提高先恶化后改善，即在经济发展早期尤其是在国民人均收入从最低水平上升到中等水平时，收入分配状况呈现趋于恶化的状态，但随着经济的进一步发展，收入分配状况不断改善。

关于 EKC 的最早研究者是 Grossman Krueger、Shafik 和 Panayotou[①]。1991年，Grossman Krueger 对 GEMS 的城市大气质量数据做了分析，发现 SO_2 和烟尘符合倒 U 形曲线关系。1992年，Shafik 根据世界银行提供的数据，使用3种不同的方程形式（线性对数、对数平方、对数立方等）去拟合各项环境指标与人均 GDP 的关系。1993年，Panayotou 在研究收入与环境质量的问题时首次提出环境库兹涅茨曲线，即 EKC 理论。EKC 揭示出：在经济发展初期阶段，环境质量随着人均收入水平提高而退化；经济发展到一定阶段，人均收入水平上升到一定程度后，环境质量随着人均收入水平的提高而改善，即环境质量与人均收入水平呈倒 U 形曲线关系（见图 2 - 4）。

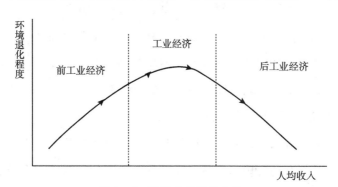

图 2 - 4　环境库兹涅茨曲线

---

①　Hargrave T. J. , VAN DE VEN A. H.. A collective action model of institutional innovation [J]. Academy of Management Review, 2006, 31 (4)：864 - 888.

自 EKC 提出后，国内外学者从经济结构、市场机制、科技水平、国际贸易、政府政策等视角对 EKC 的形成进行了理论解释。

1. 经济结构

这种理论解释是以 Grossman Krueger 和 Panayotou 等为代表，主要是从规模效应、结构效应和技术效应展开的分析，认为这是经济规模和经济结构两种效应演进的结果。随着经济的发展需要投入更多资源的同时也会带来更多的负面产出即环境污染；另外，收入水平提高后经济产出结构和投入结构也会发生变化，经济结构会从以能源密集型产业为主向低污染、低消耗的服务业和知识密集型产业转变，即结构效应。

2. 市场机制

随着经济的发展和市场机制的完善，"资源"和"污染"逐渐被纳入市场体系，原本外部化的成本逐步转化为内部成本。Thaapillai 等认为，随着经济水平的提高，许多原本可以无限制使用的资源变得稀缺，以至于自然资源价格上涨，使企业不得不通过提高资源使用效率来降低成本[①]。同时，随着经济的发展，市场参与者如企业和公众对环境质量的要求不断提高。

3. 科技水平

技术进步产生两方面的影响：一是技术进步提高生产率，改善资源的使用效率，削弱生产对自然与环境的影响；二是不论是清洁技术的不断开发还是对传统技术的取代，都将有效循环利用资源，降低单位产出的污染排放，这两方面的影响均有助于环境质量的改善。

4. 国际贸易

Lopez、Copeland Taylor、Suri 等从贸易对环境的影响角度讨论 EKC。他们认为，污染会通过国际贸易和国际直接投资从高收入国家转移到低收入国家，使发达国家环境质量好转，进入倒 U 形曲线的下降段，同时造成

---

① Hargroves K. C., Smith M. H.. The natural advantage of nations: business opportunities. Innovation and Governance in the 21st Century. London: Earthscan/James & James. 2005.

发展中国家环境质量进一步恶化，处于倒 U 形曲线的上升段。

5. 政府政策

一般而言，经济发展水平达到一定程度后，随着经济增长，政府将加大环境投资并强化环境监管，这将产生改善环境质量的政策效应。部分学者认为 EKC 关系下降段的出现，不是收入增加的结果，而是由于政府环境政策的正确实施。

（三）脱钩理论

脱钩（decoupling）理论是经济合作与发展组织（OECD）提出的形容阻断经济增长与资源消耗或环境污染之间联系的基本理论，以"脱钩"这一术语表示二者关系的阻断，即使经济增长与资源消耗或环境污染脱钩，实现二者脱钩发展。作为对人类活动（驱动力）与资源环境压力耦合破裂关系的衡量，脱钩分析成为近年来学术界新的热点领域①。

1. 脱钩的概念

"脱钩"源于物理学领域，是使具有响应关系的两个或多个物理量之间的相互关系不再存在。20 世纪末，OECD 将脱钩概念引入农业政策研究，并逐步拓展到环境等领域。OECD 环境研究领域的专家将脱钩定义为阻断经济增长与环境冲击之间的联系或者说使两者的变化速度不同步。通常，根据环境库兹涅茨曲线，经济的增长一般带来环境压力和资源消耗的增大，但当采取一些有效的政策和新的技术时，可能会以较低的环境压力和资源消耗换来同样甚至更加快速的经济增长，这个过程被称为脱钩，其一般表现为倒 U 形曲线关系。

脱钩研究在环境领域的应用较为广泛，其脱钩指标设计是基于驱动力 – 压力 – 状态 – 影响 – 反应框架（DPSIR），主要反映前两者的关系，也就是驱动力（如 GDP 增长）与压力（如环境污染）在同一时期的增长弹性变化

---

① Henry G.. Progress and Poverty, 1879. http：//www. rosenfels. org/pll – v5/pdf/George_0777_ EBk_v5. pdf.

情况。OECD 把脱钩分为绝对脱钩和相对脱钩，其中，绝对脱钩是指在经济发展的同时与之相关的环境变量保持稳定或下降的现象，又称强脱钩；相对脱钩则定义为经济增长率和环境变量的变化率都为正值，但环境变量的变化率小于经济增长率的情形，又称弱脱钩。

2. Tapio 脱钩理论框架

Tapio（2005）研究 1970～2001 年欧洲 EU15GDP、交通运输量和 CO_2 排放时提出了脱钩理论框架，并定义脱钩、耦合和负脱钩的区别，同时提出了弱脱钩、强脱钩和扩张衰退脱钩的概念。脱钩弹性系数 $e = (\Delta P/P)/(\Delta Y/Y)$，其中 P 为污染排放量，Y 为地区生产总值（GDP）。

Tapio 依据弹性系数的大小、ΔP、ΔY 的符号标准给出了 8 种脱钩状态，分别为相对脱钩、绝对脱钩、衰退脱钩、扩张负脱钩、强负脱钩、弱负脱钩、增长联结和衰退联结（见表 2－4）。

表 2－4　Tapio 脱钩弹性系数的 8 种状态

状态 I	状态 II	污染排放	GDP 水平	弹性系数	发展类型
相对脱钩	相对脱钩	增加	增加	$0 \leqslant e < 0.8$	集约扩张型
	绝对脱钩	减少	增加	$e < 0$	挖潜发展型
	衰退脱钩	减少	减少	$e > 1.2$	发展迟滞型
负脱钩	扩张负脱钩	增加	增加	$e > 1.2$	低效扩张型
	强负脱钩	增加	减少	$e < 0$	粗放扩张型
	弱负脱钩	减少	减少	$0 \leqslant e < 0.8$	发展迟滞型
联结	增长联结	增加	增加	$0.8 \leqslant e < 1.2$	低效扩张型
	衰退联结	减少	减少	$0.8 \leqslant e < 1.2$	发展迟滞型

3. 脱钩状态的象限划分

Tapio 脱钩弹性系数同时受到经济发展水平和污染排放量的影响，这表明同一脱钩状态也会存在经济发展水平或污染排放水平的差异。比如，经济发展水平较高的城市可以通过不断降低污染排放达到相对脱钩或绝对脱钩状态，同时，经济发展水平较低的城市其工业水平不高而导致污染排放较少，最终也能达到与经济发展水平较高城市相同的脱钩状态。因此，不能单纯地以脱钩系数大小作为判断城市可持续发展的依据。

　　比较合理的做法是将人均 GDP 水平加入脱钩状态的判定标准，综合考察城市"经济发展－环境污染"的脱钩状态。图 2－5 以人均 GDP 为横轴、脱钩弹性系数为纵轴，表征城市（国家）的经济发展－环境污染关系的六种类型。在横轴当中，假设存在一个人均 GDP 的门槛值 y^*，在 y^* 左侧，表示经济发展水平较低的区域，与此相对应，y^* 的右侧则为经济发展水平较高的区域。

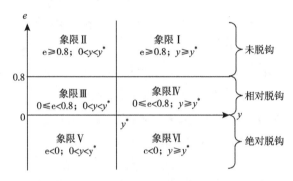

图 2－5　经济发展－环境污染关系的六种类型：脱钩状态的象限划分

　　象限 I 到象限 VI 分别代表了不同的城市发展类型或同一城市的不同发展阶段。象限 I 对应的是"高收入未脱钩"状态，代表着低效扩张的城市发展类型；象限 II 属于"低收入未脱钩"状态，属于粗放扩张型城市，应该在保持污染排放不提高的情况下，努力促进经济增长的速度和规模的提升；象限 III 是"低收入相对脱钩"状态，是人均收入水平不高，污染排放也较少的情形；象限 IV 处于"高收入相对脱钩"状态，代表着集约扩张型城市，需要进一步降低污染排放量，在保持较快经济发展的同时，朝着绝对脱钩状态的方向迈进；象限 V 为"低收入绝对脱钩"状态，可以理解为尚未开发或开发较少的城市，或者工业占比不高、工业污染型企业较少的城市，这类城市的主要目标是在保证绝对脱钩状态的前提下，努力提高人均 GDP 水平，发展绿色经济；象限 VI 为"高收入绝对脱钩"状态，是绿色脱钩城市的发展类型，既避免了单纯追求经济增长而增加环境负荷，又避免了单纯追求环境保护而降低经济发展质量。

参考文献

［1］Adam S.. The theory of moral sertinents, 1790. https：//www. ibiblio. org/ml/libri/s/ SmithA_MoralSentiments_p. pdf.

［2］Association of Academies of Sciences in Asia (AASA) . Towards a sustainable asia： green transition and innovation. Science Press Beijing and Springer Verlag Berlin Heidelberg. 2010.

［3］Boulding, K. E.. The economics of the coming spaceship earth. In Environmental Quality in a Growing Economy; Jarrett, H. , Ed. ; Resources for the Future/Johns Hopkins University Press：Baltimore, MD, USA, 1966：3 – 14.

［4］Chapple. Defining the green economy：a primer on green economic development. Center for Community Innovation, Berkeley, 2008. https：//communityinnovation. berkeley. edu/ sites/default/files/defining_the_green_economy_a_primer_on_green_economic_development. pdf? width = 1200&height = 800&iframe = true.

［5］G. M. 彼得·斯旺. 创新经济学 ［M］. 韦倩，译. 上海：致格出版社，上海人民出版社，2013.

［6］G. M. 格罗斯曼，E. 赫尔普曼. 全球经济中的创新与增长 ［M］. 何帆，牛勇平，唐迪，译. 北京：中国人民大学出版社，2003，28 – 30.

［7］Gassmann O.. Opening up the innovation process：towards an agenda ［J］. R&D Management, 2006, 36 (3)：223 – 228.

［8］Grubler, A.. Technology and global change：land use, past and present. IIASA Working Paper. IIASA, 1992. http：//pure. iiasa. ac. at/3693/.

［9］Hardin G.. The tragedy of the commons ［J］. Science, 1968, 162：1243 – 1248.

［10］Hargrave T. J. , VAN DE VEN A. H.. A collective action model of institutional innovation ［J］. Academy of Management Review, 2006, 31 (4)：864 – 888.

［11］Hargroves K. C.. Smith M. H.. The natural advantage of nations：business opportunities. innovation and governance in the 21st Century ［M］. London：Earthscan/James & James. 2005.

［12］Henry G.. Progress and poverty, 1879. http：//www. rosenfels. org/pll – v5/pdf/ George_0777_EBk_v5. pdf.

［13］ Herman E.. Daly and Joshua Farley, Ecological economics: principles and applications ［M］. Washington, DC: Island Press, 2004.

［14］ Huizingh E. K. R. E.. Open innovation: state of the art and future perspectives ［J］. Technovation, 2011, 31 (1): 0 – 9.

［15］ ICC. Task force on green economy: ten conditions for a transition Toward a " green economy" , 2011. https: //www. greengrowthknowledge. org/resource/task – force – green – economy – ten – conditions – transition – toward – green – economy.

［16］ Lucas R. E. J.. Why doesn't capital flow from rich to poor countries? . 1990, 80 (2): 92 – 96.

［17］ March J. G.. Exploration and exploitation in organizational learning ［J］. Organization Science, 1991, 2 (1) : 71 – 87.

［18］ Mill J. S.. On liberty. 1859. http: //www. limpidsoft. com/galaxy10/onliberty. pdf.

［19］ Mill J. S.. Principles of political economy. 1885. http: //mirrors. xmission. com/gutenberg/3/0/1/0/30107/30107 – pdf. pdf.

［20］ OECD. Interim report of the green growth strategy: implementing our commitment for a sustainable future (Summary in Chinese), OECD Publishing, Paris, 2010. https: //doi. org/10. 1787/9789264087736 – sum – zh.

［21］ Pearce, D. et al.. Blueprint for a green economy. Earthscan Publications Ltd. London, UK, 1989.

［22］ Pelikan P.. Bringing institutions into evolutionary economics: Another view with links to changes in physical and social technologies ［J］. Journal of Evolutionary Economics, 2003, 13 (3): 237 – 258.

［23］ Perez C.. Technological revolutions and techno – economic paradigms. Working Papers in Technology Governance and Economic Dynamics, 2009, Norway and Tallinn University of Technology, Tallinn. http: //hum. ttu. ee/tg/.

［24］ Reardon J.. Comments on green economics: setting the scene. aims, context, and philosophical underpinnings of the distinctive new solutions offered by green economics ［J］. Green Economics, 2007, (3): 103 – 107.

［25］ Romer, Paul M.. Increasing returns and long – Run growth ［J］. Journal of Political Economy, 1986, 94 (5): 1002 – 1037.

[26] Solow R. M.. A contribution to the theory of economic growth［J］. The Quarterly Journal of Economics, 1956, 70（1）: 65 – 94.

[27] Stiglitz J. E.. public policy for a knowledge economy. London, U. K. , 1999. http: //cite-seerx. ist. psu. edu/viewdoc/download? doi = 10. 1. 1. 123. 9173&rep = rep1&type = pdf.

[28] UNCTD. The green economy: trade and sustainable development implications［M］. New York: United Nations, 2011.

[29] UNEP, Towards a green economy: pathways to sustainable development and poverty e-radication, 2011, 16. www. unep. org/greeneconomy.

[30] Wilson C. ,Grubler A.. Lessons from the history of technology and global change for the emerging clean technology cluster. IIASA Interim Report. IIASA, Laxenburg, 2011, ht-tp: //pure. iiasa. ac. at/9833/.

[31] 巴斯夏. 和谐经济论（上册）［M］. 章爱民, 译. 北京: 机械工业出版社, 2010.

[32] 蔡乌赶. 技术创新、制度创新和产业系统的协同演化机理及实证研究［J］. 天津大学学报: 社会科学版, 2012, 14（05）: 401 – 406.

[33] 陈洪昭, 郑清英. 全球绿色科技创新的发展现状与前景展望［J］. 经济研究参考, 2018（51）: 70 – 79.

[34] 陈强. 德国科技创新体系的治理特征及实践启示［J］. 社会科学, 2015（08）: 14 – 20.

[35] 陈岳, 蔡建国. 超越绿色经济——创造一个可持续发展的世界［J］. 工业工程与管理, 1999（01）: 3 – 7.

[36] 褚葆一, 马强. 经济开放论与开放经济学［J］. 上海社会科学院学术季刊, 1992（04）: 5 – 13.

[37] 戴利. 超越增长: 可持续发展的经济学［M］. 诸大建, 胡圣等, 译. 上海: 上海译文出版社, 2001.

[38] 道格拉斯·诺思. 理解经济变迁过程［M］. 钟正生, 邢华, 译. 北京: 中国人民大学出版社, 2007.

[39] 丁纯, 李君扬. 德国"工业4.0": 内容、动因与前景及其启示［J］. 德国研究, 2014, 29（04）: 49 – 66 + 126.

[40] 董立延. 新世纪日本绿色经济发展战略——日本低碳政策与启示［J］. 自然辩证法研究, 2012（11）: 65 – 71.

[41] 杜创国，郭戈英．绿色转型的内在结构和表达方式——以太原市的实践为例 [J]．中国行政管理，2010（12）：114－117.

[42] 杜志雄，肖卫东，詹琳．包容性增长理论的脉络、要义与政策内涵 [J]．中国农村经济，2010（11）：4－14＋25.

[43] 弗里曼，卢桑．光阴似箭：从工业革命到信息革命 [M]．沈宏亮，译．北京：中国人民大学出版社，2007.

[44] 傅予行，张健君，伍海华．论"三条件约束"下经济发展的运行机制 [J]．经济学家，1992（2）：26－35＋127.

[45] 甘绍平．寻求共同的绿色价值 [J]．哲学动态，2017（3）：5－14.

[46] 高璐，李正风．从"统治"到"治理"——疯牛病危机与英国生物技术政策范式的演变 [J]．科学学研究，2010，28（5）：655－661.

[47] 辜胜阻．让绿色发展成为经济转型的引擎 [J]．中国经济和信息化，2012（17）：47－52.

[48] 郭戈英，郑钰凡．我国绿色转型动力结构形成的原因分析 [J]．科技创新与生产力，2011（01）：53－54.

[49] 贺善侃．论科技创新的社会价值 [J]．科学技术哲学研究，2010，27（3）：92－97.

[50] 亨利·乔治．进步与贫困 [M]．北京：商务印书馆，1995.

[51] 黄振羽，丁云龙．小科学与大科学组织差异性界说——资产专用性、治理结构与组织边界 [J]．科学学研究，2014，32（05）：650－659.

[52] 加尔布雷斯·丰裕社会 [M]．徐世平，译．上海：上海人民出版社，1965.

[53] 贾根良．发展经济学 [M]．天津：南开大学出版社，2004.

[54] 姜妮．里约＋20：绿色经济南北争锋 [J]．环境经济，2012（3）：10－19.

[55] 蒋长流，韩春虹．低碳城镇化转型的内生性约束：机制分析与治理框架 [J]．城市发展研究，2015，22（09）：9－14.

[56] 江其务．新经济与经济理论和经济发展 [J]．河南金融管理干部学院学报，2000（6）：1－6.

[57] 克雷顿·克里斯滕森．创新者的窘境 [M]．吴潜龙，译．南京：江苏人民出版社，2000.

[58] 李晓华，吕铁．战略性新兴产业的特征与政策导向研究 [J]．宏观经济研究，

2010（9）：20 - 26.

[59] 厉以宁. 技术创新经济学——它的由来和当前研究的问题 [J]. 科技导报，1990
（2）：3 - 8 + 11.

[60] 林明，董必荣. 行业技术动态下相关技术多样化对二元创新平衡的影响研究 [J]. 科
研管理，2014，35（10）：9 - 16.

[61] 林毅夫. 潮涌现象与发展中国家宏观经济理论的重新构建 [J]. 经济研究，2007
（1）：126 - 131.

[62] 刘长明. 和谐经济学初论 [J]. 山东师范大学学报：人文社会科学版，2005
（2）：79 - 86.

[63] 刘思华. 绿色经济论 [M]. 北京：中国财政经济出版社，2001.

[64] 刘易斯·芒福德. 技术与文明 [M]. 陈允明，王克仁，李华山，译. 北京：中国
建筑工业出版社，2009.

[65] 刘志迎，路锋. 企业实施二元创新的有限资源动态配置机制研究 [J]. 研究与发
展管理，2018，30（4）：54 - 64.

[66] 罗宾·蔡斯. 共享经济：重构未来商业新模式 [M]. 王芮，译. 杭州：浙江人民
出版社，2015.

[67] 罗丽艳. 绿色市场发育现状及其快速发展 [J]. 环境保护，1999（3）：35 - 38.

[68] 罗斯托. 经济成长的阶段：非共产党宣言 [M]. 北京：商务印书馆，1962.

[69] 纳尔逊. 经济变迁的演化理论 [M]. 胡世凯，译. 北京：商务印书馆，1997.

[70] 宁莉娜. 论穆勒逻辑的思想内涵及当代价值 [J]. 哲学研究，2015（12）：95 - 99.

[71] 潘家华. 坚持绿色发展 [J]. 求是，2015（23）：29 - 30.

[72] 裴长洪，于燕. 德国"工业 4.0"与中德制造业合作新发展 [J]. 财经问题研究，
2014（10）：27 - 33.

[73] 乔修峰. 原富：罗斯金的词语系谱学 [J]. 外国文学评论，2014（4）：80 - 96.

[74] 乔治·阿克洛夫. 柠檬市场：质量的不确定性和市场机制 [J]. 经济导刊，2001
（6）：1 - 8.

[75] 任保平. 新常态要素禀赋结构变化背景下中国经济增长潜力开发的动力转换[J].
经济学家，2015（5）：13 - 19.

[76] 任保平，宋文月. 我国经济增长从数量型向质量型转变的利益协调机制调整[J].
经济纵横，2014（4）：24 - 31.

[77] 盛馥来，诸大建. 绿色经济：联合国视野中的理论、方法与案例 [M]. 北京：中国财政经济出版社，2015.

[78] 石翊龙. 中国绿色经济发展的机制与制度研究 [J]. 时代金融，2015 (27)：48－52.

[79] 史丹. 绿色发展开创全球工业化新阶段 [J]. 中国经贸导刊，2019 (5)：50－51.

[80] 舒马赫. 小的是美好的 [M]. 虞鸿钧，郑关林，译. 北京：商务印书馆，1984.

[81] 苏立君. 逆全球化与美国"再工业化"的不可能性研究 [J]. 经济学家，2017 (6)：96－104.

[82] 孙伊然. 全球经济治理的观念变迁：重建内嵌的自由主义？[J]. 外交评论（外交学院学报），2011，28 (03)：16－32.

[83] 涂自力，王朝全. 发展循环经济的企业内生动力问题 [J]. 社会科学研究，2009 (1)：53－57.

[84] 万君康，王开明. 论技术创新的动力机制与期望理论 [J]. 科研管理，1997 (2)：32－36.

[85] 王海芹，高世楫. 我国绿色发展萌芽、起步与政策演进：若干阶段性特征观察 [J]. 改革，2016 (03)：6－26.

[86] 王海山. 技术创新动力机制的理论模式 [J]. 科学技术与辩证法，1992 (6)：22－27＋64.

[87] 王蕾，曹希敬. 熊彼特之创新理论的发展演变 [J]. 科技和产业，2012 (6)：84－88.

[88] 韦宗友. 新兴大国群体性崛起与全球治理改革 [J]. 国际论坛，2011，13 (02)：8－14＋79.

[89] 邬晓燕. 论技术范式更替与文明演进的关系——兼论以绿色技术范式引领生态文明建设 [J]. 自然辩证法研究，2016，32 (01)：122－126.

[90] 乌尔里希·布兰德，马尔库斯·威森. 绿色经济战略和绿色资本主义 [J]. 郇庆治等，译. 国外理论动态，2014 (10)：22－29.

[91] 吴畏，石敬琳. 全球绿色经济治理的两个关键因素 [J]. 管理学刊，2018，31 (3)：1－10.

[92] 夏光. 怎样理解绿色经济概念 [J]. 中国环境报，2010－6－3.

[93] 夏先良. 如何构建开放型科技创新体制体系 [J]. 人民论坛·学术前沿, 2017 (6): 62 - 76.

[94] 肖安宝. 资源效率与劳动生产率之比较 [J]. 湖北社会科学, 2011 (7): 86 - 89.

[95] 解学梅, 左蕾蕾, 刘丝雨. 中小企业协同创新模式对协同创新效应的影响——协同机制和协同环境的双调节效应模型 [J]. 科学学与科学技术管理, 2014, 35 (5): 72 - 81.

[96] 谢志刚. "共享经济" 的知识经济学分析——基于哈耶克知识与秩序理论的一个创新合作框架 [J]. 经济学动态, 2015 (12): 78 - 87.

[97] 熊志军. 试论小科学与大科学的关系 [J]. 科学学与科学技术管理, 2004 (12): 5 - 8.

[98] 杨仲杰. 和谐经济的内涵探析 [J]. 经济研究导刊, 2011 (10): 3 - 4.

[99] 姚荣. 包容性发展: 思想渊源、现实意涵及其实践策略 [J]. 理论导刊, 2013 (4): 95 - 98.

[100] 叶依广, 孙林. 资源效率与科技创新 [J]. 中国人口·资源与环境, 2002 (6): 17 - 19.

[101] 易显飞. 人性化技术创新的价值本质及其实现路径 [J]. 自然辩证法研究, 2009, 25 (3): 45 - 48.

[102] 易显飞. 技术创新价值取向历史变迁的多重剖析 [J]. 自然辩证法研究, 2010, 26 (7): 49 - 54.

[103] 约瑟夫·熊彼特. 经济发展理论 [M]. 何畏, 易家详, 译. 北京: 商务印书馆, 1990.

[104] 张来武. 科技创新的宏观管理: 从公共管理走向公共治理 [J]. 中国软科学, 2012 (6): 1 - 5.

[105] 张梅. 绿色发展: 全球态势与中国的出路 [J]. 国际问题研究, 2013 (5): 93 - 102.

[106] 张培刚. 创新理论的现实意义——对熊彼特《经济发展理论》的介绍和评论 [J]. 经济学动态, 1991 (2): 57 - 63.

[107] 张鑫. 我们憧憬的未来: 所期望的与所践行的 [J]. 世界环境, 2012 (4): 44 - 45.

[108] 张志勤. 欧盟绿色经济的发展现状及前景分析 [J]. 全球科技经济瞭望, 2013

（1）：50 – 57.

［109］钟盛华 . 绿色经济的蓝图［J］. 世界研究与开发报导，1990（2）：112 – 113.

［110］朱留财，杜讓 . 全球绿色发展的现状与展望［J］. 环境保护，2011（19）：
69 – 70.

［111］朱瑞博 . 中国战略性新兴产业培育及其政策取向［J］. 改革，2010（3）：
19 – 28.

［112］朱善利 . 资源配置的效率与所有权［J］. 北京大学学报：哲学社会科学版，
1992（6）：49 – 56 + 129 – 130.

［113］诸大建 . 从"里约 + 20"看绿色经济新理念和新趋势［J］. 中国人口·资源与
环境，2012，22（09）：1 – 7.

［114］朱耀明，郑宗文 . 技术创新的本质分析——价值 & 决策［J］. 科学技术哲学研
究，2010，27（03）：69 – 73.

第三章　绿色创新经济的实现模式和路径

第一节　稀缺性模式的转变

世界银行《2015 年世界发展报告：思维、社会与行为》基于对当前人类实际如何思考和决策的深入调查分析，提出重新设计发展经济学和发展政策的时候到了。要实现经济可持续发展，必须构建生态－经济协调可持续发展的绿色创新经济发展模式。绿色创新经济直面人口再生产与物质再生产的落差、资源的经济价值与生态价值的背离、环境容量无偿占有与自觉养护的失衡、效率与公平不协调导致的社会失稳、成本外部化导致"市场失灵"等五大发展问题，核心是处理好人与自然的关系，确保人类对自然的索取必须与人类向自然的回馈相平衡，即人造资本的增加不以自然资本的破坏及减少为前提；要义是处理好人与人的关系，在经济发展过程中确保人际关系、代际关系、区际关系、利益集团之间的关系获得互利和谐与共建共享，推进全球治理；路径是处理好资源环境约束与发展转型的关系，实现经济活动从高资源消耗、高环境污染与高生态损害的非持续发展经济，向资源消耗最小化、环境污染最轻化与生态损害最小化的可持续发展经济的根本转变。

一　作为生产要素的生态稀缺性

稀缺性是指现实中人们在某段时间内所拥有的资源数量不能满足人们的需求时的一种状态，它反映人类需求的无限性与资源利用的有限性的矛盾。因构成生产要素的经济资源的有限性，传统经济学一直致力于稀缺性资源的优化配置。

（一）生产要素的组成

生产要素一般是指进行生产所必须具备的因素或条件。马克思说："不论生产的社会形式如何，劳动者和生产资料始终是生产的因素。"据此，传统经济学将劳动者、生产资料作为生产要素，形成"两要素"生产理论。以此为基础部分，学者进行拓展形成了"劳动者、劳动工具、劳动对象"的"三要素"生产理论。在早期自然资源丰富的生产中，人们的智力开发不足，劳动工具简单，生产中的结合关系也非常单纯而直接，经济活动只需分为劳动者、劳动工具、劳动对象这几类大要素即可表达清楚。可是在生产力水平不断提高的前提下，经济活动中会出现两种变化。一是原先附着在几种最初生产要素中的一些东西，开始从它的附着体上分离出来，慢慢成为一种新的可以独立存在的生产因素。比如科技，在早期的生产中，它只是作为劳动者个人的智力素质存在于劳动者身中。而到了后来，尤其是资本主义市场经济发展起来后，科技发明增多，技术更新加快，科学研究成为一部分人的专门活动，科学技术或科技产品直接进入市场，成为可以单独买卖的商品。于是这时的科技，既具有了生产所必需的性质，又成为一种可以独立存在的生产要素，因而也自然地成为现代生产中的要素资源。二是，伴随生产力水平提高和生产形态的历史变革，一些新的生产要素也会在这种变革中滋生出来。比如，人类在向资本主义经济过渡时，资本的作用立刻凸显出来，它以一种新的生产关系，通过货币的客观价值性以及对诸多生产要素的可替代性，事实上成为生产进行的必需条件。再如，生产组合在早期的生产中只表现为人和自然的简单结合，但随着生产活动的日益复杂化，它也渐渐地显现出生产中人与人关系的复杂状态，进而需要规范这种复杂关系的组合制度。在这种情况下，制度也成为生产中的重要因素。而更为重要的是，随着社会经济的发展和人类向自然获取资源能力的提升，自然资源开始出现短缺，突出表现为地球生态系统向人类提供服务的能力不断下降，地球生态赤字不断扩大，人类生存和发展的生态环境正面临巨大挑战。资源环境的制约逐渐成为经济增长的核心要素，影响甚至决定了传统的劳动者、劳动工具、劳动对象、技术及制度等生产要素配置方向和优化模式。依此来看，经济活动中生产要素的稀缺性及其配置方式一直在发生变化。

综观人类经济发展历程，经济学关注的核心在于如何管理有限的自然资源，而要素资源又是经济发展的主要限制因素，技术能力的高低则决定了人类将如何应对这些限制因素。现代经济学之父亚当·斯密在其著作《国富论》中，确定了经济研究的三大基本要素：劳动、土地和资本。在此基础上有人提出将经济与环境联系起来进行二维调控的理论和方法，其代表理论就是建立由自然资本和人力资本组成的"总量资本持衡论"，即经济与环境协调发展，保持总量资本的平衡。当自然资源的利用不超出其具有可逆性的最低发育状态的边际条件下，人造资本和自然资本是可以替代的，即在此条件下，自然资源的损失可用人造资本来补偿，超越此条件，则替代将受阻。最早将经济、社会与环境纳入经济学分析的学者是英国古典经济学家约翰·穆勒（J. S. Mill），他批判地继承了19世纪初期古典经济学关于"资源稀缺"的理论，提出"有限的土地数量和有限的土地生产力构成真实的生产极限"，并将资源稀缺论引申到经济传统生产领域之外，即资源除作为物质生产的"功能"外，还具有人类生活空间和自然景观美的价值功能。以斯密和穆勒为代表的经济学家的稀缺性理论推动生态经济学与人类生态学的崛起和发展，为人类的可持续生存与发展奠定了理论基础。

至2019年诺贝尔经济学奖创办50周年，先后有84名经济学家获此殊荣，分别提出稳定分配理论、资产价格理论、契约理论、内生增长理论、公共资源管理理论等经济学理论，有力地促进了行为经济学、气候变化经济学、市场经济学和宏观经济学的逐步成熟。2018年威廉·诺德豪斯（William D. Nordhaus）和保罗·罗默（Paul M. Romer）两位获得诺贝尔经济学奖的美国学者，将气候变化和技术创新引入长期宏观经济模型分析框架，通过设计新的研究方法，清晰解释了经济和自然的互动关系，展示了知识如何成为推动经济长期增长的动力，提示在市场机制外，公共部门需通过制定精细政策，鼓励创新，为可持续经济增长提供新的制度安排。保罗·罗默在1986年建立了内生经济增长模型，把知识完整纳入经济和技术体系，使其作为经济增长的内生变量，并提出四要素增长理论，即新古典经济学中的资本和劳动（非技术劳动）外，又加上了人力资本（以受教育的年限衡量）和新思想（用专利来衡量，强调创新）。从鼓励创新的角度出发，保罗·罗默提出不能仅仅依靠市场机制，同时也需要制定相应的政策制度来保障创新者的回报，使创新成果在全球更大范围应用。鲁奇尔·夏尔马在其《国家兴衰》一书中提出衡量国家经济发展潜力的十大指标，包括人口及人才、制度创新、贫富差距、政府干预程度、地理禀赋、投资趋势、通货膨胀、制造业前景、债务增长以及全球主要媒体的评价等，反映出促进经济发展的要素资源已发生了巨大变化，传统的要素资源不断细分。

（二）生产要素稀缺性判定

从20世纪初至今100年的经济学发展历程中，全球的"发展观"经历了重大变革，从"增长理论"到"发展理论"再到"可持续发展理论"，人类的认识在逐渐深化。自1987年联合国世界环境与发展委员会发布布伦特兰报告《我们共同的未来》到现在，可持续发展理论已经总结出世界范围内的三大共识：如何坚持以科技创新克服增长的边际效益递减，提供经济发展动力；如何保持财富的增加不以牺牲生态环境为代价，维系经济发展质量；如何保障制度建设能增加社会管理的理性有序，寻求经济发展公平性。根据经济可持续增长的相关理论，影响经济增长动力的稀缺性要素主要包括由地球生态系统提供的自然资本、表征人类自然资本转化能力的人力资本、体现人类自然资本转化结果的人造资本。其中自然资本主要包括适宜工农业生产的土地资源，适宜人口聚集和商贸交易、具有可以容纳生产生活污染物排放的生态环境，良好的区位优势以及可直接或间接获取的能源和水资源。人力资本主要包括劳动力尤其是技术型人才，充裕的人口及消费市场空间，引导人类生产和生活的制度保障体系。人造资本主要包括人类转化自然资本的物质资本和金融资本的价值总量，通常用国民生产总值（GNP）或国内生产总值（GDP）来衡量和表达。

一个国家或地区如果缺少直接可获取的自然资本，则表现为生态稀缺，需要建立以资源环境约束为导向的经济发展体系；但如果间接可获取资源的途径也难以保障的话，则不具备未来经济增长的基本条件。大部分国家和地区受制于资源短缺或环境容量限制，经济增长乏力。一个国家或地区的 GDP 决定了当前经济发展的基础水平，尤其是在全球中的比重大小影响其对全球性自然资本配置的权力和优先性；而人力资本决定了将自然资本转化为人造资本的水平和能力，是实现自然资本转为人造资本的必要路径。部分自然资本盈余的国家由于新增市场需求不旺盛，难以将生态资本转化为人造资本，经济增长后劲同样不足。大部分发展中国家和地区由于缺乏有效的技术人才和制度保障，生态资本转化为人造资本的路径不畅通，经济增长同样乏力。不同的资本并不是可以完全替代的，人造资本为人类提供的经济福利并不能完全替代自然资本所提供的生态福利；自然资本的盈余并不能弥补人力资本缺陷，给予持续的人造资本。人类历史上从未出现过人口不增长的经济增长。尤其是近代历史中，技术型人口的增加成为地区经济增长的核心动力。从整体上看，生态资本的短缺、适龄劳动人口的萎缩、市场需求疲软已经成为当前制约全球经济振兴的三个核心要素。在不断的经济增长过程中，人造资本由自然资本转换而来，因此从某种程度上看，自然资本规模决定着未来人造资本的规模。从长期来看，人造资本和自然资本又呈现此消彼长的关系。决定人类福祉的不只是资本总量，更是资本丰度。理性的经济发展应该是把合适比例的自然资本转换为人造资本，通过人力资本提升自然资本转化能力，为后续经济发展预留足够的自然资本。从辩证的角度分析，生产要素的稀缺性是一个相对的概念。除了经济情形外，要素的稀缺性是动态变化的，在一定的程度上可以相互替代，来确保经济的增长。要素稀缺性的简单表达就是"木桶理论"

的短板现象，经济不断增长的过程也是不断补齐短板的过程。

（三）生态稀缺性的表现

自然及其对人类的重要贡献共同体现在生物多样性和生态系统功能与服务上，人类的生存和良好生活质量离不开自然。自然对人类的大多数贡献不能被完全替代，有些甚至是不可替代的。自然的作用极为关键，它提供食物和饲料、能源、药品和遗传资源，以及对人类的身体健康和文化传承至关重要的各种材料。例如，20多亿人依赖木材燃料来满足其初级能源需求，估计有40亿人的健康保健主要依赖天然药物，用于治疗癌症的药物中约70%是天然药物或源于自然的合成药品。自然通过其生态和进化过程，维持人类赖以生存的空气、淡水和土壤质量，调节气候，提供传粉和控制虫害，并减小自然灾害的影响。据估算，全球75%以上的粮食作物类型，包括水果和蔬菜，以及咖啡、可可和杏仁等一些重要的经济作物，都依靠动物传粉。自然支撑人类健康的方方面面，并为非物质方面的生活质量做出贡献，例如启发和学习、生理和心理体验，以及支持身份认同——这些都是生活质量和文化完整性的核心所在，即便其总价值难以量化。从经济发展的生产要素来看，生态稀缺性突出表现为生态系统可提供服务的有限性，尤其是自然资源的短缺性和良好生态环境的珍贵性。随着人口的增加和人类对生态系统的侵占，自然生态系统的相对规模及人均拥有逐渐减少，生态系统功能与服务也相应减少，生态稀缺性正愈来愈突出。

1. 全球生态稀缺性状况

根据联合国2005年发布的《千年生态系统评估报告》：过去60年来全球开垦的土地比18世纪、19世纪的总和还要多，1985年以来使用的人工合成氮肥相当于此前72年的总量，在过去50年里，10%~30%的哺乳动物、鸟类和两栖类动物物种濒临灭绝。世界银行报告的统计也表明：在20世纪的100年中，人类共消耗了2650亿吨石油天然气、1420亿吨煤炭、380亿吨钢、7.6亿吨铝、4.8亿吨铜等，这是前19个世纪人类消耗资源的总和。2019 年 5 月生物多样性和生态系统服务政府间科学政策平台（IPBES）全体大会形成的《全球生物多样性和生态系统服务评估报告》进一步阐释了当前生态稀缺性面临的严峻形势：整个人类赖以生存的生物圈在所有空间尺度上都在发生前所未有的巨大变化，生物多样性（包括物种内部、物种之间及生态系统的多样性）正在以比人类历史上任何时候都快的速度下降；全球自然环境在过去 50 年的改变速度是人类历史上前所未有的。自 1980 年以来，海洋塑料污染增加了 10 倍，至少影响到 267 个物种，包括 86% 的海龟、44% 的海鸟和 43% 的海洋哺乳动物；在过去 30 年里气候平均每 10 年上升 0.2 摄氏度；城市面积自 1992 年以来翻了一番；不断增长的人口和消费所带来的规模空前的基础设施数量持续增加，而这在大多数情况下是以牺牲森林（主要是热带原始森林）、湿地和草原为代价的……。据估算，地球生态系统每年带来的价值仅约 33 万亿美元左右，远小于当前的世界 GDP（2018 年，约 84.74 万亿美元）（扣除价格变动因素，按不变价值进行换算）。从地球可提供的生物承载力和人类消耗的生态足迹对比分析上看，自 1970 年以来地球一直处于超载状态，且生态赤字规模正在逐渐增大（见图 3 – 1），这充分表明地球生产力的提高不足以满足不断增长的人口带来的资源需求。美国环保组织"全球生态足迹网络"（GFN）测算，地球超载日的日期不断提前，2019 年 7 月 29 日已将 2019 年地球所有天然资源配额消耗一空，包括水、土壤和洁净空气均被用尽，使 2019 年的"地球生态超载日"成为历年来最早。当然，地球生态赤字加大也不意味着所有国家消耗的生态资源都超出其生态系统的提供能力，但即使是生态盈余的"生态债权国"资源储备也在随时间而缩减。巴西拥有最大的生态资源储备，但这些资源正逐步受到侵蚀。澳大利亚的资源储备同样在迅速流失。马达加斯加和印度尼西亚也因为自然保护区的缩小而面临生物多样性的急剧减少。《地球生命力报告 2018》进一步指出，目前全球人均生态足迹是 2.9 全球公顷、人均生物承载力为 1.6 全球公顷，人均生物承载力的需求超过当年人均生物承载力 60%，这意味着人类每年消耗着 1.6 个地球的生态资源，预计到 2050 年之前将达到 2 个地球，到 2100 年以后则需要 4 个地球的生态资源。在生态系统开始退化并可能崩溃之前，普遍认为生态超载只能维持有限的时间。

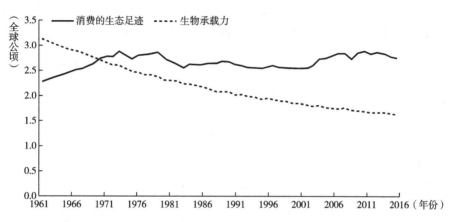

图 3 - 1　1961 ~ 2016 年全球人均生态足迹和人均生物承载力变化趋势
资料来源：全球生态足迹网络，2019。

2. 中国生态稀缺性状况

我国人口众多，大部分地区自然环境先天脆弱，加上近期经济发展快速且发展方式相对粗放，致使我国生态退化十分严重，环境污染不断加剧，环境健康问题日益突出。自 1961 年以来，中国的人均生态足迹逐步增长，20 世纪 90 年代增长幅度更加明显，而从 21 世纪初开始，伴随着大规模快速的经济增长，中国的人均生态足迹也以每年约 7% 的速度快速增长。2016 年中国人均需要 3.92 全球公顷的生产性土地来满足对商品和服务的需求，比全球平均 2.9 全球公顷的生态足迹高出很多，是当年中国人均可用生物承载力 0.98 全球公顷的 4 倍，这表明生物生产空间已处于严重的超载状态。我国已是世界上人均生态资源最为稀缺的国家之一，面临着严峻的生态稀缺性和资源环境约束的压力。图 3 - 2 反映了 1961 ~ 2016 年我国的人均生态足迹与人均生物承载力变化，即人均生态足迹持续增加，而人均生物承载力基本未变甚至有下降趋势，这一趋势还在延续。随着生态稀缺性越来越突出，生物承载力就成为各国竞争优势的基础和最为宝贵的绿色财富。从国家尺度来看，我国拥有世界 18% 的人口，生物承载力却只占

11%，人均约为 0.98 全球公顷，远低于同期世界人均生物承载力 1.6 全球公顷，更低于生物承载力丰富的国家（巴西 10.2 全球公顷，澳大利亚 19.2 全球公顷，美国 4.9 全球公顷，俄罗斯 6.9 全球公顷），是全球生物超载最严重的国家之一，在应对生态稀缺性方面面临着比发达国家更大的压力。

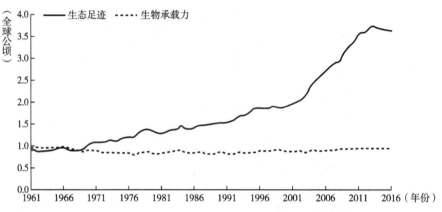

图 3 - 2　1961～2016 年中国的人均生态足迹与人均生物承载力

资料来源：全球生态足迹网络，2019。

3. 生态稀缺性未来趋势

随着人口规模的增加和社会经济的发展，生态稀缺性将会越来越突出，生态承载力就成为各国竞争优势的基础和最为宝贵的绿色财富。在工业体系达到极高水平、集聚和累积人造资本的成就达到历史巅峰之时，创造经济繁荣的自然资本却正在急剧减少，并以一种前所未有的速度不断衰退。由于更多的人和经济体面临生命系统更大的压力，经济持续繁荣的制约将更多地取决于自然资本的有效供给。

联合国经济和社会事务部（United Nations Department of Economic and Social Affairs，UN DESA）发布的 2019 年《世界人口展望》报告提到，根据对全世界 235 个国家及地区的人口数据趋势分析，到 21 世纪末，世界人口将达到 110 亿人，而未来 30 年将增加 20 亿人。人口规模的扩大将对生态环境带来更大的压力，人口增长导致人均生态资本减少、环境污染加剧，局部地区甚至会形成人口贫困和生态贫困恶性循环的态势。

为了保持人类社会的持续进步，人类消费自然资源的种类和数量都有所扩大，使本就有限的自然资源越来越少，人均占有的自然资源越来越少。①2019 年 3 月 19 日，联合国水机制（UN - water）发布《2019 年世界水资源发展报告》，指出自 20 世纪 80 年代开始，由于人口增长、社会经济发展和消费模式变化等因素，全球用水量每年增长 1%。随着工业和社会用水的增加，到 2050 年全球需水量预计还将保持同样的增速，相比目前用水量将增加 20% ~ 30%，由此将有超过 20 亿人生活在水资源严重短缺的国家，约 40 亿人每年至少有一个月的时间遭受严重缺水的困扰，且将有 22 个国家面临严重的水压力风险。随着需水量不断增长以及气候变化影响愈加显著，水资源面临的压力还将持续升高，并将影响水资源的可持续利用，有可能增加使用者之间的潜在风险冲突。②2016 年联合国粮食及农业组织（FAO）发布的《2015 年全球森林资源评估报告：世界森林变化情况》（第二版）指出，在全球范围内，由于人口的持续增长以及对粮食和土地需求量的增加，世界森林面积持续下滑。1990 ~ 2015 年的森林面积净损失为 1.29 亿公顷天然林，相当于整个南非的面积，人均森林面积从 0.8 公顷下降到 0.6 公顷，代表着 0.13% 的年度净损失率。③尽管全球约 30% 的土地仍然被森林覆盖，但至少有 2/3 的林地处于退化状态。全球大部分土壤资源（尤其是农田）均处于一般、差或极差的状态，而当前面临的前景是这一情况将持续恶化，通过较高的蒸发率和较低的土壤蓄水量以及随着土壤侵蚀增加而增加的地表径流对水循环造成严重的消极影响。自 1900 年以来，全球 64% ~ 71% 的天然湿地面积因人类活动而消失殆尽。所有这些变化均对局部及全球规模的水文情态产生了重大的消极影响。① ④全球经济日益繁荣驱动能源需求的增长，埃克森美孚公司（ExxonMobil）发布的《世界能源展望 2040》报告指出，由于人口和经济的增长，到 2040 年全球能源需求将增长约 20%，发展中国家将是增长的主要来源。全球近50% 的能源用于工业生产，面对气候变化，转向更清洁能源（电力、天然

---

① 数据来源于中国水科院。

气）势在必行。到 2040 年，工业部门能源需求将增长约 17%，其中有 85% 的增长来自重化行业，石油、天然气、电力各占能源需求增量的 1/3。由于环境污染，需要大量削减煤炭的使用，通过提升技术来提高能效就显得十分重要。⑤2013 年联合国政府间气候变化专门委员会（IPCC）发布第五次评估报告指出，人类活动极有可能是 20 世纪中期以来全球气候变暖的主要原因，自 1950 年以来，地球海平面的上升速度明显高于过去 2000 年。1901~2010 年，全球平均海平面上升了 19 厘米，而过去 10 年间，冰川融化的速度也比 20 世纪 90 年代加快了数倍。随着地球持续变暖，地球上的极端天气已开始增多，包括强降雨、热浪、洪水、干旱等。

极端气候不断干扰原始生态系统的结构与功能，进一步降低了自然生态系统的服务功能，加剧了生态的稀缺性。

二　从历史视野看稀缺性模式的转变

自 1500 年以来，人类的力量前所未有地增强。公元 1500 年时，全球人口大约有 5 亿人，今天已经接近 76 亿人；公元 1500 年时，人类生产的商品和服务共约合现值 2500 亿美元，现在人类生产的价值约为 85.79 万亿美元/年；公元 1500 年时，全人类每天共约消耗 13 万亿卡路里，现在每天要消耗 1800 万亿卡路里；公元 1500 年时，每人年平均产值约为 550 美元，现在每人年平均产值高达 1.13 万美元。对生态资本的过度消耗推动经济发展的"稀缺"模式发生了跨时代的转变，即由自然资本和资源丰盛而人造资本和劳动力是制约生产的主要稀缺要素逐步转变为人造资本和劳动力丰盛而剩余的自然资本成为制约因素的稀缺模式。从经济发展的表征来看，工业革命前表现为缺少基本劳动力，工业革命以来缺少技术操作工型的劳动力；自 1970 年以来，经济发展表现为缺少自然资本，出现了生态赤字，地球提供的资源不能满足需求，争夺资源、改善环境、提升生态系统服务价值成为经济发展的竞争性示例表现。未来发展所要解决的稀缺性更多的是如何处理在人造资本丰盛背景下，自然资本合理转为人造资本的新动能，保持自然资本、人力资本和人造资本的合理丰度。

（一）农业生产时期的稀缺性表征：缺少基本劳动力

从漫长的历史长河来看，智人的出现可以从 5 万年起开始计算；公元前 8000 年农业文明刚刚开始时，地球的人口大约为 500 万人；之后的数千年时间里，由于科技水平有限、自然环境恶劣、新生儿存活率低以及大规模的战争，人类的增长极为缓慢，某些时段人口增长停滞甚至出现倒退的现象；公元 1 世纪世界人口突破 3 亿人；公元 1700 年全球人口将近 7 亿人，并形成了以人口聚集为特征的经济发展方式，人造资本自然越来越丰厚，各地人口的比例与其经济发展的规模基本一致（见表 3 - 1）。地中海的奥斯曼帝国、波斯的波斯帝国、印度的莫卧儿帝国，以及中国，在现代早期蓬勃发展，领土显著扩大，人口及经济发展幅度前所未有。

表 3 - 1　中国与美国在世界经济中的地位

年　份	1700	1820	1900	1950	2001	2015
人口（百万人）						
中国	138	381	400	547	1275	1387
美国	1	10	76	152	285	323
世界	603	1042	1564	2521	6149	7154
中国占世界比重（%）	23	37	26	22	21	19
GDP（十亿 1990 年国际元）						
中国	83	229	218	240	4570	11463
美国	0.5	13	312	1456	7966	11426
世界	371	696	1973	5326	37148	57947
中国占世界比重（%）	22	33	11	5	12	20
人均 GDP（1990 年国际元）						
中国	600	600	545	439	3583	8265
美国	527	1257	4091	9561	27948	35420
世界	615	668	1262	2110	6041	7154
中国占世界比重（%）	98	90	43	21	59	116

资料来源：鲁奇尔·夏尔马《国家兴衰》。

从 17 世纪末到 19 世纪初，中国在经济上的表现相当出色，从 1700 年到 1820 年，中国的 GDP 不但排名世界第一，占世界的比重也从 22% 增长到 33%，在此期间人口从 1.38 亿增长到 3.81 亿，增长速度几乎是同期日本人口增长速度的 8 倍、欧洲的 2 倍，人口增长并没有导致生活水平下降，人口因素成为这一时期全球经济增长的引擎。在 18 世纪，尽管欧洲的人均收入增长了 25%，但由于人口增长速度较慢，同期经济规模的增长速度落后于中国，这说明人口数量与劳动力的丰富程度决定了经济发展规模，劳动力是这一时期重要的稀缺性资源。从清朝初期以后，我国 GDP 一路下滑，在全球经济中的比重随之越来越低，不断萎缩。这一时期正好是西方资本主义高速发展的阶段，技术进步已成为经济增长的重要驱动力。这说明经济发展开始转向对技术进步的依赖。图 3 - 3 及图 3 - 4 分别说明了经济与人口的变化趋势，单纯的人口增加对经济的贡献逐渐减弱，技术型人才对经济的带动开始显现。

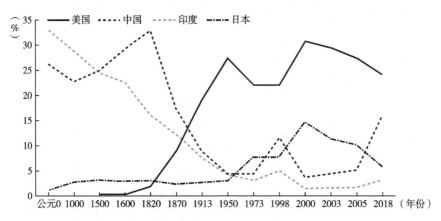

图 3 - 3　世界主要国家公元 0 ~ 2018 年的 GDP 占比

资料来源：公元 0 ~ 1998 年数据来源于《世界经济千年史》，2000 ~ 2018 年数据来源于联合国统计司。

（二）工业革命以来的稀缺性表征：对技术型劳动力的依赖

18 世纪 60 年代产生于英国的技术革命，开创了以机器代替手工劳动的新时代。欧洲强国利用新技术及一系列战争逐渐征服世界其他地区。从

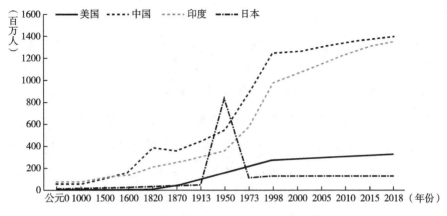

图 3－4　世界主要国家公元 0～2018 年的人口

资料来源：公元 0～1998 年数据来源于《世界经济千年史》，2000～2018 年数据来源于联合国统计司。

世界第一条商业铁路于 1830 年在英国启用，到 1850 年西方国家已有将近40000 公里的铁路纵横交错，但在整个亚洲、非洲和拉丁美洲铁路总长只有 4000 公里。19 世纪 60 年代后期的第二次工业革命推动欧洲国家和美国、日本的资产阶级革命或改革的完成，促进了全球经济新一轮的快速发展。在 1900 年前后，欧洲已经牢牢掌握着世界经济的命脉和多数可利用的土地资源。1950 年西欧加美国的生产量占了全球一半以上，而中国只剩5%。在这一时期，经济的发展推动力由单纯的农业体力型劳动力向工业技术型劳动力转变，有一定技术特长的产业工人成为经济发展的引擎，推动西欧、美国、日本等国家和地区经济超快增长，并在 1950～1973 年达到高峰，形成了一个无与伦比的经济增长黄金时代：世界人均 GDP 每年提高近 3%，全世界 GDP 增长近 5%，世界贸易额年增长将近 8%。与之形成鲜明对照的是，250 年前（大约 1760 年）中国人口达到 2 亿人，一直保持低速增长，劳动力类型并未发生明显变化，还是以体力型劳动力为主。在用地规模没有发生较大变化的前提下，人均 GDP 不仅未得到增长，还呈现退步的现象，从此中国进入长达 230 年的相对贫困时代。这一阶段的现象充分表明世界经济发展的动力主要由技术进步来决定。

自工业革命以来，全球人口一直在不断增加。1800 年前后全球人口达到 9.5 亿人，1927 年约为 20 亿人，1970 年增加到 40 亿人。人口数量的不断增长，对地球的承载力不断提出挑战。虽然因技术进步，人类可以生产出养活更多人口生存的食物（如工业化的农业生产、基因技术的创新等），人的需求数量不断增加，质量也不断提升，远不止"吃饱了不饿"的基本生活需求，还需要交通，需要住房，需要公共服务，需要医疗，需要娱乐，人们需要消耗更多的食物、空间和能源。追求富裕的永恒动力，使人类在整体上加大了对物质消耗和能源消耗的需求。随着生活条件的改善、人口和经济的增长以及技术进步，人类向大自然获取自然资本的能力不断提升，自然资源的供给开始出现短缺，突出表现为地球生态系统可向人类提供的服务与人类发展的需求之间的矛盾逐渐显现。根据全球生态足迹相关核算，1970 年地球生态系统提供的生物承载能力和人类消耗的生态足迹开始失衡，自此地球生态系统便进入超载状态且生态赤字不断增加。

（三）近代经济发展的稀缺性：对自然资本依赖

自 1950 年以来，近 70 多年的世界经济表现要优于以往任何时代。2018 年世界 GDP（85.79 万亿美元）水平相当于 1950 年的 16 倍，年均增长率达到 3.6%。与此相比，1820～1950 年的年均增长率为 1.6%，而 1500～1820 年的年均增长率仅为 0.3%。收入增长的加速在一定程度上维持了较快的人口增长。该时期实际人均收入平均每年增长 2.1%，相比之下，1820～1950 年的人均收入年均增长率为 0.9%，而 1500～1820 年的速度仅为 0.05%。该时期的人均收入增长速度相当于原始资本主义时期的 42 倍，也相当于资本主义时期最初 130 年速度的 2 倍多。随着爆炸式的人口增长和快速的经济发展，人类对能源、土地和水的需求和人类的日常消费不断攀升，导致前所未有的地球变化（见图 3 - 5、图 3 - 6）。在过去 50 年里，生态足迹——衡量我们对自然资源消耗的量尺——增加了约 190%，生态赤字不断增大。

自然环境在过去 50 年的改变速度是人类历史上前所未有的。根据联合国生物多样性和生态系统服务政府间科学 - 政策平台（IPBES）2019 年发

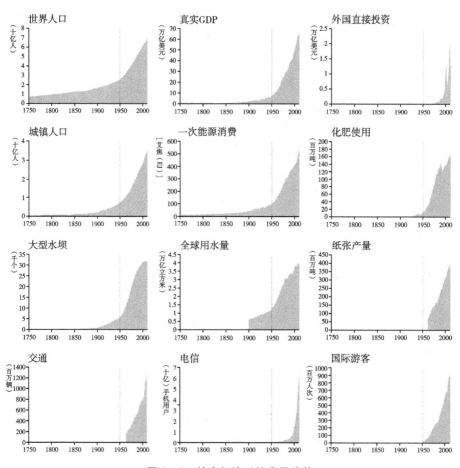

图 3 - 5 社会经济系统发展趋势

资料来源:《地球生命力报告 2018》。

布的《生物多样性和生态系统服务全球评估报告》,目前影响全球自然变化最大的直接驱动因素是(按影响程度排列):土地和海洋利用改变,直接利用生物体,气候变化,污染以及外来入侵物种。这些驱动因素已经极大地改变了地球大部分地方的自然状况,绝大多数生态系统和生物多样性指标迅速下降,75%的陆地表面发生了巨大改变,66%的海域正经历越来越大的累积影响,85%以上的湿地(按面积)已经丧失。自 2000 年以来,全球森林损失速度虽然有所减慢,但分布不均。在生物多样化丰富的热带地区,2010~2015 年丧失了 3200 万公顷原生林或次生林。自 19 世纪 70 年代以来,珊瑚礁上的活珊瑚覆盖面积丧失了一半左右,而近几十年来,气

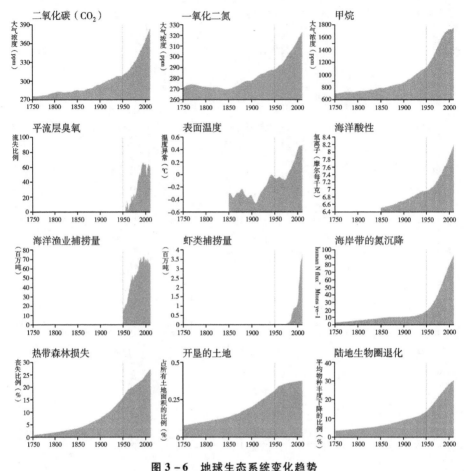

图 3-6　地球生态系统变化趋势
资料来源：《地球生命力报告 2018》。

候变化导致其他驱动因素恶化，加速了活珊瑚的丧失。在大多数重要的陆地生物群落中，本地物种的平均丰度至少下降了 20%，这有可能影响生态系统过程，进而影响自然对人类的基本服务。过去 50 年里，陆地、淡水和海洋中的野生脊椎动物种群数量呈下降趋势。因受人类行动威胁而濒临灭绝的物种比以往任何时候都要多，大约 100 万种物种已经濒临灭绝，全球物种灭绝的速度比过去 1000 万年的平均水平快几十甚至几百倍。在全球范围内，地方栽培植物和驯化动物的种类和品种正在消失，到 2016 年，在用于农业的 6190 种驯养哺乳动物中，有 559 种（占 9% 以上）已经灭绝，至少还有 1000 多种受到威胁。多样性丧失，包括遗传多样性丧失，破坏了许多农业系统对害虫、病原体和气候变化等威胁的抵御力，从而对粮食安全构成了严重威胁。同时，由于技术进步缺少有效管控，生物开始越来越由智慧设计形塑而非自然选择。地球生态系统变化已导致其今后提供服务价值的能力下降，并频繁地损害自然的许多其他贡献，例如从水质调节到地方归属感等。整个人类赖以生存的生物圈在所有空间尺度上都在发生前所未有的巨大变化。在这一时期，大自然向人类提供的自然资源和生态服务功能短缺形势日益严峻，地球生态赤字不断扩大，曾经创造经济繁荣的自然资本短缺的现象日益突出，自然资本供给不足已经成为稀缺性的主要特征。

（四）未来经济发展的稀缺性表征：各类资本之间如何保持合理的丰度

21 世纪是西方发达国家经历近 200 年工业化、现代化完成之后的发展转型期，旧的结构面临解体，新的平衡尚未建立，发展的道路面临巨大的不确定性。中国过去的 100 年里经历了从长期的衰落到新中国的成立、从物质产品极度匮乏到经济繁荣，目前正经历从经济繁荣到民族复兴的关键时期。预计今后 50～100 年里，世界人口将达到 80 亿～100 亿人，维持如此巨额人口的生存将会变得十分困难。人类日常消耗对健康至关重要的自然资源的速率远远超过其供给能力，有限的地球空间正承载着人类过量的生态足迹，如化石燃料燃烧和化肥生产所排放的氮已超过地球固氮速率的 2 倍。全球化的商业贸易导致病虫害的扩散和危害，生态超载进一步加剧气候变化、森林萎缩、渔业资源衰退、土地退化、淡水资源减少、生物多样性丧失，自然资源供应的恶化趋势已经成为决定世界经济格局的关键要素。

根据《生物多样性和生态系统服务全球评估报告》，按照目前的经济发展趋势，人类的大多数社会和环境目标，例如《生物多样性公约》目标和《2030 年可持续发展议程》的目标都将无法实现。这种下降还将损害其他目标，例如《联合国气候变化框架公约》下的《巴黎协定》和 2050 年生物多样性愿景的目标。在对间接驱动因素的未来情况（如人口高速增长、不可持续的生产和消费以及相关的技术发展）模拟的许多未来情景中，生物多样性和生态系统功能方面的消极趋势预计还会继续甚至恶化。

基于对传统经济模式引发的资源短缺、生态破坏等问题的反思，结合全球思想领导力智库、世界经济论坛成员布鲁诺·罗奇等研究成果，可以将资本划分为三种形态，即自然资本、人力资本和人造资本，这三种资本必须协调发展。在人力资本和人造资本的快速增加的过程中，对自然毫无节制的索取导致自然资本迅速衰退，从而引发了一系列新的全球生态环境问题。一是威胁人类生存并已被人类认识到的日益突出的环境问题，主要表现为全球变暖、臭氧层破坏、酸雨、淡水资源危机、能源短缺、森林资源锐减、土地荒漠化、物种加速灭绝、垃圾成灾、有毒化学品污染等众多方面。二是不可再生的自然资源存量不断减少，按照目前的发展速度，人类社会经济发展所依赖的煤炭、石油、天然气等传统能源，铜、铁、铝等矿石资源在未来 300 年内均被消耗完毕。与之相应，转移环境污染责任、争夺战略性自然资源的全球性经济竞争，正导致二战结束以来建立的有效全球治理体系呈现明显的脆弱性，与国际形势变化的不适应、不对称情况前所未有，长期被遵循的国际规则与规范正经受着巨大的挑战。

自然资本趋向短缺已成为全球化以来人类社会最明显的特征之一，也预示着现代化、工业化以来传统的经济发展方式不可持续。需要对人类近 30 年的增长模式进行反思，需要按新的智慧指引未来。英国哲学家、预言家汤恩比看完了老子的道德经、孔子的易经，说了这样一句话：19 世纪是英国人的世纪，20 世纪是美国人的世纪，21 世纪是致力于人与自然和谐的中国人的世纪。在其《展望 21 世纪》一书中曾说："如果有来生，我愿生在中国"，他针对当代人类正面临的三大危机——自然危机、社会危机和人类自身的危机，认为只有中国的历史文化智慧才具备拯救三大生存危机的基础，进而相信 21 世纪是中国人的世纪。究其原因，汤恩比的信念是建立在中国文化中人与自然和谐的千年历史上的。作为一个人均资源并不富集的国家，中国以 7% 的耕地养育了全球 18% 的人口，以 11% 的生物承载力实现了全球 16% 的 GDP 份额。从现实层面看，中国的发展正处在人类现代化、全球化进程重要的历史交汇的时间点上，人类进程的困境与历史的救赎也许给中国人提供了为全人类贡献智慧的契机。

第二节　生态系统服务及其价值化

生态系统是指在自然界的一定的空间内，生物与环境构成的统一整体，在这个统一整体中，生物与环境之间相互影响、相互制约，并在一定时期内处于相对稳定的动态平衡状态。生态系统服务是指生态系统与生态过程所形成的及所维持的人类赖以生存的自然效用，尽管不同的学者对生态系统服务有着不同的解释，但生态系统向人类提供各种物品和服务这一点是十分确定的，我们可以把生态系统看成自然资产，把生态系统的功能看成生态服务。

随着人口的增加和人类对生态系统的侵占，自然生态系统的规模逐渐减小，生态系统功能与服务也相应减少，地球生态系统向人类提供服务的能力不断下降，导致生物多样性、生态系统功能以及自然对人类的许多贡献已经并持续快速下降，以能源短缺、森林萎缩、渔业资源衰退、土地退化、淡水资源减少、生物多样性丧失为核心的生态稀缺性问题愈来愈突出，人类生存和发展的生态环境正面临巨大挑战。由生态稀缺导致的自然资本短缺逐渐成为经济增长的关键制约要素，影响甚至决定了传统的劳动者、劳动工具、劳动对象、技术及制度等生产要素的配置方向和优化模式，经济进一步发展的模式必然选择更多投资于挖掘自然资产、降低环境风险和破解生态稀缺性的绿色创新经济，探索提升生态系统服务功能和价值的机制和模式。

一　生态系统服务供给与消费

生态系统通过其功能和过程向人类提供各种生态服务，这种生态服务的产生、形成和供给与人类社会生产其他服务和产品有着巨大的区别和差异。

生态服务供给量主要取决于生态系统本身的规模和功能。由于生态服务生产的基础是生态系统内部各种复杂的关系与生物化学反应的总和，所以生态系统提供的每一种生态服务都是非常复杂的、多方面的，有很多生态服务人们还没有认识到或揭示出来。在生态系统中，单种生态服务并不是一种独立的存在。各种生态服务类型在不同生态系统中所占的分量不同。例如，森林生态系统的生态服务偏重于生物多样性维持，而农田生态系统提供的服务偏重于食物和原材料生产，湿地生态系统偏重于废弃物净化，等等，但在大多数情况下，各种生态系统都能提供多种类型的生态服务。人类要提高生态系统服务量，只有通过扩大生态系统规模和提高生态系统功能两个途径实现。

生态服务生产过程主要是自然生产过程，人类活动可以调控这一过程从而能够增加或减少生态系统服务生产量或供给量。生态系统是人类控制下为人类提供生命支持的一个最有效的利用自然资源的系统。这个系统在生态系统变化的自然过程中，通过其结构、生态过程和功能，与地形地貌、植被、土壤、生物多样性、生物生产量等要素构成一个环境整体反映出对人类有用性、景观自然协调性、环境的承载能力和自身的调节能力。生态系统通过自然过程和人类活动共同作用为人类生存提供生态服务和产品，随着对生态系统研究的进一步深入，人们认识到，人类活动对生态系统服务的生产量或供给量有重要影响，大量结果表明，自然生态系统被转化为人类管理和控制的生态系统，在很大程度上改变了陆地生态系统的生物和物理组成和功能。在转化过程中自然生态系统的有些供给量被弱化或损害，与此同时，其他供给量却被强化，如生物多样性可能下降，但食物和原材料生产功能被加强。

生态服务的消费体现在人类生产和生活对生态服务的消耗、利用和占用。关于人们对生态服务的消费模式、消费量以及影响生态服务消费的因素，目前还很少有成果报道。与对普通消费品的消费不同，人类对生态服务的消费有如下特点。一是对部分服务过度利用和滥用。在目前的消费模式内可以发现，对生态系统生物生产能力、文化旅游价值等的消费模式超过其可持续生产能力，人类对生态系统服务的过度利用和滥用正在导致生态系统服务的下降。二是对部分服务利用不足。对生态系统服务所提供的一些自然再循环能力等利用不足。三是生态系统服务大多以公共物品形式被无偿利用。生态系统服务之所以被过度利用和滥用，原因在于生态系统服务被现有经济模式和理论看成是无价值的，只有部分生态产品有自己的市场价格，通常这些市场价值还是非常低的。另外，生态服务除一些产品服务外，其余的生态服务对于人类社会的作用都是通过无形的力量给人类社会带来某些变化，这种"无形性"是生态服务表现的一般形态，可见，人类经济价值的取向导致的是人类为了索取有形的生态服务而同时破坏甚至毁灭一些无形的生态服务。

二 生态服务价值化的理论与方法

生态服务价值是对价值论的扩展。地球空间的任何一个区域，同时存在社会经济系统和生态系统。社会经济系统的主要功能是通过人类活动提供经济产品和服务以维持人类生存与发展。为了准确衡量整个人类活动提供的经济产品和服务总量，现代社会建立了庞大而复杂的统计系统来统计国内生产总值（GDP），用以衡量和表征整个社会经济系统的经济产出或贡献，即 GDP 等于经济活动提供的产品与服务价值总和。生态系统通过其功能同样为人类提供着生态产品和服务，生态系统服务价值是凝结在生态系统产品和服务中的生态系统自然活动的结果。这样，就可以将生态系统服务价值定义为一个国家或地区的生态系统通过其功能为全社会提供的产品和服务的价值，用以度量生态系统的生态服务产出。一个区域的持续健康发展，既需要有充足的经济产出，也需要充足的生态服务产出，一个区域自然过程和人类活动过程共同作用所要达成的目标是 GDP 和生态系统服务价值的最大化。

一般认为，生态系统服务的价值包括两部分——使用价值和非使用价值；使用价值包括直接价值和间接价值；非使用价值包括遗产价值、存在价值；还有一种选择价值，归为使用价值、非使用价值均可。生态系统服务功能的价值化是近年来国际生态经济学领域的研究热点，但到目前为止在世界范围内还没有形成一套科学、统一和完整的价值评估或核算方法。自 20 世纪 90 年代以来，国内外不少学者对生态系统服务价值进行探索性研究，形成许多研究案例。从这些案例和学术进展来看，当前生态系统服务价值化核算主要有两类方法。一类是基于单位生态服务产品价格的方法。这种方法是基于生态系统服务功能量的多少和功能量的单位价格得到总价值，如人们正在利用市场价值法、影子价格法、替代工程法、机会成本法、费用分析法、条件价值法、旅行费用法等去量化生态系统服务的价值。总体来看，生态系统服务的直接价值最经得起市场估值的检验；间接利用价值可以利用基于市场的方法或了解人们的支付意愿来评估；存在价值、遗产价值、选择价值只能通过对消费者的偏好的调查获得。由于此类方法通过建立单一服务功能与局部生态环境变量之间的生产方程来模拟小区域的生态系统服务功能，需要输入的参数较多，计算过程较为复杂，更重要的是对每种服务价值的评价方法和参数标准也难以统一，在实践中应用的难度较大。

另一类方法是基于单位面积价值当量因子的方法。当量因子法是在区分不同种类生态系统服务功能的基础上，基于可量化的标准构建不同类型生态系统各种服务功能的价值当量，然后结合生态系统的分布面积进行评估。采用当量因子法进行生态系统服务功能价值评估的前提条件是构建当量因子表。谢高地等在 Costanza 等生态系统服务功能分类的基础上，构建了一种基于专家知识的生态系统服务价值化方法，并在样点、区域和全国尺度生态系统服务功能价值评估中得到了广泛的应用。随着研究的深入，越来越多的学者认识到，生态系统服务功能的形成受到各种生态学机制的调控，呈现与生态结构和生态功能密切相关的时空动态变化过程。为此，谢高地等人以生态服务价值当量因子法为基础，通过对生态系统服务价值当量因子表进行修订和补充，建立了不同生态系统类型、不同生态服务功能价值的时间和空间动态评估方法。这种方法主要包括四个步骤。第一，确定标准单位生态系统服务价值当量因子的价值量。1 个标准单位生态系统生态服务价值当量因子是指 $1hm^2$ 全国平均产量的农田每年自然粮食产量的经济价值,以此当量为参照并结合专家知识可以确定其他生态系统服务的当量因子,其作用在于可以表征和量化不同类型生态系统对生态服务功能的潜在贡献能力。第二,对生态系统服务功能进行分类。采用千年生态系统评估(MA)的方法,将生态系统服务分为供给服务、调节服务、支持服务和文化服务四大类,并进一步细分为食物生产、原料生产、水资源供给、气体调节、气候调节、净化环境、水文调节、保持土壤、维持养分循环、维持生物多样性和美学景观等 11 种服务功能(见表 3-2)。第三,确定单位面积生态系统服务功能价值的基础当量表。基础当量是指不同类型生态系统单位面积上各类服务功能年均价值当量,体现了不同生态系统及其各类生态系统服务功能在全国范围内的年均价值量,也是合理构建表征生态系统服务价值区域空间差异和时间动态变化的动态当量表的前提和基础。第四,构建单位面积生态服务价值动态当量表。总体来看,生态系统食物生产、原料生产、气体调节、气候调节、净化环境、维持养分循环、维持生物多样性和美学景观功能与生物量呈正相关,水资源供给和水文调节与降水变化相关,而保持土壤与降水、地形坡度、土壤性质和植被覆盖度密切相关。基于上述认识,确定 NPP、降水和土壤保持调节的时空动态因子,结合生态系统服务价值基础当量表,通过公式 1 计算生态服务时空动态变化价值当量表。

表 3-2 单位面积生态系统服务价值当量

生态系统分类		供给服务			调节服务				支持服务			文化服务
一级分类	二级分类	食物生产	原料生产	水资源供给	气体调节	气候调节	净化环境	水文调节	保持土壤	维持养分循环	维持生物多样性	美学景观
农田	旱地	0.85	0.40	0.02	0.67	0.36	0.10	0.27	1.03	0.12	0.13	0.06
	水田	1.36	0.09	-2.63	1.11	0.57	0.17	2.72	0.01	0.19	0.21	0.09
森林	针叶	0.22	0.52	0.27	1.70	5.07	1.49	3.34	2.06	0.16	1.88	0.82
	针阔混交	0.31	0.71	0.37	2.35	7.03	1.99	3.51	2.86	0.22	2.60	1.14
	阔叶	0.29	0.66	0.34	2.17	6.50	1.93	4.74	2.65	0.20	2.41	1.06
	灌木	0.19	0.43	0.22	1.41	4.23	1.28	3.35	1.72	0.13	1.57	0.69

生态系统分类		供给服务			调节服务				支持服务			文化服务
一级分类	二级分类	食物生产	原料生产	水资源供给	气体调节	气候调节	净化环境	水文调节	保持土壤	维持养分循环	维持生物多样性	美学景观
草地	草原	0.10	0.14	0.08	0.51	1.34	0.44	0.98	0.62	0.05	0.56	0.25
	灌丛	0.38	0.56	0.31	1.97	5.21	1.72	3.82	2.40	0.18	2.18	0.96
	草甸	0.22	0.33	0.18	1.14	3.02	1.00	2.21	1.39	0.11	1.27	0.56
湿地	湿地	0.51	0.50	2.59	1.90	3.60	3.60	24.23	2.31	0.18	7.87	4.73
荒漠	荒漠	0.01	0.03	0.02	0.11	0.10	0.31	0.21	0.13	0.01	0.12	0.05
	裸地	0.00	0.00	0.00	0.02	0.00	0.10	0.03	0.02	0.00	0.02	0.01
水域	水系	0.80	0.23	8.29	0.77	2.29	5.55	102.24	0.93	0.07	2.55	1.89
	冰川积雪	0.00	0.00	2.16	0.18	0.54	0.16	7.13	0.00	0.00	0.01	0.09

资料来源：谢高地等. 基于单位面积价值当量因子的生态系统服务价值化方法改进［J］. 自然资源学报，2015（8）。

$$F_{nij} = \begin{cases} P_{ij} \times F_{n1} & \text{或} \\ R_{ij} \times F_{n2} & \text{或} \\ E_{ij} \times F_{n3} \end{cases} \tag{1}$$

公式 1 中，F_{nij} 指某种生态系统在第 i 地区第 j 月第 n 类生态服务功能的单位面积价值当量因子；F_n 指该类生态系统的第 n 种生态服务价值当量因子；P_{ij} 指该类生态系统第 i 地区第 j 月的 NPP 时空调节因子；R_{ij} 指该类生态系统第 i 地区第 j 月的降水时空调节因子；E_{ij} 指该类生态系统第 i 地区第 j 月的保持土壤时空调节因子；$n1$ 表示生态服务功能是食物生产、原料生产、气体调节、气候调节、净化环境、维持养分循环、维持生物多样性，或者提供美学景观；$n2$ 表示生态服务功能是水资源供给或者水文调节；$n3$ 表示生态系统服务功能是保持土壤。

不管采用哪种方法，对生态系统的生态服务价值化以后，价值化的结果尽管显得很高，但无疑会反映出被我们忽视掉的或者没有计量的一些生态系统的价值，会使我们认识到生态系统的存在比我们想象得更加重要，会反映出生态系统实际提供的价值有多少在市场上实现了，有多少没有实现。以农田生态系统为例，谢高地等人评估结果显示，我国平均 1 公顷农田生态系统在一年的生产周期中，由自然生态过程和人类种植业活动过程共同作用，为人类提供了 14558 元的生态服务和经济产品总价值。在该总价值中，41.9% 是由农田生态系统自然过程提供和产生的，58.1% 是由人类种植业活动过程产生的。由农田生态系统自然过程提供和产生的生态服务价值包括气体调节 441 元/年，气候调节 786 元/年，水源涵养 530 元/年，保持土壤 1290 元/年，净化环境 1449 元/年，维持生物多样性 626 元/年，食物生产 883 元/年，原料生产 88 元/年，美学景观 8.2 元/年。目前，我国统计系统计量的年度种植业总价值中，仅计量了人类种植业活动过程产生的经济价值和部分由自然生态过程产生的生态服务价值，得到计量和反映的仅为 64.7%，未计量的生态服务价值为 35.3%，未计量的每公顷农田生态服务价值为 5140 元。由于粮食生产过程中伴随产生的生态服务属于公共服务范畴，那么国家为粮食生产提供公共财政补贴的额度高限可达 5140 元/公顷（342 元/亩）。上述评估说明，生态系统服务在现有经济体制下，一部分通过市场机制实现了，另一部分没有通过市场实现，随着生态稀缺性越来越突出，生态服务价值实现机制无疑会越来越完善，生态服务价值实现的比例会越来越高。

三　生态系统服务价值实现机制

生态系统产生的生态服务是有价值的，而且是可以量化的，但很多生态服务是公共物品，由于生态服务的市场失灵，生态服务价值还难以全部实现或补偿。基于政府政策的生态补偿和基于市场的生态服务支付是两种相互补充的生态服务价值实现机制，需要政府和市场发挥各自的作用。从市场交易的角度看，生态服务交易主要以经济贸易、自然空间流转、代际人口之间传承三种存在形式，培育与发展有效的私人产品和公共产品市场，已经成为生态服务价值实现的主要方向。广义上，无论生态服务的供需双方是否在市场中真实存在，只要生态服务的供需双方具备，且生态服务的数量或价值在空间与代际及以上时间尺度上发生流转，就可视其为产生了生态服务交易。虽然生态服务价值的研究时间还很短，价值估算的方法与确定性也存在相当的争议，但趋势上生态服务支付已由惩治外部不经济性行为转向激励外部经济性行为，合理的支付机制正在逐渐形成。生态服务支付机制认为，市场作用力能够提供有用且有效支持可持续发展目标的途径，通过经济激励，达到维持与提升生态服务的目的。

生态服务支付是指在自由交易中，某一定义明确的生态服务或可能确保该项生态服务安全的土地利用，由至少一个"买方"从至少一个提供该项生态服务的"卖方"处购买，且生态服务的"卖方"能确保被交易的生态服务的供给安全。在国外，与生态服务支付类似的鼓励外部经济性的机制还有生态服务市场创建机制、生态服务奖酬机制和生态服务补偿机制。源于鼓励方式的差异，这些机制存在一定区别：市场创建机制强调多重经济主体之间的竞争性关系，奖酬机制强调对生态服务提供者进行公正、公平的奖励，补偿机制强调对生态服务提供者因保护、维持生态服务所遭受的成本进行补偿。相对于环境污染损害赔偿而言，生态服务支付及上述其他提及的生态服务生产者惠益的机制，均会对人类的某种活动所产生的生态环境的外部经济性给予补偿。

生态服务支付机制通过创建对生态产品与服务的新的需求，在促进、形成生态服务保护资金方面颇具潜力。当前，生态服务支付机制在世界范围发展虽然比较迅速，并对促进生态服务市场化与价值实现积累了不少经验，但主要是个案研究，尚处于探索"生态服务市场"的创建阶段，距离形成"现实"生态服务市场存在相当的差距，而市场机制只有在"理想"市场下才能充分发挥资源的配置作用。所以，公平、公正、可持续的生态服务贸易目前还需要国家政府的有效干预以及国际领域的有效合作。

目前，中国采用的基于市场的生态服务交易机制主要包括：流域上下游生态补偿、退耕还林（草）工程、生态效益林保护基金、清洁生产机制、污染者付费等。其中，污染者付费是实施时间最长、覆盖空间最广的一项机制，而其他几项机制虽然实践或实施的时间、空间范围有限，但是应用的前景非常乐观。与国际先进水平相比，各项生态服务支付机制在中国的实践以政府的转移支付为主，生态服务市场的培育与创建尚处于理论探讨与萌芽的阶段。现有的生态服务支付主要是从国家到政府，再到农户的直接的纵向"补给"，流域上下游之间、城乡之间、发达地区与发展中地区之间、生物多样性保护区与非保护区之间的横向生态服务支付十分有限。但在未来，中国将比以往任何时期都注重经济、贸易、贫穷与发展的公平性与相互关系问题，积极探索与实践有利于生态服务价值化的实现机制，以扭转生态服务退化状况，提高发展的经济福利与生态福利。

第一，逐渐推进生态资源资产化过程。生态资源资产化过程的目标是生态资源所有者权益得以明确，生态资产自我积累增值和产权流转得以确保。为了逐渐实现这一目标，需要：①按照生态资源自然规律和生态资源生产实际，从生态资源开发利用到生态资源保护、恢复、再生、更新、增殖和积累等生产、再生产活动，按照经济规律进行投入产出管理；②对天然生态资源，实行有偿开发利用、有偿使用制度，将开发利用权逐步推向市场，将其收益再投入生态资源再生产，通过土地承包制、林权制度、草权制度与山权制度等改革，完善和建立生态资产流转和交易制度与市场，在许可的生态资产用途内，鼓励生态资产所有者通过转让、租赁、承包、买卖等形式，流转与交易生态资产使用权；③建立生态资源核算制度、规划制度、补偿制度和监督制度，最后形成以生态资源养生态资源、发展生态资源业的良性循环，为社会提供更好的生态服务和良好的生态环境；④通过生态资本证券化经营，促进生态资本规模化经营，并使生态资产成为可以抵押的资产，丰富资产所有者的资金来源与收益途径；⑤推进生态资本产业化经营，自然界中的绝大部分生态资产，都具有资产化成为生态资本的可能。只要探索出合适的途径，就有使生态公益林、自然保护区与造林都具有资产化经营的可能。

第二，建立生态服务付费机制。生态服务和生态服务价值，以一种新的范式考察生态系统与经济系统之间的相互关系，同时促进了包括中国在内的很多国家、地区的生态服务市场的培育与创建，为协调经济发展与生态保护的关系积累了不少经验，但是目前生态服务市场的发育仍处于局部与试点的阶段，进一步的发展离不开政府的有效干预。法律与经济制度必须开始更广泛地融合生态系统服务的概念和它们的框架，建立专门的部门和机制，确保合理地管理和利用生态系统服务。

第三，向生态系统支付，维护与保护绿色自然。人对自然的依赖由以往更多地依赖生态产品供给向更多地依赖生态产品与服务供给扩展。对于现在及未来的人类发展而言，物化资源与功能性资源都必不可少。我国现有人口规模是已成的现实，经济发展、社会发展与自然发展是绿色经济的三重目标，只有向自然投资、向生态系统支付，才能实现经济、社会与自然的协同发展。向自然投资、向生态系统支付的基本原则如下：①以生态用地、清洁水资源、清洁大气资源与生物多样性为核心对象；②以直接向自然投资（如生态恢复工程）、直接向生态产品与服务提供者投资（如生态补偿）、间接向自然和生态产品与服务提供者投资（如生态技术开发）为核心战略；③保留生物多样性丰富区、热点区与重要区的生态系统，如原始森林、珍惜生物栖息地、生物迁徙踏脚地、鱼类洄游通道等；④保护生态用地，增加生态用地的规模，优化生态用地结构，保护水资源与大气资源，恢复受损自然系统，持续提高区域生物承载力；⑤发展有利于生态资源节约、生态资源替代、生态平衡与生态经济循环的技术，促进农业生产剩余物如秸秆、林业采伐剩余物的再资源化利用。

第四，发展绿色农业、林业、养殖业、渔业和生态旅游业等生态服务产业。农业、林业、养殖业、渔业和生态旅游业本身就是绿色产业，是绿色经济的重要组成部分，这部分产业不管现在还是将来，都是我们这个大国生存的基础。继续努力发展的方向实际上是维持生产能力、降低环境影响、提高农产品品质。我国推进绿色农业的首要目标仍然是保障国家粮食安全，具体对策是：①增强粮食安全保障能力；②推进农业结构调整；③健全农业社会化服务体系；④健全农业补贴制度。其中，在种植业方面，主要是优化农业产业布局，加快构建以东北平原、黄淮海平原、长江流域、汾渭平原、河套灌区、华南和甘肃新疆等的农产品主产区为主体，以其他农业地区为重要组成的"七区二十三带"农业战略格局，稳定粮食播种面积，优化品种结构，提高单产和品质，提高粮食综合生产能力。在林业方面，主要是保护现有森林资源，大力培育和发展后备森林资源；在养殖业方面，主要是有效治理畜禽养殖业面源污染；在渔业方面，主要是实施深海渔业、海岸渔业、内陆渔业以及现代水产业战略，发展深海网箱养殖，开拓远洋渔业，合理开发渔业资源，如严格执行休渔期和禁渔期制度，推广无公害淡水养殖和近海养殖；在生态旅游方面，应该认识到生态旅游业已成为生态服务价值实现的一种重要产业，具有重要的发展前景，并将成为一些生态服务提供区的支柱产业。

第三节　资源利用的循环化

包括空气、水、土地、森林等在内的自然资源几乎每时每刻都在被地球生物消耗着。在过去的几十亿年里，这些被消耗掉的自然资源会被地球重新补足，地球一直有个相对稳定的生态循环系统。但在人类文明迅速崛起之后，地球上自然资源的消耗速度持续加快，其消耗速度远远超过地球再生的速度。工业革命尤其是20世纪以来，致使以自然资源供给不足为主的自然资本短缺成为经济发展的瓶颈，致使"稀缺"模式发生跨时代的转变，即由自然资本丰盛而人造资本和劳动力是制约生产的主要稀缺要素转变为人造资本和劳动力相对丰裕而剩余的自然资本成为制约因素的稀缺模式。如何破解资源短缺的问题，已经成为人类未来发展的重要课题。20世纪90年代之后，以推进资源循环利用为核心的循环经济迅速兴起，并为国际社会广泛认同，在瑞典、德国、日本以及美国等发达国家迅速应用于经济实践，不同国家和地区积极探索破解资源短缺问题的路径，也初步形成以资源循环利用为核心的循环经济模式。

一　资源循环利用的内涵

资源循环型经济又称"循环经济"，是以资源节约和循环利用为特征，与环境和谐的经济发展模式，强调把经济活动组织成一个"资源－产品－再生资源"的反馈式流程，其特征是低开采、高利用、低排放，所有的物质和能源能在这个不断进行的经济循环中得到合理和持久的利用，以把经济活动对自然环境的影响和自然资源的利用降到尽可能小的程度。在经济发展中，资源循环型经济遵循生态学规律，将清洁生产、资源综合利用、生态设计和可持续消费等融为一体，实现废物减量化、资源化和无害化，使经济系统和自然生态系统的物质和谐循环，有效维护自然生态平衡。

资源循环型经济发端于生态经济。从美国经济学家肯尼思·鲍尔丁在1966年发表《一门科学——生态经济学》，开创性地提出生态经济的概念和生态经济协调发展的理论后，人们越来越清楚地认识到，在生态经济系统中，增长型的经济系统对自然资源需求的无止境性，与稳定型的生态系统对资源供给的局限性之间就必然构成一个贯穿始终的矛盾。围绕这个矛盾来推动现代文明的进程，就必然要走更加理性的强调生态系统与经济系统相互适应、相互促进、相互协调的生态经济发展道路。生态经济就是把经济发展与生态环境保护和建设有机结合起来，使二者互相促进的经济活动形式。它要求在经济与生态协调发展的思想指导下，按照物质能量层级利用的原理，把自然、经济、社会和环境作为一个系统工程统筹考虑，立足于生态，着眼于经济，强调经济建设必须重视生态资本的投入效益，认识到生态环境不仅是经济活动的载体，还是重要的生产要素。要实现人类的可持续发展，就必须实现经济发展、资源节约、环境保护、人与自然和谐四者的相互协调和有机统一。

（一）资源循环经济的特征

资源循环经济理念是在全球人口剧增、资源短缺、环境污染和生态蜕变的严峻形势下，人类重新认识自然界、尊重客观规律、探索经济规律的产物，其主要特征表现在如下方面。

1. 新的系统观

资源循环经济系统是由人、自然资源和科学技术等要素构成的大系统。资源循环经济观要求人在考虑生产和消费时不要置身于这一大系统之外，而是将自己作为这个大系统的一部分来研究符合客观规律的经济原则，将类似于"退田还湖""退耕还林""退牧还草"等生态系统建设作为维持大系统可持续发展的基础性工作。

2. 新的经济观

在传统工业经济的各要素中，资本在循环，劳动力在循环，而唯独自然资源没有形成循环。资源循环经济观要求运用生态学规律，而不是仅仅沿用 19 世纪以来机械工程学的规律来指导经济活动、考虑工程承载能力，还要考虑生态承载能力。在生态系统中，经济活动超过资源承载能力的循环是恶性循环，会造成生态系统退化；只有在资源承载能力内的良性循环，才能使生态系统平衡地发展。

3. 新的价值观

资源循环经济在考虑自然时，不再像传统工业经济那样将其作为"取料场"和"垃圾场"，也不仅仅视其为可利用的资源，而是将其作为人类赖以生存的基础，是需要维持良性循环的生态系统；在考虑科学技术时，不仅考虑其对自然的开发能力，而且要充分考虑到它对生态系统的修复能力，使之成为有益于环境的技术；在考虑人自身的发展时，不仅要考虑人对自然的征服能力，而且更要重视人与自然和谐相处的能力，促进人的全面发展。

4. 新的生产观

传统工业经济的生产观念是最大限度地开发利用自然资源，最大限度地创造社会财富，最大限度地获取利润。而资源循环经济的生产观念是要充分考虑自然生态系统的承载能力，尽可能地节约自然资源，不断提高自然资源的利用效率，循环使用资源，创造良好的社会财富。在生产过程中，资源循环经济观要求遵循"5R"原则，同时，在生产中还要求尽可能地利用可循环再生的资源替代不可再生资源，如利用太阳能、风能和农家肥等，使生产合理地依托在自然生态循环之上；尽可能地利用高科技；尽可能地以知识投入来替代物质投入，以达到经济、社会与生态的和谐统一，使人类在良好的环境中生产生活。

5. 新的消费观

资源循环经济观要求走出传统工业经济"拼命生产、拼命消费"的误区，提倡物质的适度消费、层次消费，建立可持续的绿色消费体系。在消费的同时就考虑到废弃物的资源化，建立循环生产和消费的观念。同时，资源循环经济观要求通过税收和行政等手段，限制以不可再生资源为原料的一次性产品的生产与消费，如宾馆的一次性用品、餐馆的一次性餐具和豪华包装等。

(二) 资源循环利用的内容

资源循环利用的根本目的是要求在经济流程中尽可能减少资源投入，并且系统地避免和减少废物，推进废弃物再生利用，坚持"减量化（Reduce）、再利用（Reuse）、再循环（Recycle）、再生性（Repreduce）、替代性（Replace）"的"5R"基本原则，主要包括以下四个层次的内容。

1. 实施绿色设计

绿色设计是按照产品生命周期的理念，贯穿"5R"原则，在产品设计开发阶段系统考虑原材料选用、生产、销售、使用、回收和处理等各环节对资源环境造成的影响，力求产品在全生命周期中最大限度地降低资源消耗、尽可能少用或不用含有有毒有害物质的原材料，减少污染物产生和排放，从而实现环境保护[①]。绿色设计包含了各种设计领域，凡是建立在对地球生态与人类生存环境高度关怀的认识基础上，一切有利于社会可持续发展，有利于人类乃至生物生存环境健康发展的设计，都属于绿色设计的范畴。要求设计师在考虑产品基本功能属性的同时，还要预先考虑防止产品及工艺对环境造成负面影响。

2. 鼓励物质资源的再利用

物质资源在其开发、利用的整个生命周期内贯穿"减量化、再利用、

---

① 李博洋. 工业产品绿色设计发展现状及展望 [J]. 中国国情国力, 2020 (02)：36 - 38.

再循环、再生性、替代性"的理念，即在资源开发阶段考虑合理开发和资源的多级重复利用；在产品和生产工艺设计阶段考虑面向产品的再利用和再循环的设计思想；在生产工艺体系设计中考虑资源的多级利用、生产工艺的集成化标准化设计思想；生产过程、产品运输及销售阶段考虑过程集成化和废物的再利用；在流通和消费阶段考虑延长产品使用寿命和实现资源的多次利用；在生命周期末端阶段考虑资源的重复利用和废物的再回收、再循环。

3. 倡导机械产品的再制造

再制造就是让旧的机器设备重新焕发生命活力的过程，它以旧的机器设备为毛坯，采用专门的工艺和技术，在原有制造的基础上进行一次新的制造，而且重新制造出来的产品无论性能还是质量都不亚于原先的新品。随着资源枯竭、环境恶化，近年来一种产品→废弃→再制造产品的新型制造业迅速崛起，并以极大的价格、质量、环境优势取代传统的制造业。

4. 推行生态环境资源的再开发利用和循环利用

再开发利用和循环利用即环境中可再生资源的再生产和再利用，空间、环境资源的再修复、再利用和循环利用。

二　资源循环利用形势

如何处理好经济发展与环境保护的关系，实现两者的良性互动，是当前人类面临的现实课题，需要寻找两者之间的契合点，以资源循环的经济发展模式，走综合利用道路，才能有效解决资源与环境的矛盾。

（一）资源利用行业是新的经济增长点

在自然资源逐渐枯竭的今天，城市矿产社会存量正以废弃物形态不断增加，城市将是未来最大的资源集中地。经过工业革命以来300多年的开采和利用，全球80%可工业化利用的矿产资源已经从地下转移到地上，以垃圾的形式堆积在我们周围，总量已达数千亿吨，并以每年100亿吨以上的速度增长。城市矿产可以为工业生产提供替代原生资源的再生原料，也可直接为社会生活提供再生产品。

据统计，2018 年，我国废钢铁等十大类别的再生资源回收总量为 3.20 亿吨，具体资源产量与回收情况如表 3－3 所示。

表 3－3　2018 年我国主要再生资源类别生产和回收利用情况

资源类别	产品产量	回收量（万吨）	回收总值（亿元）
废钢铁	92800 万吨	21277	3925.4
废有色金属	5702.7 万吨	1110	2197.8
废塑料	6042 万吨	1830	1189.5
废纸	10435 万吨	4964	970.2
废轮胎	8.16 亿条	512	74.8
废电子产品	—	380	133.0
废旧纺织品	5460 万吨	380	15.9
报废汽车	5588.98 万辆	478.79	119.5
废玻璃	8.7 亿重量箱	1040	36.4
废电池	572 亿只	18.9	42.1

由表 3－3 可见，大量的自然矿产资源以商品的形式存在于社会生活中，但废弃后仅有部分得到有效的回收利用，其经济效益极其可观。再生资源利用行业可以将废弃物转换为资源并重新赋予其经济属性，并创造大量的就业空间，已成为许多发达国家的朝阳产业。"城市矿产"变废为宝，有效替代原生矿，减少能源消耗，将是人类获取战略资源的重要途径。

（二）资源循环化利用是解决资源短缺的现实选择

垃圾其实是放错地方的资源，垃圾资源化已成为全球资源管理的趋势。能源如石油、天然气一旦被使用，就转变为能量，不能被回收再利用，而大量的资源与产品，在废弃后能够保持其物理和化学属性基本不变，在一定条件下可以回收再利用。为解决经济发展所面临的资源与环境问题，人们将目光投向了废弃物。废弃物如果能够得以充分利用，可有效缓解资源短缺问题，同时又是治理环境污染最有效的途径。有关研究表明，每吨有机垃圾，可产出 300 公斤有机肥；每利用 1 吨废钢，可炼钢 0.85 吨，节约铁矿石约 2 吨，节约标准煤 0.4 吨，减少废渣 1.2 吨；每利用 1 吨废纸，可产纸 0.8 吨，节约木材 3 立方米，节约标准煤 1.2 吨，减排废水 40 立方米。可见，建立完整的物质循环链条可以在很大程度上节约资源，填平"物质裂缝"。

以我国上海为例，上海每日产生的建筑垃圾有 15.2 万吨，工业垃圾 5.27 万吨，生活垃圾 2.4 万吨，餐厨垃圾 0.12 万吨，积年累月，数量十分庞大。事实上，建筑垃圾可以就地分选破碎，作为建筑骨料参与下一轮的建设或者用于道路铺设。工业垃圾可以循环利用，作为其他产业生产的原材料。餐厨垃圾可以用于堆肥，生产生物柴油以缓解能源紧张问题。生活垃圾来源复杂且分散，但是经过分类后，大型家电可以拆解后再利用，玻璃、废金属、废塑料等可以再造颗粒送回原厂进行再生产，废纸等垃圾由于燃烧热值很高，可以用于焚烧发电，解决用电紧张问题。因此，垃圾资源化利用有利于促使物质的多重属性得到充分开发，是实现物质变换、解决环境问题的重要方式，是实现经济社会可持续发展和自然生态协调发展的有效途径。

（三）资源循环化利用面临的现实困境

尽管资源循环利用的价值人所共知，但在现实运行过程中依然面临许多困境。

1. 居民分类投放效果不理想

在垃圾分类的现实中，难以调动老百姓的积极性，让百姓真正"动起来"参与分类。一是由于垃圾回收设施分类过于简单，很难引导人们去完全分清垃圾可回收的种类，垃圾分类带来麻烦；二是居民垃圾分类知识比较缺乏，这是制约垃圾分类回收的重要因素之一。

2. 资源利用率低，低价值品种回收率低

由于市场、政策及习惯等方面的影响，资源回收利用尤其是固体废弃

物的利用仍然偏低。以我国为例，国家统计局统计数据显示，2017 年中国一般工业固体废物产生量为 33.16 亿吨，综合利用量为 18.12 亿吨，综合利用率仅为 54.64%；危险废物产生量为 6936.89 万吨，其中综合利用量为 4043.42 万吨，综合利用率只有 58.29%。工业尾矿年均产生 10 亿吨左右，综合利用率不足 30%，而赤泥、碱渣、磷石膏、重金属尾矿等历史堆存量居高不下。另外，废玻璃、废电池、废节能灯、废纺织品等品种，受回收成本高、利用价值较低和利用水平有限等因素影响，经济效益较差，回收率更低，不超过 20%，个别品种甚至随生活垃圾丢弃，对生态环境造成影响。

3. 再生利用技术水平不足

随着 200 多年的工业化发展及经济的快速增长，人类社会（尤其是城市）积累了大量的废弃物，目前的技术水平还不足以应对。以我国为例，面临固废存量及增量巨大，多种无机、有机组分高度复合，高效分离手段缺乏，技术装备适应性差，资源化产品品质低端等诸多难题。如生活垃圾焚烧技术，虽然目前已经较为成熟，但由于过程控制技术和尾气治理措施不完善，容易产生二噁英污染等问题，造成"邻避现象"时有发生。从行业规范化程度来说，再生资源回收以社会化个体回收为主，具有一定规模的企业回收量仅占回收总量的 10%～20%。行业小、散、差的特点明显，回收主体组织化程度低，市场竞争力差，管理工作难度大。标准化、规范化的运作流程尚未形成，回收、运输、储存、利用各环节协作配套不够。

4. 市场化条件不完善

尽管固废资源化市场取得了较大发展，但市场条件依然不完善。从我国的现实看，主要表现在四个方面：一是由于资源化产品质量标准和认证体系不完善，固废资源化产品市场接受度不高；二是固废资源化经济效益不稳定，在大宗商品价格波动的情况下，容易受到原生资源价格波动的影响；三是固废资源化产品与原生产品比价关系不合理，固废资源化成本较高，在竞争中往往处于劣势；四是企业用地空间不足，无存储、分拣加工场地成为制约再生资源回收体系建设的阻碍。上述原因导致了资源化市场长期发展缓慢，成为困扰社会的环境治理难题。

5. 政策支持不稳定

固废资源化利用是典型的经济效益不突出，资源效益、环境效益和社会效益十分突出的行业，需要政府综合平衡企业的经济效益与社会效益、环境效益，加大扶持力度。废弃物资源化激励政策不稳定，直接影响企业预期和投入，不利于构建完善的资源化利用体系。以我国的再生资源回收利用税收政策为例，从 1995 年开始，我国对再生资源回收经营实行增值税先征后返 70% 的政策，自 2001 年实行再生资源回收经营免征增值税，加工利用环节凭废旧物资购买发票享受增值税 10% 进项抵扣政策，2010 年后又改为先征后返和有条件即征即退，政策变化频繁，到目前为止还没有相对稳定的积极政策来激励再生资源回收行业的发展。

三 资源循环利用的实现路径

需要从发展绿色创新经济的角度出发，对资源循环利用产业进行系统布局。资源循环利用产业应以促进资源持续利用、维护美好生态环境为目标，着眼于国际资源大循环，服务于现代经济体系建设，为建立绿色、低碳、循环的经济社会运行方式发挥作用。资源循环产业服务于全社会的资源节约与环境友好目标，应提高对废弃物收运、分拣、加工、处置整个流程的清洁化程度，提高资源利用效率、废弃物处置水平，减少对生态环境的影响。资源循环利用产业应广泛吸收其他领域的先进科技、优秀人才，借鉴先进的商业模式，用创新理念、创新模式和创新技术来重塑产业体系，提高产业体系的现代化水平。资源循环产业还应与生态设计、绿色制造、环境保护、生态修复等领域加快融合、相互促进，更好地推进绿色创新经济的发展。

（一）资源循环利用的基本思路

1. 完善顶层设计

从资源循环规模、去向、强度、国际分工、进出约束等方面进行科学规划，涉及战略重要物资的国际循环，要加强政策设计和指导。明确资源循环利用是国家资源战略的重要组成部分，强化资源循环利用对于资源利用体系的重要作用，将其纳入资源保护、开发、利用等相关规划、计划中，对资源循环利用水平及发展趋势进行科学计算和预测。从中央政府到地方形成促进资源循环产业发展的制度体系，并落实到城乡规划、环境治理、垃圾处理、新型城镇建设中。发挥政府在产业发展方向上的引导作用。加快促进资源循环利用产业发展的规划、标准、管理办法、指导原则等的出台，从制度体系上保障资源循环利用产业与国家发展战略相一致，与国家鼓励的技术经济创新方向相结合，为资源循环利用产业运行提供法律依据。

2. 加强政策创新

由于资源循环利用产业多面对的是废弃物，其加工处理技术较为复杂，相关标准也处于空白、欠缺和分散的状态，资源循环利用领域尚未形成系统的标准体系，在工厂建设、生产加工、现场管理、贸易结算等方面也多是借鉴其他领域的同类标准，没有形成符合产业自身发展要求的标准体系。应针对资源循环的全流程、全体系，建立符合产业发展实际、与其他标准相衔接、对产业发展有规范指导作用的标准体系，加强对标准执行贯彻的管理。

3. 促进技术创新

充分发挥市场机制的作用，把握产业运行规律，促进产业升级。对于具有示范引领作用的资源循环利用中的新产品、新技术、新工艺，国家对知识产权应予以保护，保证创新主体的利益。对于资源循环利用产业升级发展过程中的关键共性技术，要发挥多元主体的创新能力，将创新成果应用于实践。鼓励资源循环利用企业创新运行模式，支持龙头企业引领产业发展，在发展中解决产业遇到的难题，提升产业的层次。在条件成熟的地区，建立资源循环利用产业示范工程项目，将成功经验、创新模式、先进理念等进行推广示范。

(二) 资源循环利用的组织形式

从资源流动的组织层面来看，资源循环利用可以从企业、生产基地等经济实体内部的小循环，产业集中区域内企业之间、产业之间的中循环，产城融合背景下生产、生活领域的整个社会大循环三个层面来展开。

1. 循环型企业建设

以企业内部的物质循环为基础，构筑企业、生产基地等经济实体内部的小循环。企业、生产基地等经济实体是经济发展的微观主体，是经济活动的最小细胞。依靠科技进步，充分发挥企业的能动性和创造性，以提高资源能源的利用效率、减少废物排放为主要目的，构建循环经济微观建设体系。循环型企业的构建体现出"从摇篮到摇篮"的循环经济理念，即从生态设计、绿色采购、清洁生产、绿色包装到废料循环利用、产品回收和再制造。

2. 循环产业园区建设

循环产业园区是指依据循环经济理论而设计，通过模拟自然生态系统"生产者－消费者－分解者"的循环途径改造产业系统，建立产业系统的"生态链"而形成产业共生网络，以实现园区成员之间的副产物和废物的交换，能量和废水的梯级利用，基础设施和信息资源、园区管理系统的共享，从而建立园区经济效益和环境方面协调发展的可持续的经济系统。循环产业园区是由若干企业组成的生产群落，企业之间通过对能源、水、材料等环境资源的综合管理与合作促进环境效益和经济效益及社会效益的多赢，这类方法包括对园区内的基础设施和园区企业的绿色设计、清洁生产、污染预防、能源有效使用及企业内部合作。循环产业园区也为相邻社区寻求利益，以确保发展的最终结果是积极的。循环产业园区的具体对象不只涉及工业企业，还包括区域内农业、服务业、居民及基础设施等一切自然和人文的生态资源。园区所关注的是企业与周围环境的一体化，是整个区域资源的整合和优化配置，是园区及整个区域的可持续发展。因此，循环产业园区理念的应用领域包括工业园区、农业园区、旅游园区、生态示范区等各种形态园区，其理念还可以应用于大型联合企业和产业较为集中的村落、小城镇、县域、城市的郊区以及绿色社区的发展中。

3. 循环型社会建设

以整个社会的物质循环为着眼点，构筑包括生产、生活领域在内的整个社会的大循环。需要统筹城乡发展，统筹生产生活，通过建立城镇与城乡之间、人类社会与自然环境之间的循环经济圈，在整个社会内部建立起生产与消费的物质能量大循环，包括生产、消费和回收利用，构筑符合循环经济的社会体系，建设资源节约型、环境友好型的社会，实现经济效益、社会效益和生态效益的最大化。建立循环型社会，形成物质资源的良性循环，从根本上解决环境与发展的长期矛盾，已经成为追求与自然和谐统一、实现发展经济不以破坏后代人赖以生存的环境为代价的一条颇为引人注目的可持续发展之路。

（三）资源循环利用的路径

从资源循环利用的技术层面来看，主要是通过构筑资源循环利用产业链、建立起生产和生活中可再生资源的循环利用通道，达到资源有效利用的目的，减少向自然资源的索取。

1. 工业领域推进再制造产业的发展

再制造工程是一个统筹考虑产品零部件全生命周期管理的系统工程，通过在新产品上重新使用经过再制造的旧部件，以及在产品的长期使用过程中对部件的性能、可靠性和寿命等通过再制造加以恢复和提高，从而使产品或设备在对环境污染最小、资源利用率最高、投入费用最小的情况下重新达到最佳的性能要求，以产品全寿命周期理论为指导，以实现废旧产品性能提升为目标。再制造在欧美发达国家已发展 50 多年，2005 年全球再制造业产值已超过 1000 亿美元；美国的再制造产业规模最大，达到 750 亿美元，再制造产业产值和利润都已经超过钢铁行业。近年来，日本加强了对工程机械的再制造，至 2008 年，在再制造的工程机械中，58%的由日本国内用户使用，34%的出口到国外，其余的 8%拆解后作为配件出售。

至 2004 年，德国大众汽车公司已再制造汽车发动机 748 万台、变速器 240
万台，公司销售的再制造发动机及其配件和新机的比例可达到 9：1。2010
年 5 月，国家发展和改革委员会等 11 个部门联合发布《关于推进再制造产
业发展的意见》，明确将以汽车发动机、变速箱、发电机等零部件再制造
为重点，把汽车零部件再制造试点范围扩大到传动轴、机油泵、水泵等部
件；同时，推动工程机械、机床等再制造，大型废旧轮胎翻新。

2. 农业领域推进生态循环农业建设

生态循环农业是把循环经济的理念应用于农业生产，将种植业、畜牧
业、渔业等与加工业有机联系起来，充分利用微生物科技在农、林、牧、
副、渔多模块间形成整体生态链的良性循环，从而在农业生产过程和产品
生命周期中减少资源的投入量和废物的排放量，拉长价值链条，延伸农业
产业链，实现资源利用节约化、生产过程清洁化、产业链接循环化、废弃
物处理资源化，建立一种以农副产品多级闭合循环利用的现代化农业发展
类型，形成一种新型的多层次循环农业生态系统。

3. 生活领域固体废物分类收集及回收利用

生活垃圾作为城市代谢的产物一直是城市发展的负担；随着社会经济
的发展、人口的增加和居民生活水平的提高，垃圾产生量不断增长。据统
计，我国 2017 年生活垃圾清运量为 2.15 亿吨，是 2000 年的 1.82 倍；而
我国 2017 年城市 99.5% 的生活垃圾只能填埋或焚烧，资源利用率最高的
方式也只有 55%，致使生活垃圾这样一种最具开发潜力、永不枯竭的"城
市矿藏"没有充分发挥资源的效用。垃圾分类投放、收集、转运以及处理
处置四者是有机统一的整体，是生活垃圾"三化"的重要体现，也是解决
垃圾围城问题的关键。调动全社会力量积极参与垃圾分类，尤其是借助信
息化、智能化等新技术、新方式推动生活垃圾"三化四分"处理，已经成
为国际生活垃圾处理处置的新趋势。

4. 推进再生资源循环利用线上交易平台及体系建设

废旧物资总量与剩余量价值巨大，发展前景可观，亟须指导资源循环
型产业利用物联网、大数据开展信息采集、数据分析、流向监测，推广

"互联网＋回收"新模式。线下可与电商、物流业相结合建立逆向物流回收体系，线上助推互联网、电子信息等企业积极参与城市、乡村、居民区及各类产业园区再生资源回收平台建设，带动现有废弃物回收利用交易市场由单一线下运营向线上线下结合运营转型升级，逐步形成区域性、行业性的废弃物和再生资源在线交易体系。在线平台中，要重点推动公开产品全生命周期信息、企业基础信息、在线竞价信息、价格交易指数信息等，通过网络数据的互通共享来完善企业信用评价和供应链融资体系，保证再生资源供给能力的稳定性，实现回收行业利用信息技术从松散粗放型向集约型、规模型、产业型、效益型方向转变。

5. 推行绿色供应链管理

在当前全球经济一体化、环境问题全球化的大背景下，绿色供应链作为解决供应链企业污染的有效手段逐步进入人们的视野。绿色供应链旨在通过政府、企业和公众的采购与消费力量，形成市场机制的杠杆效应，推动供应链企业减少环境污染，提高能效，提高整个供应链体系环境治理效率，促进整个产业链条的绿色升级。这种创新的环境管理手段通过市场的力量，形成激励和倡导型的措施，鼓励供应链上的相关企业进行绿色改革。通过建立绿色财税金融支持体系，推行绿色产品政府采购，引导企业和公众绿色消费，培育绿色消费文化。

第四节　产业发展的低碳化

产业低碳化发展的一个重要现实背景就是人类大量消耗化石能源，大量排放二氧化碳等温室气体，从而引发了全球气候变化问题，进一步加剧了生态稀缺性，这源自人类对经济系统与生态环境系统之间关系的认识存在误区。走向低碳化时代是大势所趋，一直以来，人类对碳基能源的依赖，导致 CO_2 排放过度，带来温室效应，对全球环境、经济，乃至人类社会都产生了巨大影响，严重危及人类生存。解决全球气候和环境问题，低碳化是一条根本途径，也是人类发展的必由之路。如何采用低碳的方式实现自然资本向人造资本的转化成为经济高质量、绿色创新发展的核心。在可持续发展理念指导下，产业低碳化应立足于传统高碳能源的低碳化利用、低碳能源的创新利用，从对孤立、内部的产业系统的关注，拓展到以环境、经济大系统为出发点的大系统观念，通过技术创新、制度创新、产业转型、新能源开发等多种手段，促进能量和物质在环境、经济大系统内实现高效循环和流动，尽可能地减少煤炭、石油等高碳能源消耗，减少温室气体排放，实现产业高质量发展与生态环境保护双赢。

一　产业低碳化的内涵

在历史发展进程中，人类文明先后经历了三次浪潮，每次浪潮都有不同的内涵和特点。第一次浪潮是农业文明，实现人类农耕文明的兴起，带动农业的辉煌发展；第二次浪潮是工业文明，由农业文明向工业文明转变，带来工业化的经济飞速发展；第三次浪潮是信息化，引领信息改革，全球进入知识经济时代。随着全球能源紧缺和气候变化问题的日趋严峻，以及全球金融危机对世界经济结构的深刻影响，以传统化石能源为主要驱动力的高碳型产业发展模式终将为低能耗、低排放、低污染的低碳型产业发展模式所取代，这必然会带来传统产业的变革以及新兴产业的兴盛。继工业化、信息化浪潮之后，人类将迎来第四次浪潮，即低碳化浪潮，以低碳为导向的产业和技术将成为世界经济的重要推动力和新的增长点。

对于产业低碳化的概念目前还没有统一的认识，产业低碳化作为一种新型产业发展模式，其关注点不仅在于减少产业对能源资源的消耗、对生态环境的影响，而且也着眼于整个产业发展的高效性和可持续性。据此，产业低碳化大体包括四个方面的内容：产业低碳化的核心在于产业结构和能源结构的低碳化；产业低碳化的重点在于实现工业的低碳化；产业低碳化的关键在于低碳技术的研发和应用程度以及相关制度设计；产业低碳化的目标在于提高产业的环境全要素生产率，实现产业发展与能源、环境和谐发展，实现节能减排以及减缓气候变化的目标。低碳化是一项系统工程，必须从经济和社会的整体出发，构建低碳化发展新体系。

（一） 能源低碳化

能源低碳化就是要发展对环境、气候影响较小的低碳替代能源。低碳能源主要有两大类：一类是清洁能源，如核电、天然气等；另一类是可再生能源，如风能、太阳能、生物质能等。核能作为新型能源，具有高效、无污染等特点，是一种清洁优质的能源。天然气是低碳能源，燃烧后无废渣、废水产生，具有使用安全、热值高、洁净等优势。可再生能源是可以永续利用的能源资源，对环境的污染和温室气体排放远低于化石能源，甚至可以实现零排放。特别是利用风能和太阳能发电，完全没有碳排放。利用生物质能源中的秸秆燃料发电，农作物可以重新吸收碳排放，具有"碳中和"效应。开发利用可再生新能源是保护环境、应对气候变化的重要措施。

（二） 交通低碳化

目前交通领域的能源消费比 30 年前翻了一倍，其排放的污染物和温室气体占到全社会排放总量的 30%。面对不断恶化的气候和环境，交通运输领域必须转变发展方式，实施交通低碳化是必然趋势。积极发展新能源汽车是交通低碳化的重要途径。目前新能源汽车主要包括混合动力汽车、纯电动汽车、氢能和燃料电池汽车、乙醇燃料汽车、生物柴油汽车、天然气汽车、二甲醚汽车等类型。发展电气轨道交通是交通低碳化的又一重要途径。电气轨道交通是以电气为动力、以轨道为走行线路的客运交通工具，已成为理想的低碳运输方式。城市电气轨道交通分为城市电气铁道、地下铁道、单轨、导向轨、轻轨、有轨电车等多种形式。

（三） 建筑低碳化

世界各国建筑能耗中排放的 CO_2 占目前全球排放总量的 30% ~ 40%。中国作为当今世界的第一建筑业大国，十分重视推广太阳能建筑和节能建筑，正积极推动建筑低碳化进程。太阳能建筑主要是利用太阳能代替常规能源，通过太阳能热水器和光伏阳光屋顶等途径，为建筑物和居民提供采暖、热水、空调、照明、通风、动力等一系列功能。太阳能建筑的设计思想是利用太阳能实现"零能耗"，建筑物所需的全部能源供应均来自太阳能，常规能源消耗为零。绿色设计理念对太阳能建筑来说尤为重要，建筑应该从设计开始就将太阳能系统考虑为建筑不可分割的一个组成部分，将太阳能外露部件与建筑立面进行有机结合，实现太阳能与建筑材料一体化。建筑节能是在建筑规划、设计、建造和使用过程中，通过可再生能源的应用、自然通风采光的设计、新型建筑保温材料的使用、智能控制等降低建筑能源消耗，合理、有效地利用能源的活动。建筑节能要在设计上引入低碳理念，要在选用隔热保温的建筑材料、合理设计通风和采光系统、选用节能型取暖和制冷系统等方面加大改革的力度。

（四）工业低碳化

工业低碳化是建立低碳化发展体系的核心内容，是全社会循环经济发展的重点。工业低碳化主要是发展节能工业，重视绿色制造，鼓励发展循环经济。节能工业包括工业结构节能、工业技术节能和工业管理节能三个方向。通过调整产业结构，促使工业结构朝着节能降碳的方向发展。着力加强管理，提高能源利用效率，减少污染排放。主攻技术节能，研发节能材料，改造和淘汰落后产能，快速有效地实现工业节能减排目标。绿色制造是综合考虑环境影响和资源效益的现代化制造模式，其目标是使产品从设计、制造、包装、运输、使用到报废处理的整个产品生命周期中，对环境的影响最小，资源利用率最高，从而使企业经济效益和社会效益协调优化。工业低碳化必须发展循环经济。工业循环经济，一是要在生产过程中，物质和能量在各个生产企业和环节之间进行循环、多级利用，减少资源浪费，做到污染"零排放"。二是要进行"废料"的再利用。充分利用每一个生产环节的废料，把它作为下一个生产环节的或另一个部门的原料，以实现物质的循环使用和再利用。三是要使产品与服务非物质化。产品与服务的非物质化是指用同样的物质或更少的物质获得更多的产品与服务，提高资源的利用率。

（五）消费低碳化

低碳化是一种全新的经济发展模式，同时也是一种新型的生活消费方式。消费低碳化要从绿色消费、绿色包装、回收再利用三个方面进行消费引导。绿色消费也称为可持续消费，是一种以适度节制消费、避免或减少对环境的破坏、崇尚自然和保护生态等为特征的新型消费行为和过程。通过绿色消费引导，使消费者形成良好的消费习惯，接受消费低碳化，支持循环消费，倡导节约消费，实现消费方式的转型与可持续发展。绿色包装是能够循环再生再利用或者能够在自然环境中降解的适度包装。绿色包装要求包装材料和包装产品在整个生产和使用的过程中对人类和环境不产生危害，主要包括：适度包装，在不影响性能的情况下所用材料最少；易于回收和再循环；包装废弃物的处理不对环境和人类造成危害。消费环节必须注重回收利用。在消费过程中应当选用可回收、可再利用、对环境友好的产品，包括可降解塑料、再生纸以及采用循环使用零部件的机器等。对消费使用过可回收利用的产品，如汽车、家用电器等，要修旧利废，重复使用和再生利用。

二 产业低碳化的驱动力

能源价格及其供给的波动性正激励着各国更有效地利用能源，日益紧张的全球石油和天然气供给也为新技术的开发提供了足够动力。针对这一新的现实，政策制定者和企业家们开始调整在贸易、融资和生产计划方面的决策。不过真正推动这种决策调整的是对未来气候变化与能源安全的展望，这种展望关乎向低碳未来转型所带来的潜在的经济与政治利益——而不仅考虑转型的成本。

（一）避免较高的未来成本

自 IPCC 在 2007 年发布其第四次评估报告以后，全球对于人类活动和气候变化之间的联系已基本形成共识。气候变化的威胁已成为全球实现低碳转型的一个重要的政治驱动力。它所给出的证据已经表明，把全球温度升高控制在工业革命前2℃以内的水平，可以大大减少气候风险。我们目前还有很大的机会避免最严重的气候变化风险发生。IPCC第四次评估报告绘制的可选择的发展路径是全球排放最迟要在2020年前达到峰值，到2050年排放水平至少在1990年水平上减少50%，并设定雄心勃勃的中期目标。这虽然是一项艰巨的任务，但许多研究已经表明，越早采取行动越经济可行。如果到2030年把大气温室气体浓度稳定在445ppm～535ppm，宏观经济代价是GDP减少3%；如果2050年把大气温室气体浓度稳定在同样的水平，宏观经济代价将是GDP减少5%。尽管在应对气候变化问题上尚存在科学不确定风险，但气候系统有重要的自身动力。当全球温度升高2℃，气候变化的不利影响显现的时候，我们可能没有时间扭转趋势了。我们等待的时间越长，减排的成本会越高。此外，拖延行动将减少开发和采用新技术的激励，增加减排的最终成本。2014年的第五次气候变化评估报告进一步指出，虽然对减缓的成本估算各不相同，但全球经济增长不会受到很大的影响。在正常情景中，21世纪的经济增长率为1.6%～3%。大刀阔斧地减排也只会将其减低约0.06个百分点。

《斯特恩报告》估计，可避免的、由不作为而产生的减排成本占每年GDP的5%～20%。如果一切照旧，那么预计到21世纪末气温将急剧升高4℃～7℃。由于气候敏感度问题比先前预计得严重，决策者们应担负起制定风险管理政策的责任，尽可能将温度升高控制在2℃范围内。换言之，全球二氧化碳排放量要在今后20年内达到峰值，到2050年减少50%以上。2015年联合国通过的《巴黎协定》指出，各方将加强对气候变化威胁的全球应对，把全球平均气温较工业化前水平升高控制在2℃之内，并为把升温控制在1.5℃之内努力。只有全球尽快实现温室气体排放达到峰值，21世纪下半叶实现温室气体净零排放，才能降低气候变化给地球带来的生态风险以及给人类带来的生存危机。

（二） 避免锁定在碳密集型投资中

锁定效应是指基础设施、机器设备及个人大件耐用消费品等，其使用年限都在 15 年乃至 50 年以上，其间不大可能轻易废弃，即技术与投资都会被"锁定"。换句话说，锁定效应就是事物的发展过程对初始路径和规则选择的依赖性，一旦选择了某种道路就很难改弦易辙，以致在演进过程中进入一种类似于"锁定"的状态。

碳排放的继续增长意味着为了稳定全球气温需要更大幅度减排。有研究表明，如果全球排放推迟 10 年达到高峰，那么每年所需要的最大减排率将翻倍，即超过 5%，相对于立即采取行动，将导致更高的成本，因为现存的基础设施和设备需要在其经济生命周期前淘汰。另据《2019 年全球可持续发展报告》，如果立即采取行动，2015~2050 年，建筑行业将有 5 万亿美元固定资产提前淘汰，而在其上游行业、相关工业及能源行业中分别有 4 万亿美元和 1 万亿美元提前被淘汰。为了避免被锁定在碳密集投资中，需要尽早采取行动以确保以经济最优的方式过渡到低碳未来。

当前，我国经济正好进入一个高能源消耗、高能源强度的阶段。如果没有发生重大的技术革命，我们可能会面对一个所谓"锁定效应"问题。以电力部门为例，在今后 25 年，全球能源供应的基础设施建设需要投资约 22 万亿美元，仅中国便需要 3.7 万亿美元。中国的电力部门对煤的依赖程度很高，扩建速度很快。估计到 2030 年，将新增发电能力 126 万兆瓦的发电站，其中 70% 为燃煤电站。在积极发展电力的过程中，如果未能避免传统燃煤发电技术的弊端，则这些电站 50 年后还会像现在这样较多地排放碳。用传统技术建设这些发电装置会大大增加减排压力，同时也加大了将来转换到低碳能源的成本，即未来几十年中国排放的状况将不可避免地在最近几年内被锁定。

（三） 确保能源安全

日趋紧张的供需形势、不断攀升的国际油价、对能源产地和运输通道的战略竞争，以及与能源相关的污染与排放等问题使能源安全成为全球性重要议题。从历史来看，1973 年第一次石油危机曾触发了第二次世界大战后最严重的全球经济危机，在这场危机中，美国的工业生产下降了 14%，日本的工业生产下降了 20% 以上。1978 年第二次石油危机也成为 20 世纪70 年代末西方经济全面衰退的一个主要诱因。在可以预见的将来，能源安全问题将进一步成为世界经济发展的瓶颈。

在全球层面，还没有信息表明近期能源需求将减少。国际能源署（IEA）发布的《世界能源展望 2018》显示，收入增加和主要集中于发展中经济体城区的 17 亿新增人口，将带动全球能源需求至 2040 年增长超过1/4。在全球油气资源供给日益紧张且全球能源地理分布相对集中的大前提下，受到国际局势变化和重要地区政局动荡等地缘政治因素的影响，国际市场的不稳定性增加，油气供给和价格波动的风险显著上升。对油气燃料的依赖和需求增长将导致能源价格，特别是石油价格的走高，引发对石油资源的争夺，中东和非洲等资源丰富地区则成为政治动荡之地。

从目前全球能源供应和消费的发展趋势看，具有明显的不可持续性。为防止全球气候产生灾难性的和不可逆转的破坏，最终需要对能源进行去碳化，为此需要国家和地方政府采取强有力的措施，以及通过参与国际协调机制来实现。正如国际能源署所指出的，当前世界能源体系正面临着实现向低碳、高效、环保的能源供应体系的转变，能否成功解决这个问题，将决定未来人类社会的繁荣能否延续，可以说现在急需一场能源革命。

三　产业低碳化路径

（一）建立以低碳排放为特征的产业体系

产业低碳化是在化石能源渐趋枯竭和全球气候变化的大背景下提出的实现经济与生态环境相协调的产业发展新模式，其手段是通过技术创新和制度创新实现化石能源的高效利用及可再生能源和核能的推广应用，目标是建立以低碳排放为特征的产业体系，从而降低产业发展对化石能源的依赖程度，促进能源利用的减量化与清洁化，减少以二氧化碳为主的温室气体排放量。

在实践中，以低碳排放为特征的产业体系包含的范围很广，几乎涵盖了所有能够利用低碳技术进行低碳化生产和服务的行业。从产业转型的角度讲，主要包括原有产业的低碳化转型和新兴低碳产业的建立，即一方面通过对原有技术和设备的改进以提升能源的利用效率（主要涉及工业生产部门），另一方面通过应用新型技术，发展能源耗费低、环境污染小、经济效益高的新兴产业。从产业体系的角度来说，符合低碳发展要求的产业大致涉及四个领域：一是节能和减排产业，主要通过技术、制度、管理等方面的改进和创新，提升能源利用效率，从而降低生产和消费的碳排放，如火电减排、工业节能、智能电网、建筑节能、绿色物流、家电节能、资源回收等产业；二是传统化石能源的低碳化利用产业，如清洁煤、煤气液化燃料、碳收集、碳储存等产业；三是清洁能源产业，主要包括风能、太阳能、水电、地热能、海洋能、生物质能等可再生能源以及核电等清洁能源的开发利用；四是发展相对低碳的第三产业，特别是围绕碳排放权交易市场所催生出的金融服务产业，主要包括碳指标交易、碳期权期货、碳证券、碳基金、企业碳管理咨询服务等相关产业。

（二）建立支撑产业低碳化的创新体系

产业低碳化作为一种新的发展模式，本身是一种产业创新。在其发展过程中，无论理念的诞生和发展，还是理论的探索与实践，都离不开创新。可以说，建立以低碳为导向的产业创新体系，是促进产业低碳化发展的核心动力。根据产业低碳化的发展特征，可将产业低碳化创新体系定义为：以产业低碳化创新的观念系统（生产理念转变、消费理念转变、社会低碳文化）、技术系统（低碳技术识别、低碳技术研发、低碳技术扩散、低碳技术管理）、制度系统（低碳价格制度、低碳法律制度、低碳投融资制度、低碳技术管理制度）、组织系统（政府宏观调控、产学研联盟、中介服务机构）为四个创新子系统，以提升整个产业体系的创新能力和核心竞争力为导向，由政府部门、企业、科研机构以及中介服务机构等各主体通过附加值生产链互相联系所形成的动态网络体系。通过构建产业低碳化创新体系，可建立起支撑产业低碳化发展的技术体系、制度环境以及组织平台。

（三）建立和完善产业低碳化转型的评价体系

完善的评价体系是实现产业低碳化转型的重要保障，可以从结构、效率、规模、管理等四方面进行考察和评价。一是"结构"的低碳化调整，涉及产业结构和能源结构两方面。产业结构的有序演进和良好发育是实现国家或地区节能减排的最基本途径，能源结构的低碳化调整有助于从根本上推动产业低碳化发展。主要指标包括：第三产业增加值占 GDP 比重、现代服务业增加值占第三产业增加值比重、高能耗行业（石化、冶金、火电等）产值占工业总产值比重、新能源产业产值占工业总产值比重、高能耗行业（石化、冶金、火电等）能源消耗量占工业部门能源消耗总量的比重、煤炭占工业一次能源消费的比重、清洁能源占工业一次能源消费的比重等。二是改善能源利用效率。产业低碳化发展中改善能源的主要衡量指标包括：万元工业生产总值能耗、万元工业增加值能耗、重点耗能行业万元增加值能耗、关键产品单位能耗指标、万元 GDP 的 CO_2 排放量等。三是能源消费和 CO_2 排放的规模限制，即通过限制高耗能、高排放产业的发展规模，降低产业部门的能源消费量，实现对产业碳排放的总量控制。主要指标包括：产业部门能源消费量、产业部门 CO_2 排放量、高耗能行业产品（钢铁、乙烯、水泥等）生产规模、高耗能行业（石化、冶金、火电等）能源消费量、高耗能行业 CO_2 排放量等。四是建立完善低碳化的产业管理体系。主要指标包括：推行能源审计企业比例、实行合同能源管理企业比例、工业企业通过清洁生产审核比例、建立碳资产管理体系企业的比例等。其中，碳资产管理体系包括企业碳足迹评估、碳减排战略制定、碳会计、碳信息披露、碳交易等一系列促进企业在低碳时代规避风险、提高竞争力的措施。

四　产业低碳化的市场机制

产业低碳化需要充分发挥市场机制的作用，碳市场机制应运而生。碳市场的全称是碳排放权交易机制，是减缓气候变化政策工具中的一种，属于市场性政策工具。碳市场的主要特点包括：减排成本相对有效、减排效果相对确定以及较强的政治可行性等。碳市场与一般的商品市场并无本质上的差别。在商品市场中，买卖双方交易的是产品或者是服务，而碳市场中买卖双方的交易标的物为碳排放配额。在一个完善的碳市场中，碳排放配额是一种稀缺资源，是指在管理部门的监管下，一个生产主体能够享有的量化碳排放权。

（一）碳配额总量

整个地球环境能够容纳的碳排放是有限的，现有的碳汇能够代谢排放的能力也是有限的，因此，每一年一个国家或者地区可以排放的碳总量也是有限的。一国或地区的年排放总量可以简单用各部门年排放量之和来计算，这些部门包括农业部门、工业部门、服务业部门、居民生活部门等。因此每个部门产生的碳排放都应该受到限制，也就是每个部门在理论上都存在一定的碳配额。

目前，并不是所有的生产和生活部门都被纳入碳配额约束管理的范围，纳入的行业部门包括能源行业、电力行业、某些制造业以及航空运营商等。在当前阶段，这些行业的碳排放最容易被计算，也最容易从科学技术角度改善生产工艺，从而降低碳排放。因此，能源行业、电力行业、某些制造业和航空运营业也是最容易通过计算来发放碳配额的行业。

农业、小商贩和居民日常生活相关的服务部门，在当前的碳排放还不好准确计算。这些领域的碳排放具有"刚性"，较难在短时间内通过技术变革达到减少排放的目标。这些部门目前还难以被纳入统一管理发放碳配额的范围。

碳配额总量目标的确定一般有两种方式——"自上而下"和"自下而

上"。"自上而下"方式是指政府根据预期经济增长速度和碳排放强度下降目标，来确定未来一段时间内受约束部门的年碳排放总量目标，"自下而上"方式是指每个企业根据自身所处的行业类型，通过计算得出自身生产所需要的排放配额。无论哪种方式，同一行业企业排放配额总和应小于政府总量目标中该行业所分配到的排放配额总量。

（二）碳市场的主要参与者

碳市场的主要参与者也与一般的商品市场相似，分为碳配额的买方与卖方。在一个碳市场上，交易双方都是受监管的企业，一方在市场上购买配额，另一方在市场上出售配额盈余。从企业角度来看，交易达成的前提是买方的减排成本和罚没成本高于其对碳配额的购买成本，同时卖方的碳配额出售收入要高于其减排成本。从整个社会来看，碳市场每笔交易的产生都推动了整个社会碳减排的进步。这种进步不仅体现在原本外部不经济的碳排放影响随着碳交易的形成而被市场"内部化"，同时还体现在促进了整个社会碳排放量的下降和技术的革新。

举例来说，假设有 A、B 两个公司，最初碳排放量都为 5 万吨，监管机构发放的碳配额都是 4.5 万吨，两个公司都面临 0.5 万吨的缺口，同时也面临是自主减排还是在碳市场购买碳配额的选择。对于 A 公司而言，0.5 万吨的碳排放的减排成本是 1.5 万元，而在市场上的购买成本则是 3 万元，毫无疑问 A 公司选择自主减排。对于 B 公司而言，减排成本 3.5 万元，高于其在市场上购买碳配额的成本 3 万元，因此 B 公司选择后者。经过决策，A 公司选择通过加装减排设备来弥补减排缺口。设备安装之后，A 公司的排放量显著下降，从最初的 5 万吨下降到 4 万吨，下降幅度为 1 万吨。除了满足监管机构对其 4.5 万吨的排放要求外，还产生了 0.5 万吨的节余碳配额，能够在碳市场上交易卖出。B 公司刚好在市场上购买了 A 公司售出的配额，付出 3 万元的购买成本，同时 A 公司也获得了 3 万元的出售收益。

整体来看，A、B 两家公司付出的成本一共是 6 万元，收益是 3 万元，社会经济的净收益是 -3 万元；两家公司的排放量一共是 9 万吨，比之前减少 1 万吨。因此社会总收益可以看作是支付了成本 3 万元，减排 1 万吨温室气体（见表 3-4）。同时，由于 A 公司安装了新的减排设备，未来 A 公司的减排量也将持续保持在较低水平，实现了社会的长期减排目标。

表 3-4　碳市场交易的运行机制示例

	A 公司	B 公司
现状	5 万吨	5 万吨
配额	4.5 万吨	4.5 万吨
缺口	0.5 万吨	0.5 万吨
方案 1：减排成本	1.5 万元√	3.5 万元
方案 2：购买成本	3 万元	3 万元√
决策	选择减排 1 万吨	选择购买 0.5 万吨
经济收益	$-1.5 \times (1/0.5) + 3 = 0$ 万元	-3 万元
最终排放量	4 万吨	5 万吨
社会总效益	减排 1 万吨，成本 3 万元	

（三）碳市场的覆盖范围

与金融市场相似，碳市场可以分为一级市场和二级市场（见图 3-7）。一级市场是政府将总量目标按照排放配额划分给企业的市场；二级市场是企业间相互交易的市场。对于碳交易体系内的所有企业，需要依靠测量、报告和核查（MRV）保障其碳排放量、交易的真实性和数据的准确性。

按照政府规定，必须被纳入碳交易体系的所有企业可以用覆盖范围来表示。覆盖的碳源对象可以从行业、气体和标的来分类。按照行业类型划分，碳交易体系的覆盖范围包括能源、电力、交通、建筑、水泥、化工、零售、金融、服务等行业部门；按照气体类型划分，覆盖范围则既包括常见的 CO_2，也包括其他温室气体，即 CH_4、HFCs、NF_3、PFCs、SF_6、N_2O 等；按照标的类型，则覆盖范围可以分为企业和设备两种。

整体来说，纳入碳排放交易体系的行业具有排放规模大、减排潜力大、监测成本低、数据可靠等特点。因此，以化石能源为主要生产原料的能源行业和制造业被优先纳入（见表3－5）。

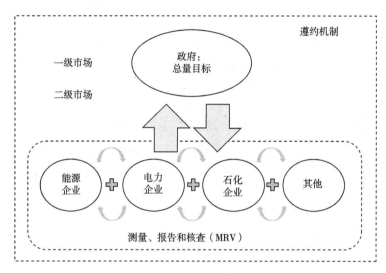

图3－7 碳市场简要示意

表3－5 不同行业部门被纳入碳排放交易体系的可能性简述

	监测成本	交易成本	参与方数量	排放相关性	纳入可能性
能源（热／电）	较低	低	较少	高（化石燃料）	高
工业	较低	低	较多	高	高
交通	较高	高	多	高	很低
居民住宅	较高	高	多	高（采暖等）	低
服务	较高	高	多	较低	低
土地利用和林业	高	高	少	分国家	低
农业	高	高	少	中等	低

（四）碳配额分配

配额分配有两种主要方式——免费分配和有偿分配。免费分配包括基准法和历史法，有偿分配包括拍卖法和定价出售。

1. 基准法

基准法是用近几年的排放数据模拟出一条企业排放的"基准线"，建立排放标准，预估年发电量、供热量后来分配配额，待履约期结束后根据实际发电量和供热量进行配额调整，多退少补的一种分配方法。基准法的适用行业一般为电力和热力行业。基准法的通用公式为：

$$企业预期配额 = 行业基准 \times 预期供热/供电数量$$

$$企业实际配额 = 企业预期配额 + 调整额$$

2. 历史法

历史法是以近几年的排放数据为基础，引入一个逐渐下降的控排系数，通过控排系数来控制企业的碳排放，以达到配额逐年下降的目标。历史法的适用行业一般是除了电力和热力以外的其他行业。历史法的通用公式为：

$$历史强度法：企业配额量 = 企业历史强度值 \times 减排系数 \times 当年企业实际产出量$$

$$历史排放法：企业配额量 = 企业历史排放均值 \times 减排系数$$

3. 拍卖法

拍卖法是碳排放权有偿分配的主要方式，与普通拍卖相似，碳交易体系下的拍卖也会有竞拍底价，买方与卖方根据自身实际情况考虑是否参与拍卖。拍卖法是市场自由和有效程度的体现。在我国的7个碳市场试点地区中，广东省强制要求企业购买一定数量的有偿配额，否则免费配额不允许流通并用于上缴，在竞拍资格上没有限制；深圳允许企业根据配额宽松情况自行决定是否参加拍卖，但竞拍参与人仅限超排单位，竞买数量为超排部分的15%。

4. 定价出售

定价出售又称为固定价格法，是指对单位碳排放设定一个固定价格，市场参与主体依据自己买进或卖出的碳排放量来支付或收取相应额度的款项，从而获得或给予一定的碳配额。采用固定价格来分配碳配额的市场较少，最初是由澳大利亚推广使用的。

比较免费分配和有偿分配两种方法，各自具有不同的特点和优势。在碳市场建立初期，免费分配方法更加适于市场管理，在经过一段时间发展后，有偿分配则更适合于发展已经较为成熟的市场运营。这是由于免费分配的方法是将配额免费发放给纳入企业，这种配额决策机制决定了当下的市场效率较为低下，容易发生信息不对称和供需失衡的问题，还容易发生碳泄漏；同时，由于需要政府的深入参与，行政力量在市场中发挥重要作用，对先期减排的企业具有明显的激励效应。以市场价格自由出售配额的有偿分配方法，既需要高效市场的支撑，也是高效市场的一种表现，政府在市场中的角色由配额控制者转向监管者；同时在市场中，一方面价格变动会对企业参与交易的积极性产生明显影响，另一方面出售配额所产生的收入可以用来补贴受碳交易影响的企业和个人。当前，我国碳交易机制仍处于建立初期，以免费发放为主，包括欧盟、美国的碳交易机制在内的国际碳交易机制已经相对成熟，以有偿分配为主。绝大多数市场交易机制都会逐渐由政府配给转向自由市场，碳市场的未来也不例外。

（五）国内外碳市场应用实践

为应对气候变化，降低碳排放，欧盟、美国、澳大利亚、韩国、日本等国纷纷采取了较为有效的系统性解决方案，既包括标准、许可证等在内的行政性政策工具，也包括碳税、补贴和碳交易等在内的市场性政策工具。截至 2019 年，国际上已经建立了多个较为成熟的碳排放权交易市场。

欧盟一直致力于在不断提出新的温室气体减排目标的同时，通过创建和运用碳交易机制，来帮助成员国履行减少碳排放的承诺和目标。欧盟排放权交易机制自 2005 年启动，2008 年正式运行，基于总量控制－交易模式，覆盖了 31 个国家和地区（包括 27 个欧盟成员国，冰岛、列支敦士登、挪威和克罗地亚），包括电力、热力、能源密集型工业以及航空业等行业的 CO_2 排放，来自硝酸、己二酸、乙二醛和乙醛酸生产工业的氮氧化物排放以及来自铝业的全氟化碳排放，覆盖排放量约占欧盟温室气体排放的 45%。欧盟碳市场的发展主要经历了三个阶段，2005～2007 年试运行阶段，2008～2012 年主要采用了免费配额分配的形式，从 2013 年开始采用拍卖法进行配额发放，同时发放主体由各个国家变为欧盟委员会。欧盟碳交易市场的主要参与者包括欧盟组织委员会、各成员国政府、各成员国企业等，与单一国家碳交易市场相比具有开展跨国碳交易的优势，一方面聚集大量的交易主体，另一方面降低交易成本和时间成本，从而推动了欧盟碳市场的快速发展。一直以来，欧盟碳交易市场获得世界各国的关注，它不仅是在气候变化领域对于碳排放权稀缺性定价机制的勇敢探索，更促进了碳金融行业的蓬勃发展，通过金融行业吸引资金涌入，从而加快了市场建设和完善，为欧盟实现碳减排目标提供了更加有力的政策工具，也进一步提升了欧盟在全球气候变化谈判中的话语权。

与欧盟碳交易市场的跨国机制不同的是，美国碳市场发展具有区域性特点，由参与各州政府发挥主导作用。2009 年，美国区域温室气体（RG-GI）协议正式启动，包含碳排放交易的期货与现货市场，覆盖美国东北部和中部 10 个州大约 95% 的电力部门温室气体排放，包括康涅狄格州、缅因州、特拉华州、新罕布什尔州、纽约州、新泽西州、佛蒙特州、马萨诸塞州、马里兰州和罗德岛。2012 年新泽西州退出了该协议。在碳配额管理制度中，RGGI 体系规定各州至少有 25% 的排放权配额需要进行拍卖，允许跨期储存，不允许跨期借贷。美国加利福尼亚州在 2006 年通过立法形式确立了减排目标，其减排目标是到 2020 年温室气体的排放量恢复至 1990 年的水平，2050 年比 1990 年减少 80%。加利福尼亚州碳市场建设和发展主要分为三个实施阶段：2013 ~ 2014 年为第一阶段，2015 ~ 2017 年为第二阶段，2018 ~ 2020 年为第三阶段。交易机制覆盖了 85% 的温室气体排放，除了《京都议定书》规定的温室气体外，还包括三氟化氮和其他氟化物。在行业领域，2013 年加利福尼亚州碳市场吸纳了年排放量超过 25000 吨 CO_2 当量的工业静态设施、发电设施，以及电力进口等间接排放源。进入第二阶段，新纳入的企业包括年排放超过 25000 吨 CO_2 当量的燃料供应商和所有的电力进口企业，燃料供应商覆盖天然气、液化石油气和其他燃料等方面的供应商。加利福尼亚州碳市场规定其碳配额允许通过免费发放和有偿分配两种形式进行。在第一阶段，市场建立之初以免费发放为主，之后逐渐减少免费发放的占比，增加有偿分配的比例。

中国是世界上碳排放量最大的国家。在全球合作应对气候变化的背景下，中国作为世界上最大的发展中国家，在减少温室气体排放和提升能源使用效率方面做出积极的努力。为了有效控制碳排放，2005 年国家提出到 2010 年单位 GDP 能耗较 2005 年降低 20% 的目标并且基本实现，2009 年提出到 2020 年单位 GDP 的 CO_2 排放比 2005 年下降 40% ~45% 的控制目标，2014 年中美共同发表的《中美气候变化联合声明》中中国提出到 2030 年实现 CO_2 排放达峰，并且努力早日达峰。2015 年 6 月，中国将相关目标作为国家自主贡献方案（INDC）提交联合国。为了加快实现中国提出的碳减排目标和早日达峰，中国政府重视碳排放权交易体系的建立和实施。2008 年，随着中国各地积极参与清洁发展机制项目（CDM 项目），CDM 项目交易市场快速发展。2011 年，"十二五"规划纲要和国务院发布的《"十二五"节能减排综合性工作方案》中明确指出要建设碳排放权交易市场，支持地方开展碳排放权交易试点工作。2011 年 10 月，7 个碳交易试点地区正式亮相，北京、上海、天津、重庆、深圳、广东和湖北"两省五市"将成为全国碳排放交易市场的先行探索，横跨华北、中西部和南方沿海地区。

表 3 - 6　7 个碳排放试点地区的主要情况（截至 2017 年）

单位：%，家

	ETS 占清单比重	覆盖行业	纳入标准	纳入企业数量
北京	50	热力生产和供应、火力发电、水泥制造、石化生产、服务业、其他工业、交通运输业	2009 ~2012 年年均 CO_2 排放大于 10000 吨（后降为 5000 吨）的单位，年综合耗能 2000 吨标准煤（含）以上的其他单位可自愿参加	983
上海	57	钢铁、石化、化工、有色、电力、建材、纺织、造纸、橡胶、化纤等工业行业；航空、港口、机场、铁路、商业、宾馆、金融等非工业行业	2009 ~2011 年任一年度碳排放总量超过 20000 吨以上，非工业行业 10000 吨以上的建筑或企业	191

续表

	ETS 占清单比重	覆盖行业	纳入标准	纳入企业数量
深圳	40	电力、水务及电子设备制造业等 26 个工业行业；建筑	2009～2011 年任一年度碳排放总量超过 5000 吨的企业（后降为 3000 吨），20000 平方米大型公共建筑物，10000 平方米以上的国家机关办公建筑	832
广东	54	电力、水泥、钢铁、石化	2011～2012 年任一年度 CO_2 排放总量超过 20000 吨及以上（或能源消费量 1 万吨标煤）的企业	193
天津	60	钢铁、化工、电力、热力、石化、油气开采	2009 年以来 CO_2 排放总量超过 20000 吨的企业	114
重庆	38	电力、电解铝、铁合金、电石、烧碱、水泥、钢铁	2008～2012 年任一年度排放总量超过 20000 吨及以上的工业企业	242
湖北	60	电力、热力、有色金属、钢铁、化工、水泥、石化、汽车制造、玻璃、化纤、造纸、医药、食品饮料	2010～2011 年任一年度综合能源消费量 6 万吨标煤的重点工业企业	138

2014 年底，中国国家碳市场的《碳排放权交易管理暂行办法》出台，为全国碳市场建立奠定了基础。截至 2015 年 5 月，包括场外交易在内的 7 个试点地区总成交量超过 3000 万吨 CO_2，成交额超过 9 亿元。在试点地区的成功探索经验基础上，中国开始着手筹备国家碳市场的建设，主要分为三个阶段。2014～2016 年为国家碳市场建设的准备阶段，主要任务是完成国家碳市场的设计和建设，建立专业人才队伍，完善工作机制，提高基础能力；2017～2020 年为运行完善阶段，任务是启动市场交易，摸索市场运行规律，完善市场制度，稳步发展市场；2020 年之后为稳定深化阶段，任务是扩大覆盖范围，增加交易产品，探索国际接轨。

参考文献

［1］ 马克斯·韦伯. 世界经济简史 ［M］. 李慧泉，译. 北京：立信会计出版社，2018.

［2］ 鲁奇尔·夏尔马著. 国家兴衰 ［M］. 鲍栋，刘寅龙，译. 北京：新世界出版社，2018.

［3］ 阿诺德·约瑟夫·汤因比，池田大作. 展望二十一世纪：汤因比与池田大作对话录 ［M］. 荀春生，朱继征，陈国梁，译. 北京：国际文化出版公司，1986.

［4］ 麦迪森. 世界经济千年史 ［M］. 伍晓鹰，译. 北京：北京大学出版社，2003.

［5］ 尤瓦尔·赫拉利. 人类简史：从动物到上帝 ［M］. 林俊宏，译. 北京：中信出版社，2014.

［6］ 亚当·斯密. 国民财富的性质和原因的研究 ［M］. 郭大力，王亚南，译. 北京：商务印书馆，2011.

［7］ 李四能. "绿色＋创新"推动经济高质量发展 ［J］. 企业文明，2018（9）：32－34.

［8］ 邓玲. 绿色创新经济：迈向经济高质量发展阶段的新现象 ［DB/OL］. 四川区域经济网，http：//www. ddxyjj. com/zhuanti_xiangxi. asp？i＝7907.

［9］ N. 格里高利·曼昆. 经济学原理：微观经济学分册 ［M］. 梁小民，译. 北京：北京大学出版社，2012.

［10］ Klaus Schwab，World Economic Forum. The Global Competitiveness Report 2019 ［R］.

［11］ WWF. 2018. Living Planet Report － 2018：Aiming Higher ［R］.

［12］ 布鲁诺·罗奇，杰伊·雅各布. 互惠资本主义 ［M］. 端木佳韵，译. 北京：中信出版集团，2018.

［13］ 牛文元. 中国科学发展报告 2010 ［M］. 北京：科学出版社，2018.

［14］ Costanza，R.，D. Arge，R.，De Groot，R.，et al.. The value of the world's ecosystem services and natural capital ［J］. Nature，1997，387（6630），253－260.

［15］ Daily，G. C. Nature's services：Societal dependence on natural ecosystems ［M］. Washington：Island Press. 1997.

［16］ 曹大勇. 社会经济制度变迁理论研究——从生产要素稀缺性历史演变视角的分析 ［D］. 西安：西北大学，2006.

［17］ 崔晓莹. 我国产业低碳化路径研究 ［D］. 天津：南开大学，2011.

［18］ 钟茂初，张学刚. 环境库兹涅茨曲线理论及研究的批评综论 ［J］. 中国人口·资

源与环境，2010，20（2）：62－67.

[19] 黄桂然.中部六省产业低碳化进程研究［D］.武汉：武汉大学，2014.

[20] 彭佳雯，黄贤金，钟太洋，赵雲泰.中国经济增长与能源碳排放的脱钩研究[J].资源科学，2011，33（4）：626－633.

[21] OECD. Indicators to measure decoupling of environmental pressures from economic growth ［R］. Paris：OECD，2002.

[22] 蔡林海.低碳经济：绿色革命与全球创新竞争大格局［M］.北京：经济科学出版社，2009.

[23] 梁中.低碳产业创新系统的构建及运行机制分析［J］.经济问题探索，2010（7）：141－145.

[24] 洪蔚.美测算出地球生态价值是 GNP2 倍［J］.上海环境科学，1998（04）：50.

[25] 王传传.《我们这一代：全球变暖的挑战》（节选）翻译项目报告［D］.合肥：安徽大学，2019.

[26] UN DESA. World Population Prospects 2019 ［R］.2019.

[27] UN－water. United Nations World Water Development Report ［R］.2019.

[28] FAO. Global Forest Resources Assessment report 2015 ［R］. Rome，2016.

[29] ExxonMobil. World Energy Outlook 2040 ［R］. America，2019.

[30] BP. BP 世界能源展望［R］.2019.

[31] IPCC. IPCC WGI FifthAssesement Report［R］. Denmark，2013.

[32] 麦迪森.世界经济千年史［M］.伍晓鹰，许宪春，译.北京：北京大学出版社，2003.

[33] 麦迪森.中国经济的长期表现：公元960—2030 年［M］.伍晓鹰，马德斌，译.上海：上海人民出版社，2008.

[34] 加勒特·哈丁.生活在极限之内：生态学、经济学和人口禁忌［M］.戴星翼，张真，译.上海：上海译文出版社，2007.

[35] 胡俊.关于发展低碳经济促进我国经济转型的思考［J］.上海商学院学报，2010（5）：33－35.

[36] 杜娟.我国低碳发展形势探究［J］.中国市场，2017（11）：227－240.

[37] 孙小明.新常态下低碳产业的机遇与发展模式选择［J］.资源开发与市场，2016（8）：989－993.

［38］邹士年．我国发展低碳经济面临的机遇与挑战［J］．财经界，2013（12）：
　　　68－71.

［39］李博洋．工业产品绿色设计发展现状及展望［J］．中国国情国力，2020（02）：
　　　36－38.

［40］刘静暖，代栓平．对循环经济的再认识——从"3R"到"5R"［J］．税务与经济
　　　（长春税务学院学报），2006（02）：79－81＋86.

第四章 绿色创新经济的全球探索

第一节 绿色创新经济的全球趋势

按照目前世界经济发展的演变趋势，占据绝大多数人口的发展中国家将步入工业化的发展道路，全球性的资源环境压力也将空前增加，传统工业化道路注定难以为继，发展中国家谋求发展的出路只有一条，就是转变传统工业社会的增长模式，大力发展既能增进人类福祉，同时又能显著降低环境风险和生态稀缺性的绿色经济。与此同时，为摆脱2008年金融危机以来经济增长的乏力，也为应对全球经济重心向新兴经济体转移的变化，发达国家正纷纷推行"再工业化"，并将其"再工业化"的着力点立足在"绿色""低碳"上，绿色、低碳、创新成为其振兴制造业的主要方向，发达国家的"再工业化"将助推全球绿色创新经济的发展。

一 新兴经济体崛起，加快绿色创新经济发展步伐

进入21世纪以来，金砖国家（中国、印度、巴西、俄罗斯、南非）经济增速持续高于欧盟、美国。2000年，金砖国家经济总量为2.73万亿美元，仅为欧盟的30.6%和美国的26.6%。2018年，金砖国家经济总量已经超过欧盟总和（见图4-1）。从对全球经济增长的贡献看，2000年之前，高收入国家对全球经济增长的贡献率在80%左右，2000~2005年贡献率仍超过70%，金融危机后高收入国家对全球经济增长的贡献率持续下降，金砖国家的贡献率则持续上升。目前，金砖国家对世界经济增长贡献

率约为43%，在未来五年将有望超过50%，并取代发达国家成为推动全球经济从金融危机中复苏和可持续增长的重要引擎。

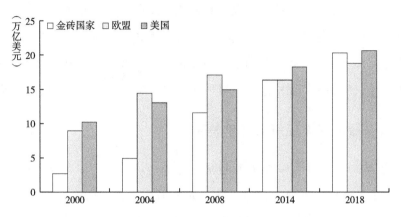

图4-1 2000~2018年不同经济体经济总量
资料来源：根据世界银行数据库整理。

2017年，全球总人口为75亿左右，实现工业化的国家总人口为10亿左右，正在进行快速工业化的中国、印度、巴西、印度尼西亚等国人口总量超过30亿。从中国、印度、巴西等国正在进行的工业化进程来看，这些国家的工业化呈现压缩式特征，将在一个较短的时间内（50~100年）完成发达国家200~300年走过的工业化路程。庞大的人口规模以及正在快速推进的工业化，对全球气候、能源、资源、环境等各方面造成前所未有的压力。根据联合国发布的《2019年可持续发展目标报告》，全球原材料足迹从1990年的430亿吨上涨到2000年的540亿吨，2017年达到920亿吨，比2000年上涨了70%，比1990年上涨了114%。按人均计算，1990年为8.1吨，2000年为8.3吨，2017年则达到12.2吨，也呈现明显增长趋势。自然资源开采率从2000年开始持续攀升。如果不向绿色创新经济转型，预计2060年全球原材料足迹将涨到1900亿吨，人均接近20吨，远远超过地球资源的可持续利用能力。

从世界经济史发展来看，发达国家在推进工业化历史过程中，因规模较小，加上拥有的技术和军事优势，可以在很大程度上将其工业化的负外部性转嫁出去，工业化造成的环境污染可由全球来承担，工业化所需要的资源、能源等也可从世界其他国家掠夺或通过不平等贸易获得。相反，当前新兴经济体和发展中国家工业化负面效应的外部化条件已经不复存在，唯一的选择就是转变传统的工业增长模式，发展以降低环境风险和生态稀缺性为目标的绿色创新经济。当前，新兴经济体尤其是中国正在大力发展战略性新兴产业以及积极驱动经济的绿色转型，将在全球掀起绿色革命的浪潮，并引领众多发展中国家一道，共同推动绿色创新经济的快速发展。

二 绿色创新经济的行动框架

近年来，国际社会一直在积极推动全球经济向绿色创新经济转变，并着力制定全球性制度规则。2011 年，联合国环境署（UNEP）在其发布的《迈向绿色经济：实现可持续发展和消除贫困的各种途径》中，提出了三个宏观层面的研究成果：一是发展绿色经济不仅会实现财富增长，特别是生态共有资源或自然资本的增值，而且还会产生更高的国内生产总值增长率；二是消除贫穷和更好地保持生态共有资源之间密不可分的联系；三是在向绿色经济过渡进程中，需要对劳动人口的技能再培训或再教育进行投资。该报告还提出应将全球 2% 的 GDP 用于绿化 10 个核心经济部门，即农业、建筑业和城市、能源、渔业、森林、制造业、旅游、交通、废物和水，并预测了绿色投资相比常规投资的效果（见表 4-1）。

表 4-1 绿色投资和常规投资效果比较

指标	2011 年	2015 年		2020 年		2030 年		2050 年	
		常规	绿色（百分点）	常规	绿色（百分点）	常规	绿色（百分点）	常规	绿色（百分点）
全球生产总值（万亿美元）	69.34	79.31	-0.8	92.58	-0.4	119.31	2.7	172.05	15.7
人均全球生产总值（美元）	9992	10959	-0.8	12205	-0.4	14577	2.4	19476	13.9
就业总数（百万人）	3187	3419	0.6	3722	-0.6	4204	-1.5	4836	0.6
人均卡路里	2787	2857	0.3	2946	0.3	3050	1.4	3273	304

续表

指标	2011 年	2015 年		2020 年		2030 年		2050 年	
		常规	绿色（百分点）	常规	绿色（百分点）	常规	绿色（百分点）	常规	绿色（百分点）
林地（十亿公顷）	3.94	3.92	1.4	3.89	3.2	3.83	7.9	3.71	21.0
水需求量（千米^3/年）	4864	5275	-3.7	5792	-7.2	6784	-13.2	8434	-21.6
总填埋量（十亿吨）	7.88	8.40	-4.9	9.02	-15.1	10.23	-38.3	12.29	-87.2
生态足迹/生物承载力比率	1.51	1.60	-7.5	1.68	-12.5	1.84	-21.5	2.23	-47.9
初级能源需求（百万吨标准油/年）	12449	13674	-3.1	15086	-9.1	17755	-19.6	21687	-39.8
可再生能源占初级能源比例（%）	13	13	15	13	17	12	19	12	27

注："常规"栏是指在常规情景下增拨 2% 的全球生产总值来扩大已有的投资趋势；除了以百分数表示单位的行列外，"绿色"栏表示的是绿色投资情景相对于常规情景预测的百分比差异（+/-）。表中所有美元均为 2010 年美元不变价。

资料来源：UNEP《迈向绿色经济：实现可持续发展和消除贫困的各种途径》，2011。

2011 年 OECD 在其发布的《迈向绿色增长》报告中提出，绿色增长的重点是为各种有利于生态系统弹性的创新、投资和竞争创造必要的条件，为经济发展提供新的源泉。绿色增长战略需要特别关注国内和国际经济绿色化的直接结果所带来的众多社会问题和公平问题，在实施这些战略的同时，还应采取各项积极行动，更加关注可持续发展三大支柱之一的社会问题（见表 4-2）。

表 4-2　OECD 提出的绿色增长战略政策框架

	面临的主要问题	政策选项
消除绿色增长制约	基础设施不足	公私伙伴关系，公共投资，关税，财政转移
	人力、社会资本水平低，体制质量不佳	补贴改革/取消，增加与稳定政府收入
	产权不完整，补贴	重新审定、改革或取消
	规章制度不确定	设立目标，创建独立管理系统

续表

	面临的主要问题	政策选项
消除绿色增长制约	信息外部性，激励措施不一致	标签，自愿办法，补贴，技术及绩效标准
	环境外部性	可交易许可证，补贴，赋税
	网络效应	加强网络产业竞争，为新网络项目提供补贴或贷款担保
	竞争障碍	改革规章制度，减少政府垄断
激励绿色创新	对绿色创新需求不足	针对特定市场及情况采取需求方政策，如公共采购、标准与规章制度；通过赋税及市场导向工具给外部性定价和提高激励
	缺乏创新能力	基础广泛的增进创新政策
	技术障碍和缺乏大刀阔斧的创新	对相关研发活动投资，包括专题研究及任务导向研究；国际合作
	研究与投资偏向现有技术	研发扶持、税务激励措施；对采用创新给予激励/补贴；设立技术奖
	资金缺乏	联合投资，市场开发
	新企业遇到的规章制度障碍	监管改革，竞争政策，采用领跑者方针
	中小企业采用绿色创新能力缺乏	资金获得，发展技能，促进中小企业与知识网络联系，改进信息提供，减少烦琐规章制度
	非技术性创新	城市与交通规划，监管改革
	国际技术转让	能力发展，贸易与投资政策，知识产权保护与实施，自愿专栏共享和协作机制

资料来源：根据 OECD 在 2011 年发布的《迈向绿色增长》报告相关内容整理而成。

2012 年 6 月，联合国可持续发展大会（以下简称"里约 + 20"）在巴西里约热内卢召开。大会通过的成果文件——《我们希望的未来》，充分肯定了绿色经济的积极作用，认为绿色经济是实现可持续发展的重要工具之一，可使我们更有能力以可持续方式管理自然资源，同时减轻不利的环境影响、提高资源效益、减少浪费，并明确提出了发展绿色经济的手段：各国政府发挥主导作用，包括联合国机构在内的各利益攸关方通过国际合作，向发展中国家提供资金援助、转让绿色技术。"里约 + 20"还发起了全球可持续发展目标（SDGs）制定进程。经过国际社会反复磋商，于

2015 年 9 月召开的联合国发展峰会上通过了 SDGs，为全球绿色创新经济
发展指明了行动方向和落实手段（见表 4 – 3）。

表 4 – 3　SDGs 中与绿色创新经济密切相关的目标和指标

目标	指标
目标 2：零饥饿	2.4 到 2030 年，确保建立可持续粮食生产体系并执行具有抗灾能力的农作方法
目标 6：清洁饮水和卫生设施	6.1 到 2030 年，人人普遍和公平获得安全和负担得起的饮用水 6.2 到 2030 年，人人享有适当和公平的环境卫生和个人卫生 6.3 到 2030 年，通过以下方式改善水质：减少污染，消除倾倒废物现象，把危险化学品和材料的排放减少到最低限度，将未经处理废水比例减半，大幅增加全球废物回收和安全再利用 6.4 到 2030 年，所有行业大幅提高用水效率，确保可持续取用和供应淡水，以解决缺水问题，大幅减少缺水人数 6.6 到 2020 年，保护和恢复与水有关的生态系统，包括山地、森林、湿地、河流、地下含水层和湖泊
目标 7：经济适用的清洁能源	7.1 到 2030 年，确保人人都能获得负担得起的、可靠的现代能源服务 7.2 到 2030 年，大幅增加可再生能源在全球能源结构中的比例 7.3 到 2030 年，全球能效改善率提高 1 倍
目标 9：产业、创新和基础设施	9.4 到 2030 年，所有国家根据自身能力采取行动，升级基础设施，改进工业以提升其可持续性，提高资源使用效率，更多采用清洁和环保技术及产业流程 9.5 在所有国家，特别是发展中国家，加强科学研究，提升工业部门的技术能力
目标 11：可持续城市和住区	11.2 到 2030 年，向所有人提供安全、负担得起的、易于利用、可持续的交通运输系统 11.5 到 2030 年，大幅减少包括水灾在内的各种灾害造成的死亡人数和受灾人数，大幅减少上述灾害造成的与全球国内生产总值有关的直接经济损失 11.6 到 2030 年，减少城市的人均负面环境影响，包括特别关注空气质量，以及城市废物管理等
目标 12：可持续消费和生产	12.2 到 2030 年，实现自然资源的可持续管理和高效利用 12.3 到 2030 年，将零售和消费环节的全球人均粮食浪费减半，减少生产和供应环节的粮食损失，包括收获后的损失

续表

目标	指标
目标12：可持续消费和生产	12.4 到 2020 年，根据商定的国际框架，实现化学品和所有废物在整个存在周期的无害环境管理，并大幅减少它们排入大气以及渗漏到水和土壤的概率，尽可能降低它们对人类健康和环境造成的负面影响 12.5 到 2030 年，通过预防、减排、回收和再利用，大幅减少废物的产生 12.6 鼓励各个公司，特别是大公司和跨国公司，采用可持续的做法，并将可持续性信息纳入各自报告周期 12.7 根据国家政策和优先事项，推行可持续的公共采购做法
目标13：气候行动	13.1 加强各国抵御和适应气候相关的灾害和自然灾害的能力 13.2 将应对气候变化的举措纳入国家政策、战略和规划 13.3 加强气候变化减缓、适应、减少影响和早期预警等方面的教育和宣传，加强人员和机构在此方面的能力
目标14：水下生物	14.1 到 2025 年，预防和大幅减少各类海洋污染，特别是陆上活动造成的污染，包括海洋废弃物污染和营养盐污染 14.2 到 2020 年，通过加强抵御灾害能力等方式，可持续管理和保护海洋和沿海生态系统，以免产生重大负面影响，并采取行动帮助它们恢复原状，使海洋保持健康，物产丰富 14.3 通过在各层级加强科学合作等方式，减少和应对海洋酸化的影响 14.4 到 2020 年，有效规范捕捞活动，终止过度捕捞、非法、未报告和无管制的捕捞活动以及破坏性捕捞做法 14.7 到 2030 年，增加小岛屿发展中国家和最不发达国家通过可持续利用海洋资源获得的经济收益，包括可持续地管理渔业、水产养殖业和旅游业
目标15：陆地生物	15.1 到 2020 年，根据国际协议规定的义务，保护、恢复和可持续利用陆地和内陆的淡水生态系统及其服务，特别是森林、湿地、山麓和旱地 15.2 到 2020 年，推动对所有类型森林进行可持续管理，停止毁林，恢复退化的森林，大幅增加全球植树造林和重新造林 15.3 到 2030 年，防治荒漠化，恢复退化的土地和土壤，包括受荒漠化、干旱和洪涝影响的土地，努力建立一个不再出现土地退化的世界 15.4 到 2030 年，保护山地生态系统，包括其生物多样性，以便加强山地生态系统的能力，使其能够带来对可持续发展必不可少的益处

续表

目标	指　标
目标17：执行手段	17.6 加强在科学、技术和创新领域的南北、南南、三方区域合作和国际合作，加强按相互商定的条件共享知识，包括加强现有机制间的协调，特别是在联合国层面加强协调，以及通过一个全球技术促进机制加强协调 17.7 以优惠条件，包括彼此商定的减让和特惠条件，促进发展中国家开发以及向其转让、传播和推广环境友好型的技术 17.8 促成最不发达国家的技术库和科学、技术和创新能力建设机制到2017 年全面投入运行，加强促成科技特别是信息和通信技术的使用

资料来源：根据联合国《变革我们的世界：2030 年可持续发展议程》整理。

三　主要国家和地区促进绿色创新经济发展的政策举措

欧盟是绿色创新经济的先导者。欧盟实施的是范围最广的绿色创新经济模式，即将治理污染、发展环保产业、促进新能源开发利用、节能减排等都纳入绿色创新经济范畴加以扶持，在推进过程中，强调多领域的协调、平衡和整合。自 2000 年以来，为配合可再生能源战略、碳排放交易体系规则和绿色产业发展需要，欧盟先后推出的三大具有长远影响的绿色创新发展战略①，即"欧洲 2020 战略：实现智能、可持续性和包容性增长""欧盟 2050：低碳经济战略""绿色生态创新行动计划"，已然成为向绿色经济转型的战略导图。从绿色创新经济发展的趋势看，欧盟在以下方面有望实现突破。一是能源清洁化，按照欧盟的远景规划，到 2030 年，电力能源消费中将有 30% 为可再生能源，煤炭、石油、天然气比例将低于 40%。二是制造业高端化，高科技材料、环保材料、节能材料将广泛应用于产品制造，信息通信技术（ICT）将成为发展重点。三是交通运输智能化，欧盟将推进 ICT 等相关技术应用于交通领域，能源运输和电力配送、工业原料和产品运输、生活和商业用品配送将向绿色、低碳方向转变。四是建筑绿色化，绿色建筑主要是指在建筑物中大量使用环保和节能型材料，以及

---

① 张敏. 欧盟探索绿色经济增长模式［J］. 现代国企研究，2017（19）：75 – 77.

在建筑物的管理中大量使用先进的技术手段，绿色建筑业将成为欧盟未来重要的经济增长点。

美国将重振制造业作为绿色创新经济发展的重要内容。制造业对于国民经济的意义，不仅在于该部门直接创造了多少经济价值，更体现在它对于国民经济长期增长的驱动作用。尽管美国现在制造业占国民生产总值的比重不足20%，但超过2/3的研发投资是在制造业部门实现的。基于此，金融危机后，奥巴马政府发布《重振美国制造业框架》，再次确认制造业是美国经济的核心，并颁布《美国制造业促进法》，大范围减税以提振制造业。2012年，美国发布《先进制造业国家战略计划》，从国家战略层面提出促进先进制造业发展的政策措施，并设定了五方面的政策目标：一是加速对先进制造企业的投资，特别是对中小型制造企业；二是开发一个更加适应岗位技能要求的教育和培训系统；三是优化联邦政府对先进制造R&D投入；四是增加公共和私营部门对先进制造R&D投入；五是加强国家层面和区域层面所有涉及先进制造的机构的伙伴关系。奥巴马政府还发布《美国复苏与再投资法案》《清洁能源计划》，将发展新能源作为主攻领域之一，重点包括发展高效电池、智能电网、碳储存和碳捕获、可再生能源如风能和太阳能，并计划到2030年将发电厂的碳排放量在2005年的水平上降低30%。但自2016年特朗普政府以来，美国退出了《巴黎协定》，废除了《清洁能源计划》，为美国能源工业松绑，加大页岩气开发，美国清洁能源发展步伐放缓。不同于奥巴马再工业化的政策定位于高端制造业，特朗普政府采取的是只要有利于美国经济增长和就业机会创造的产业就大力支持。美国绿色创新经济发展的方向出现不确定性。

日本以构建"超智慧社会"推动绿色创新经济发展。受地理环境等自然条件制约，全球气候变暖对日本的影响远大于世界其他发达国家。日本各届政府一直在宣传推广节能减排计划，主导建设低碳社会。2009年日本公布了《绿色经济与社会变革》政策草案，目的是通过实行削减温室气体排放等措施，强化日本的"绿色经济"。近年来，随着现代信息技术发展，日本于2016年提出了"超智慧社会"的发展愿景。"超智慧社会"

是"将所需的东西和服务在所需的时间提供给所需的人，能够极其细致地满足各种社会需求，而且所有人都能超越年龄、性别、地域、语言障碍，享受到高品质的服务，并实现充满生机、快乐富足的社会。"为实现"超智慧社会"发展目标，日本围绕机器人、传感器、光与量子技术、纳米技术和材料等强项技术，灵活利用信息通信技术（ICT），基于互联网或物联网，高度融合网络空间和物理世界，将基础设施、制造生产等网络化、系统化，并综合为一个系统，通过数据跨领域的应用，催生出新价值和新服务。转向较少依赖资源环境的高端产业是日本绿色创新经济的一大特色。

韩国通过制订"绿色增长计划"推动绿色创新经济发展。20世纪60年代以后，韩国政府大力推行经济改革政策，短时间内便摆脱了贫穷和落后的状况，创造了"汉江奇迹"，并快速步入发达国家行列。然而，近些年，韩国经济增长趋缓，亟须寻找新的增长动力。2008年，韩国政府提出通过绿色增长政策创造新的经济动能和就业机会。2009年，韩国建立绿色增长委员会，专门负责韩国绿色发展战略实施。自2009年起，韩国每五年制订一次中期绿色增长计划，其核心部分包括"三大战略"和"十个政策方向"。"三大战略"分别是：气候变化与能源自给、挖掘新增长动力以及生活质量的改善与提高国家形象。"十个政策方向"包括：减少温室气体排放；克服石油依赖性，寻求能源独立；提高应对气候变化的能力；发展绿色技术和绿色产业；对现有产业进行绿化，培育新的绿色产业；改善产业结构；建造绿色经济的基础设施；对绿色区域进行界定，发展绿色交通网络；生活方式革命；成为绿色增长的楷模。根据该绿色增长五年计划，韩国将于2020年成为世界第七大绿色强国，到2050年成为世界第五大绿色强国。

巴西将绿色创新经济的重点放在生物燃料和新能源汽车上。巴西耕地面积辽阔，农业发达，利用广泛种植的甘蔗、大豆等作物开发替代石油的乙醇燃料，使生物能源在其能源消费结构中占据半壁江山，其出售的新车中约80%是可以使用乙醇燃料的新能源汽车。巴西政府通过补贴、设置配额、统购燃料乙醇以及运用价格和行政干预等手段鼓励民众使用燃料乙醇。巴西还为绿色专利开通"绿色通道"，2016年巴西专利商标局（BPTO）通过175号决议，对于能源、交通、农业、可替代能源和资源管理等绿色技术来说，可以不限数量地享受优先审查政策。

南非将发展绿色创新经济作为其"新增长路线"的重要内容。南非通过税务优惠措施，重点发展绿色能源以及相关的产品制造和技术服务。南非矿业和能源事务部启动了清洁发展机制，鼓励居民使用太阳能，鼓励企业发展生物柴油，并积极与国外合作进行垃圾发电。南非政府宣布把发展生物燃料作为发展可再生能源的主攻方向，并积极建设生物乙醇工厂。南非在"新增长路线"中注重以科技创新引导经济结构调整。为加强南非的自主科技创新能力，南非科技部陆续推出并实施《南非研究与发展战略》《南非纳米技术战略》《南非生物技术战略》等战略规划。

各国政府正在实施的绿色创新经济政策的主要内容就是依靠科技创新，逐渐将目前高能耗、高排放的"褐色"传统经济发展模式，转变为低能耗、少排放的"绿色"可持续发展模式，而减少对化石能源的依赖又是其核心内容。各国之所以积极实施绿色新政，并不仅仅是为了资源的可持续利用和环境的持续改善，更是为了借此培育新的经济增长点。鉴于绿色创新经济涉及电力、交通、建筑、冶金、化工、石化等多个部门，如果相关技术取得突破，在投资的推动下全球将形成一个数十万亿美元规模的实体经济新产业，新绿色产业很有可能像21世纪初的信息技术产业一样迅猛发展，成为世界经济的新增长点。西方发达国家积极实施绿色新政的最终目标是在未来全球竞争中占据制高点，正如美国前总统奥巴马所说，谁掌握清洁和可再生能源，谁将主导21世纪；谁在新能源领域拔得头筹，谁将成为后石油经济时代的佼佼者。目前，欧、美、日等发达国家和地区已经在应对气候变化和向绿色经济转型的旗帜下开始打造新的"竞技舞台"，制定新的游戏规则，并在新的平台上和新的游戏规则下，利用其低碳绿色技术方面的领先地位重新拥有实体经济的竞争优势，以期再次谋取国际竞争力和全球主导权。

四　绿色创新经济的基本趋势

在绿色创新经济发展的制度规则方面，不同政治集团内部利益诉求呈现多元化，国际关系更加复杂。《2030 年可持续发展议程》《巴黎协定》的通过，为绿色创新经济发展确定了总体目标和基本原则。但是，鉴于南北两大阵营处于不同发展阶段，对绿色创新经济的核心诉求存在巨大差别，南北矛盾仍将是国际绿色创新经济制度规则制定中的主要矛盾。如发达国家已完成了工业化、城镇化进程，又有着较强的绿色科技创新能力，面对近年来的经济停滞、失业率高企等挑战，制定有约束力的绿色创新经济路线图、政策选项等是其重振经济、改善民生并在未来全球竞争中继续占据优势地位的必然选择；发展中国家尚处于工业化、城镇化进程中，消除贫困、加强社会建设仍是其当前及未来一定时期的优先任务，制定以经济发展优先、兼顾环境问题的绿色创新经济制度规则体系符合其根本利益。但随着新兴经济体的崛起，加之美欧之间的发展道路差异，绿色创新经济呈现多元化发展倾向。以中国为代表的新兴经济体，由于其面临资源环境的压力，对绿色创新经济的社会认知以及相关的技术研发等方面更为积极，对推动绿色创新经济发展也更加主动。在发达国家中，欧洲国家在环保技术上起步早、投入大，欧盟积极提倡制定有约束力的绿色创新经济计划和路线图，也是绿色创新经济发展的重要推动力。反观美国，虽然其国际竞争能力首屈一指，但特朗普政府退出《巴黎协定》、废除《清洁能源计划》加剧了美欧分歧，在绿色创新经济发展的制度规则方面理念也不同，协调的难度加大，美国在绿色创新经济发展战略及实施路径上存在明显的不确定性。

在支撑绿色创新经济发展的科技研发方面，各国加大了投入力度，国际合作研发将成为绿色科技创新的重要形式。自金融危机以来，西方发达国家开始认识到虚拟经济的弊端，纷纷加大对新能源、节能环保、新能源汽车、航天等研发和基础设施投资，推进"再工业化"，以此促进经济复苏并在未来全球经济竞争中继续占据优势地位。发展中国家在日趋严峻的资源环境约束特别是应对气候变化的压力下，也纷纷加大绿色科技研发投入。在各取其长以及相互竞争的背景下，科技在资源、能源、环境、防灾减灾、公众健康等领域的突破将加快。技术研发形式正在由单一主体向多主体合作研发、由单一国家向多国合作研发的方向转变，国际化合作研发将成为未来绿色科技创新的重要形式之一。这种国际化研发将在南北之间、北北之间、南南之间同时加强。

在绿色产业发展方面，发达国家与发展中国家同时加大其在实体经济中的比重，但二者关注的重点同中有异，围绕绿色产业发展的竞争性合作前景广阔。虽然发达国家和发展中国家均高度重视新能源和可再生能源、节能环保、先进制造等绿色产业发展，但受技术、资金、自然资源、人力资源条件以及可持续发展中不同的优先事项等因素影响，二者在未来一定时期的战略重点有所不同，国家之间的绿色产业发展不仅有竞争，也有互补和合作。如在能源问题上，欧洲发达国家能源效率较高，其发展的重点是开发新能源和可再生能源；中印等新兴经济体在节能提效方面潜力巨大，因而节能是发展的重点领域之一。在应对全球气候变化、荒漠化等相关产业的发展中，国际合作的空间广阔，竞争性合作将成为未来绿色产业发展的重要趋势。

第二节　绿色技术创新趋势

全球经济发展正在从以要素驱动为主的发展阶段向要素与技术创新并行驱动的发展阶段转变，绿色技术创新也已成为解决资源环境约束、转变发展模式、创造新经济增长点的驱动力。世界主要国家和地区将新能源技术、"制造业生态化"等作为绿色技术的核心和提升生态效率、确保产业竞争力提升的重点，这将进一步加快绿色技术的创新步伐。

一　发达国家绿色技术创新现状与趋势

在国际学术界，"绿色技术创新"不是新名词，其研究大多是从人类的发展与环境、社会关系来进行的，通常是指在资源环境约束强度增大条件下，能够满足人类绿色需求、减少生产和消费边际外部费用的支撑可持续发展的技术创新。绿色技术创新是引领世界各国实现可持续发展的有效途径。美国、欧盟和日本在绿色技术创新方面可谓步伐迅速，政府根据各自的国情构建了形式迥异的绿色技术国家创新系统，并都取得了积极的成效。

（一）美国绿色技术创新现状与趋势

美国绿色技术创新，经历了从"治"到"防"的发展过程。20 世纪70 年代前美国工业高速发展，连续发生了震惊世界的多诺拉烟雾事件、洛杉矶光化学烟雾污染事件和三哩岛核电站放射性污染事件，这些事件的发生推动了美国第一代绿色技术的发展，体现出以"治"或"止"为主的特征。创新主要体现在通过加装一些过滤装置，如在工厂和发电行业使用的烟道防尘器和废水过滤网等，来减少工厂排放的废水、废气、固体废物等污染物。这种在污染源头减少或消除污染物排放的技术，对于当时高能耗、高原料损耗和低效率的整体工业生产现状而言，效果有限。20 世纪80 年代以来，随着大气污染、臭氧层破坏、生物多样性丧失等全球性或地区性问题加剧，新一代绿色技术创新势在必行。

在美国绿色技术创新的组织构成方面，企业是绿色技术创新的主体，资本投入有 80% 来自企业。例如，美国阿兰柯环境资源公司的专利——荷电干式脱硫系统（CDSI）便是该公司凭借大量创新投入取得的成果。美国的大学承担了 80% 的基础研究工作，例如，美国麻省理工学院等离子物理实验室根据高温和过热等离子体能使原子重新结合的原理，设计出一种垃圾焚化炉，它可将各种废物复原为中性的熔岩状玻璃，这种玻璃是修建公路与铁路路基的理想材料。此外，非营利研究机构和私人基金会等非营利性组织，扮演着默默推动绿色技术发展的角色，在能满足政府对绿色技术的控制和协调的前提下，资助政府、企业所不愿投资或难以涉及的项目。

美国绿色技术构成可分为避害、监测评价、控制和补救恢复四大类技术。①避害技术，旨在避免生产对环境有害的物质，或改变人的活动方式以减少对环境的破坏。该技术的典型代表是美国通用汽车公司氢燃料电池车"氢动一号"与众不同的动力系统，其核心是 200 块燃料电池串联成的电池组，使用液氢为燃料，燃烧产物为无污染的水。②监测评价技术，即监测评价环境状况的技术。如综合环境监测技术通过提供用于评估环境对健康影响的数据，为在新一代汽车合作开发计划实施中成功制造出"清洁汽车"奠定基础。③控制技术，能够在有害物质进入环境之前，将其转变为无害物质。包括对污染物或其他天然及人造材料的处理，以消除或减少对环境和人体健康的危害，减少污染物的含量，降低污染物流动性。④补救恢复技术，使进入环境的有害物质转化为无害物质；而恢复技术则可使已经遭到破坏的生态系统得到更新和再生，如热解吸、土壤洗涤和原地清洗等。

美国绿色技术创新在很大程度上受美国政府的政策影响。政府通过制定一系列战略规划引导创新组织的 R&D 方向和重点，并颁布各种法令法规来监督 R&D 活动及市场秩序，这使美国绿色技术创新以最适合美国国情的势态稳步前进。美国民众强烈的绿色意识也推动了美国的绿色技术创新。加利福尼亚州曾做过一次关于公众环境意识的调查，主要是针对汽车尾气导致的大气污染问题。当人们面对"你个人想为改善大气污染做些什么"时，有91%的人愿意经常更换汽车的发动机，80%的人愿意每周坐一天公共汽车，64%的人愿意付汽车排烟费，58%的人愿意经常接受汽车排烟检查。美国绿色技术创新过程正呈现有机循环态势，政府规定—市场需要—销售信息反馈—技术创新—生产—投入市场。通过这种稳定的循环，创新主体获得的是风险小、成本低且具有重大商业价值的创新成果，它同时还能提高创新主体的生产效率和竞争地位。

近年来，美国绿色技术创新呈现新的发展趋势。①绿色技术创新与绿色管理相结合。在绿色技术创新历程中，美国一直强调技术项目开发，鉴于近年来美国在全球绿色技术市场上所占份额的变化，美国政府开始调整绿色技术创新的方向，注重绿色管理，以适应全球绿色发展新趋势。②加强政府和工业界的合作。通过建立联邦政府和工业界的合作伙伴关系，弥补投资者短期利益和国家长远利益间的脱节，帮助美国企业界应对全球绿色技术市场的挑战。③军用技术"绿化"为民用技术。为了提高现有资源利用率，鼓励原来主要从事军事科研的单位研究军民两用技术，从而给绿色技术创新注入新的力量。

（二）欧盟绿色技术创新现状与趋势

在欧洲，欧盟委员会将绿色技术创新视为战略性合作项目，加之欧洲民众强烈的绿色意识，欧盟绿色技术创新正以空前的速度发展。早在20世纪70年代初，随着工业化进程的深入，欧洲环境污染与生态失衡日趋严重，欧洲各国开始了拯救生态环境的绿色技术创新。法国政府开展以控制CO_2和SO_2的排放量为目标的绿色技术创新；德国出台禁用"臭氧杀手"氟利昂的法规，制定了世界上最严格的空气净化规定和噪声标准，颁布了水规划法，投资实施绿色技术创新示范项目；比利时设立了"环境税收"委员会等。此后，欧盟委员会发布了若干涉及保护地下水、地表水的政策措施，对于各类用水规定了相应的质量指标；在保护环境方面制订了防治酸雨的中长期计划。绿色技术创新成了欧洲各国政府进行产业调整的主攻方向之一。

欧盟绿色技术创新主要由各国企业、高校、研究机构和欧洲联合研究中心共同承担。企业是欧盟绿色技术创新的主角，其投入占欧盟总环保投入的50%以上。企业能根据不断更新的政策、法令转变自身的发展方向，以适应绿色技术市场的需求。例如，德国比绍夫环保设备公司，拥有先进的烟气脱硫设备、污水处理系统、废物回收装置等独特技术；英国约翰马瑟化学公司拥有独一无二的空气污染控制及节能用催化装置生产技术。高校主要承担国家下达的基础研究任务，欧洲各国基础科学水平历来较高，高等院校基础研究力量较强。例如，为了解决交通能源的污染公害，瑞典环境战略基金会启动了固态聚合物燃料电池项目，该项目由查尔摩斯技术大学、皇家工学院、乌普萨拉大学和隆德大学联合承担，其研究成果为新一代固态燃料电池，应用前景十分广阔。研究机构是政府提供资金的公共研究组织，它与高校共同承担基础研究项目，独立完成信息提供及应用开发，有的研究机构在其所在国内还扮演"数据库"的角色。此外，作为合作组织的欧洲联合研究中心主要从事各成员国有共同需要、规模较大的科研项目。

欧盟绿色技术创新的技术类别可分为四大类。①治理技术，用以治理遭受污染的土地、河流等，如法国国家研究中心发明了一种新型催化系统，可使受造纸厂污染物侵害的土地恢复到自然状态。②终端污染减排技术，该技术中的水污染控制、工业煤烟处理等常规污染治理技术已基本成熟，现在主要瞄准技术细化方面的创新。③污染防止技术，其典型代表是清洁汽车技术。德国奔驰集团推出了革命性电池动力汽车，为世界推行无废气汽车行动奠定了里程碑式的基础。④可持续性技术，即无污染，具有替代、高效、节省等特点的技术。

由于欧盟政体的特殊性，欧盟委员会在制定政策时往往注重以发挥欧洲一体化优势为出发点，绿色技术创新模式也不例外。欧盟各国在绿色技术创新领域的合作十分普遍，从共同的研究中心到联合数据库均有合作，欧盟的绿色技术分散式联合创新模式正是在这样的环境下诞生的。欧盟各成员国在参与联合创新的同时，针对国内情况会适当调整研究方向，制定符合本国需要的创新政策。

近年来，欧盟绿色技术创新呈现新的发展趋势。①技术结构调整。污染防治和可持续性两类技术日益成为欧盟绿色技术创新的主要领域，甚至生产过程中的污染防治技术也趋向于被可持续性技术所替代。②进一步强化不同创新组织间的合作。欧盟制定法规并采取措施，使大学和公共机构的研究人员有时间去创办和发展企业，允许大学和公共研究机构与企业签订独家研究成果开发合同，以激发企业开展绿色技术成果的积极性。③加大创新资助力度。鼓励风险资本和各种基金对绿色技术的投资，进一步引导长期储蓄转向风险资本，促进私人金融机构对绿色技术项目的风险投资，为绿色技术创新拓展了新的资金来源。

（三） 日本绿色技术创新现状与趋势

日本环境公害问题最严重的时期是 20 世纪 70 年代之后，相继发生的新潟水俣病、四日市哮喘病、富山县疼痛病和熊本水俣病，被称为日本四大公害事件。此后，日本政府把解决公害问题提到议事日程，制定了各种公害防治法，设定了国立公害研究所（现"国立环境研究所"）等专职研究机构，加强了有关防治公害的绿色技术创新。日本工业开始逐步由大量消费原材料的资源型模式向技术密集型模式方向转变。企业纷纷将生产重点转向发展快、工艺过程复杂、技术水平高、消耗原材料少、污染小的领域，从而推动了日本绿色技术创新的发展。

日本绿色技术创新的主体是公司、研究机构和大学。实施科学技术研究的企业，承担了超过 60% 的日本绿色技术 R&D 经费，远高于国家研究机构的 32% 和大学的 5.4%。研究机构在全日本实施绿色技术研究的有关机构中所占比例为 10%，主要负责进行一些风险大、周期长，民间企业无力承担的尖端 R&D 活动，如宇宙开发事业团从事的对宇宙太阳能的研究，证实了宇宙太阳能发电技术既能彻底解决现有火力发电站排出 CO_2 等温室气体污染环境的问题，又可以避免地球上太阳能发电设备受天气和昼夜变化等的影响，从而高效地生产清洁能源。大学的研究力量不可忽视，东京大学、早稻田大学等高校都是绿色技术创新中的骨干。

日本的绿色技术创新主要集中在 3 个领域。①终端技术，目的是对产业废弃物进行处理，尽可能减少公害发生。例如，在工厂烟囱内加上脱硝装置，在汽车上安装废气去除装置以及垃圾装置焚烧炉等技术。②再生技术，目的是资源的再利用，通过对资源的循环利用达到节省能源、保护环境的目的。例如一次性镜头、胶片快拍相机已实现循环使用，塑料零件被粉碎后重新灌浇成新零件等。③内部处理技术，即清洁生产技术。如东北电力公司开发出日本最大规模的风力发电设施；又如围绕"零污染"展开的新型汽车研制等。

日本绿色技术创新的支撑主要是政府。政府作为一种非市场力量，在以企业为主体的自主创新中起着关键作用。日本政府采取了税收优惠、通融资金、折旧优惠等经济手段。如政府规定，对能减轻环境污染的设施可减免税费；对不产生污染的工业装置，可在安装设备的前三年免征50%的固定资产税。日本还设立了一些专业金融机构为废弃物处理及再生资源设置通融资金，为防治污染提供低息贷款。此外，日本政府采用折旧优惠来激励企业进行污染控制设备的研制与安装，通过经济手段或直接激励企业对污染防治技术的创新活动，或刺激污染防治设备需求，从而间接激励企业绿色技术创新活动。

近年来，日本绿色技术创新出现了新的发展趋势。①对内强化绿色产品开发，对外加强绿色技术出口。日本正逐步开始强调绿色产品用途及应用原理有重大突破的产品创新，也正积极探索以绿色技术出口逐渐替代产品出口。②绿色技术联盟趋势正在加强。鉴于现代绿色创新技术大都具有综合性强的特点，联盟强化了不同研究机构、不同行业间的合作，以形成优势互补，最大限度地将资金和技术整合，充分发挥联盟优势。③注重国际合作。在创新中寻求国际合作，为日本绿色技术创新提供了新的契机。例如，美国埃克森美孚公司与丰田和通用汽车公司通过整合研发能力，联手开发环保型燃料电池车。

二 典型领域的绿色技术创新：以应对气候变化为例

2015年《联合国气候变化框架公约》缔约方在第21次会议上通过了《巴黎协定》。该协定的目标是以工业化时期全球平均气温水平为基准，将全球平均气温上升幅度控制在2℃以内，并争取控制在1.5℃以内。国际能源署《能源技术展望2016》预计，要实现一个"2℃世界"的目标，需要通过多路径的绿色技术创新组合限制碳排放，将中国、欧洲和北美三个地区在2050年CO_2排放量在2015年的基础上降低70%。然而，进一步研究表明，仅依靠当前预期的技术进步将无法实现"2℃世界"所需削减的碳排放量。进一步加强绿色技术创新是实现"2℃世界"、应对所有可持续性挑战的重要途径。总体来看，落实应对气候变化目标主要涉及以下几个领域绿色技术创新。

第一，新能源。发展以风能、太阳能、生物质能为代表的清洁能源被视为应对气候变化、保障能源安全、实现可持续发展的系统性能源转型方案。例如，新的太阳能光伏电池结构提高了效率；更大型的风力发电机扩大了覆盖地区，增加了同一处设施的发电量；高 250 米的漂浮式风力发电机（如为苏格兰 Hywind 项目所开发的发电机）为海上风电技术开辟了新局面。绿色技术创新推动清洁能源成本下降，全球能源系统正以前所未有的速度进行转型。通过绿色技术创新，研发出更高的塔架、更长且更轻的风车叶片；通过震动而非旋转进行发电的风筝发电机和无扇叶发电机；更为高效的控制系统；等等。这些技术将捕捉更多的风能，进一步降低每兆瓦（MW）发电的投资成本。通过绿色技术创新，研发出新型的太阳能电池板技术包括集储能和发电于一体的光热发电、钙钛矿和锌黄锡矿的新式材料电池、堆叠两个或多个子电池从而增大光谱捕获范围等新技术；这些技术将进一步降低太阳能光伏（PV）生产成本，持续提高电池效率。研究显示，风力发电（含陆上和海上）的全球累计产能每翻一番，其平均成本将降低 19%；太阳能模块的全球累计产能每翻一番，其平均成本将降低 23%。此外，通过绿色创新技术，地热能、波浪和潮汐能的开发利用技术正逐步提升，有望进一步发展并在特定区域发挥作用。清洁能源发电（尤其是风能和太阳能）正在迅速发展，分析表明，2050 年以前，清洁能源的增长速度将持续加速，在条件允许的情况下，风能预计将成为最低价的新增电力来源，太阳能也将具有较强的竞争力。

第二，能源数字化。能源系统的未来将取决于能源生产、电力、交通和供暖等领域的绿色技术创新，但有一个共同的因素正推动着能源生产、加工和使用领域的转型，这就是数字技术创新。随着包括传感器、超级计算、数据分析、自动化、人工智能等在内的数字工具依托"云"网络而得到应用，到 2050 年能源系统内各分支的一次能源需求和成本将降低 20%～30%。

第三，能量储存。电池是能量储存的选项之一，电池技术正在经历重大的变革，由铅酸电池向锂离子电池过渡，以及其他新兴技术包括金属空气电池、固态电池和液流电池的兴起。鉴于锂离子对于电动汽车的重要作用，预计电动汽车的成本将被大幅拉低。电网级电池将为电力系统的能量储存提供更多选项。

第四，天然气脱碳。应用碳捕获、利用与封存（CCUS）等绿色创新技术可对天然气进行脱碳，也可通过将天然气与氢气或生物气（生物材料产生的气体）混合而实现脱碳。CCUS 可捕获发电厂和其他地方天然气或其他燃料燃烧所产生的 CO_2，之后将其加以增值利用（将 CO_2 与大气分离，用于提高采收率或其他工业用途），或将其储存在地底。据预计，脱碳天然气的发展速度虽然不及数字创新、清洁能源发电和能量储存技术，但在低碳的未来，它将在最有成本效益的能源结构中占据重要地位，设置碳价也将推动脱碳天然气更大规模的部署。

第五，电动汽车及混合动力汽车。绿色技术创新将推动电动汽车及混合动力汽车技术的发展。电动汽车预计将在 2050 年成为车辆构成中的重要组成部分。电动汽车的环境效益在很大程度上与充电电网的环境效益相关。与电动汽车技术本身相比，传统汽车在效率上有提升的潜力，但进一步减少与交通相关的排放量取决于电力系统的脱碳程度。混合动力汽车通常具有较高的燃料经济性，其微粒和氮氧化物排放量低于传统内燃机汽车；纯电动汽车的废气排放量为零，新能源汽车可以帮助该行业实现减排目标。另外，氢燃料电池汽车与纯电动汽车具有互补关系，氢能源能够实现真正的零排放、零污染；如果在制氢技术、运输技术、电池储存能力和稳定性方面取得突破，氢动力汽车也可能成为重要的发展方向。

第六，供热与制冷。通过绿色技术创新且充分发挥相关技术潜能，可在供热和制冷系统中实现节能减排。据分析，到 2050 年，通过绿色技术创新和经济层面可行的方法，可将工业能源总需求降低 10%～20%；其中钢铁行业在改进生产流程、降低能源需求方面的潜力最大，可节约当前 55% 的能耗。欧洲和美国普遍将燃气设备用作家庭供暖，许多燃气设备使用冷凝换热器，从原本将弃用的废气中回收热量，效率高且碳排放量相对较少。此外，通过绿色技术创新，在排气系统中采用氮氧化物（NO_x）排放量较低的燃烧器和选择性地采用催化剂还原脱硝，可逐步减少供热系统中天然气燃烧排放的 NO_x，从而改善空气质量。

第三节　绿色金融的全球性探索

一　绿色金融的背景[①]

绿色金融是指金融部门把环境保护作为一项基本政策，在投融资决策中考虑潜在的环境影响，把与环境条件相关的潜在回报、风险和成本都融入金融活动中。国际上绿色金融的产生可追溯到 20 世纪六七十年代，随着工业污染、生态破坏、核泄漏等环境问题的日益严重，越来越多的投资者把社会责任融入投资决策中，社会责任型投资（Sociallly Responsible Investing，简称 SRI）的概念随之诞生。SRI 也被称为"可持续发展和社会责任投资"，是一种将投资目的和社会、环境以及劳工问题相统一的投资模式。社会责任投资理念是投资理念的一种创新，已经成为一项重要的投资准则。其发展历程表明，它不仅带给投资者高于平均回报率的投资回报，同时也通过积极的资本引导，评价和推进企业履行社会责任，从而促进企业、社会和环境的可持续发展。SRI 是一种特别的投资理念，即在选择投资的企业时不仅关注其财务、业绩方面的表现，同时也关注企业社会责任的履行，在传统的投资模式上增加了企业环境保护、社会道德以及公共利益等方面的考量，是一种更全面的考察企业的投资方式。社会责任投资者同时还可以用他们企业股东的身份，促使企业履行良好的社会责任。在英、美等发达国家，SRI 已经取得了长足发展。

进入 21 世纪以来，另一种绿色金融的原则"赤道原则"（Equator Principles，简称 EPs）[②] 逐渐兴起。赤道原则是一套非官方规定，由世界主

[①]　http：//www. china1baogao. com/dianping/20180524/6156971. html.

[②]　赤道原则（EPs）的最初创始人希望将 EPs 应用于全球（北半球和南半球的金融机构），而赤道原则似乎完美地代表了这种平衡——因此得名"赤道原则"（Equator Principles），https：//www. mizuho－fg. com/csr/business/investment/equator/about/index. html。

要金融机构根据国际金融公司的环境和社会政策制定，旨在用于确定、评估和管理项目融资过程中所涉及的环境和社会风险的一套自愿性原则。2002 年，世界银行下属的国际金融公司和荷兰银行，在伦敦召开的商业银行会议上提出这一准则。这项准则要求金融机构在向一个项目投资时，要对该项目可能对环境和社会的影响进行综合评估，并且利用金融杠杆促进该项目在环境保护以及社会和谐发展方面发挥积极作用。2003 年，花旗银行、巴克莱银行、荷兰银行、西德意志州立银行等 10 家银行宣布实行赤道原则。随后，汇丰银行、JP 摩根、渣打银行等金融机构也宣布接受赤道原则。截至 2017 年底，全球有来自 37 个国家的 92 家金融机构宣布采纳赤道原则，项目融资额约占全球融资总额的 85%。在赤道原则的起草中，国际非政府组织发布的《关于金融机构和可持续性的科勒维科什俄宣言》（以下简称《宣言》）对其产生了基础性影响，特别是《宣言》中金融机构应遵守的六项原则性规定：可持续性、不伤害、负责任、问责度、透明度以及市场和管理。在实践中，赤道原则虽不具备法律条文的效力，却成为金融机构不得不遵守的行业准则，谁忽视它，谁就会在国际项目融资市场中步履艰难。赤道原则适用于全球各行业总成本超过 1000 万美元的新项目融资。

通过自下而上的商业机构和社会组织的不断推动，国际社会对于发展绿色金融已达成共识。2015 年 12 月，《联合国气候变化框架公约》达成《巴黎协定》，为 2020 年后全球应对气候变化行动做出安排，标志着全球经济活动开始向绿色、低碳、可持续转型。2016 年 9 月 6 日，在中国的倡议下，G20 绿色金融研究小组正式成立，G20 峰会发布的《二十国集团领导人杭州峰会公报》首次将绿色金融写入其中。G20 绿色金融研究小组发表的《2016 年 G20 绿色金融综合报告》明确了绿色金融的定义、目的和范围，识别了绿色金融面临的挑战，提出了推动全球发展绿色金融的七个选项，成为国际绿色金融领域的指导性文件。在 G20 的推动下，许多国家开始发布支持本国绿色金融或可持续金融发展的政策框架或路线图，许多国家和地区首次发行了绿色债券，各种绿色金融产品不断涌现，全球范围内开始形成发展绿色金融的热潮。

二　正在兴起的绿色金融创新

近年来，随着世界各国对可持续发展的重视，特别是联合国通过 2030 年议程和《巴黎协定》以来，越来越多的国家开始重视绿色金融。在 G20 峰会的推动下，截至 2017 年底，已有中国、阿根廷、厄瓜多尔、肯尼亚、孟加拉国、巴西、哥伦比亚、印度尼西亚、蒙古国、尼日利亚和越南等 20 多个国家和地区出台了绿色金融相关政策。如表 4 - 4 所示，从全球趋势看，世界主要国家和地区绿色金融主要有三个特点。

（一）绿色金融加速"主流化"①

为支持和落实 2030 年可持续发展议程，欧盟委员会基于可持续金融高级专家组（High - Level Expert Group，HLEG）对可持续发展融资的建议，于 2018 年 3 月发布了《可持续发展融资行动计划》，详细说明了欧盟委员会将采取的 10 项行动计划以及实施时间表。在此基础上，2019 年 6 月，欧盟委员会技术专家组连续发布《欧盟可持续金融分类方案》、《欧盟绿色债券标准》以及《自愿性低碳基准》等 3 份报告，明确具有环境可持续性的经济活动类型，为政策制定者、行业和投资者提供实用性工具，使投资者和银行等更容易识别可持续金融市场投资机会，这已成为其"可持续发展融资行动计划"的重要组成部分。

表 4 - 4　世界主要国家和地区的绿色金融

序号	国家和地区	绿色金融实践
1	阿根廷	发布可持续发展承诺（2017） 作为 G20 主席国，推动核准《G20 关于数字化和非正规经济的普惠金融政策指引》（2018）
2	澳大利亚	已有四家银行发行绿色债券（2017）

---

① http：//greenfinance. xinhua08. com/a/20191227/1905011. shtml.

序号	国家和地区	绿色金融实践
3	比利时	发行45亿欧元绿色主权债券（2018）
4	孟加拉国	进入绿色金融政策实施阶段（2017）；定义绿色资产和投资行业（2017）；出台绿色信贷定义和标准（2017）
5	巴西	进入绿色金融政策实施阶段（2017）；定义绿色资产和投资行业（2017）；发布该国首份绿色债券年度报告（2017）；巴西国家开发银行发行首只7年期绿色债券，发行总额为10亿美元，票面利率为4.75%（2017）
6	加拿大	养老基金投资公司首次在全球范围内发行绿色债券，10年期，票面利率为3%（2018）
7	哥伦比亚	进入绿色金融政策实施阶段（2017）
8	厄瓜多尔	形成并定义可持续发展战略（2017）
9	欧盟	发布《可持续金融高级专家组最终报告》（2018）
10	斐济	发行1亿斐济元绿色主权债券（2017）
11	芬兰	市政财政公司MuniFin的两只绿色债券在纳斯达克－赫尔辛基可持续债券市场上市（2018）
12	法国	发行97亿欧元绿色主权债券（2017）
13	中国香港	拟推行1000亿港元政府绿色债券计划（2018）
14	印度	印度国家银行发行多只全新绿色债券，计划筹集30亿美元资金（2018）
15	印度尼西亚	进入绿色金融政策实施阶段（2017）；发行5年期绿色主权债券（2018）；将金融市场向绿色转型（2018）
16	爱尔兰	寻求5亿欧元的公共－私人资金投入该国新推出的气候行动基金（2018）
17	意大利	启动"全国可持续金融对话"机制（2017）
18	日本	日本邮船株式会社宣布发行绿色债券，发行量为100亿日元（2018）
19	肯尼亚	发展并执行可持续金融框架（2017）；正在推行主权绿色债券，有望2018年底发行（2018）
20	卢森堡	卢森堡证券交易所与上海证券交易所启动绿色债券信息通（2018）
21	马来西亚	发行全球第一只绿色伊斯兰债券（2018）
22	墨西哥	开展环境风险分析（2017）；发布关于绿色债券的指导意见（2017）
23	蒙古国	进入绿色金融政策实施阶段（2017）；蒙古国央行和银行业协会与联合国环境署就发展绿色金融相关问题展开合作（2018）

续表

序号	国家和地区	绿色金融实践
24	摩洛哥	将银行、保险公司以及资本市场一同纳入可持续金融路线图（2018）
25	尼日利亚	进入绿色金融政策实施阶段（2017）；发行 106.9 亿奈拉的 5 年期绿色主权债券（2017）
26	菲律宾	国际金融公司在菲律宾提出首只以比索计价的绿色债券，发行额为 9000 万美元，期限为 15 年（2018）
27	波兰	再次发行 10 亿欧元 8.5 年期绿色主权债券（2018）
28	南非	定义绿色资产和投资行业（2017）；正在为整个金融行业制定总体政策和原则（2018）
29	泰国	泰国军人银行发行泰国首只绿色债券，总额为 6000 万元（2018）
30	英国	伦敦证券交易所与日本交易所集团就绿色金融展开合作（2018）
31	美国	美国银行宣布发行其第四只绿色债券（2018）；Macquarie 集团正在北美开展绿色投资集团（GIG）的建设计划（2018）；证券交易委员会拟为绿色债券发行制定新规（2018）
32	越南	进入绿色金融政策实施阶段（2017）

《欧盟可持续金融分类方案》① 对制造业、农业、交通运输、建筑等领域的 67 项能有效减缓气候变化的经济活动设立了技术筛查标准，以分类清单的方式用于识别和构建六项环境目标，包括气候变化减缓、气候变化适应、海洋与水资源可持续利用和保护、循环经济与废弃物防治及再回收、污染防治、保护健康的生态系统；而环境目标的实现基于"实质性贡献"和"无重大损害"两大原则，即被纳入分类方案的经济活动必须对至少一个环境目标做出重大贡献，并且对其他五个目标没有重大损害。任何类型的机构都可以使用这个分类方案来明确哪些活动为可持续金融支持的经济活动。同期欧盟委员会发布的《气候基准及环境、社会和治理（ESG）披露》中期报告显示，大约为 6000 家欧洲上市公司、银行和保险公司提供指导，以确保私人资本在促进气候适应型经济转型和弥补资金缺口方面发挥关键作用②。

---

① http：//www. tanpaifang. com/tanjinrong/2019/0725/64845_3. html.

② http：//www. tanpaifang. com/tanjinrong/2019/0725/64845. html.

英国政府发布"绿色金融战略"，积极应对气候变化与环境问题，推动英国实现 2050 年零排放目标。2019 年 7 月英国政府提出了《英国绿色金融战略》，该战略包含两大长远目标以及三大核心要素。两大目标分别是：①在政府部门的支持下，使私人部门/企业的现金流流向更加清洁、可持续增长的方向；②加强英国金融业的竞争力。该战略的三大核心要素包括"金融绿色化""投资绿色化""紧握机遇"。如"金融绿色化"，该战略认为要实现英国 2050 年温室气体零排放的目标，必须从根本上彻底改变金融系统，使之更加绿色化，且有四个关键因素：一是设定共同的认识和愿景，即认同气候和环境因素导致的金融风险和机遇，并且积极采取措施应对此风险；二是明确各部门的职责；三是增加透明度，披露气候相关金融信息并建立长效机制；四是建立清晰和统一的绿色金融体系、标准。

德国推出"2030 气候一揽子计划"以达成减排目标。2019 年 10 月德国联邦政府内阁通过了气候保护一揽子计划，包括《2030 年气候保护计划》和《联邦气候保护法》，将 2030 年温室气体相比 1990 年减排 55% 这一计划纳入法律，设立气候问题专家委员会，通过为各部门制定碳排放预算、为二氧化碳定价、鼓励建筑节能改造等措施实现碳中和。德国气候保护计划的核心内容包括三部分：一是从 2021 年起将二氧化碳定价从欧盟碳市场框架下的现有能源行业和高耗能行业扩展到运输和建筑供热领域；二是制订推广计划，包括减免实施建筑节能改造的税收，为将燃料加热设备替换为环保设备提供补贴；三是减轻居民负担，降低电价和公共交通的价格。由于经济增长、移民压力等因素，德国 2020 年温室气体较 1990 年减排 40% 的原计划无法达成，此次发布的 2030 一揽子计划对于弥合减排差距具有重要导向作用，在新的政策节点下，有助于为应对气候变化带来机遇。

越来越多的发展中国家积极参与绿色金融发展，新兴市场成为推动国际绿色金融发展的重要力量。根据可持续银行网络（SBN）最新发布的《可持续银行网络全球进展报告 2019》，SBN 在 2012 年成立时仅有 10 个成员国，其中只有孟加拉国和中国正式启动了可持续金融政策。发展至今，SBN 已拥有 38 个成员国，代表了新兴市场中 38 个国家的 43 万亿美元银行资产，而新兴市场国家可持续金融正在加速扩张，在 38 个成员国中有 22 个国家已经实施可持续金融政策，且成员国可通过向其他国家学习以实现跨越式发展。报告显示，按照 SBN 的评估框架，自 2018 年报告发布以来，SBN 的 38 个成员国中，16 个国家处于绿色金融准备阶段（包括承诺阶段和制定阶段），20 个国家处于绿色金融实施阶段（包括发展阶段和完善阶段），2 个国家（中国和印度尼西亚）处于绿色金融成熟阶段。

（二）可持续投资日渐兴起

根据国际可持续投资联盟（Global Sustainable Investment Alliance，GSIA）的定义，可持续投资是一种在投资组合选择和管理中考虑环境、社会和治理（ESG）因素的投资方法。可持续投资起源于 20 世纪七八十年代，2006 年联合国责任投资原则（Principles for Responsible Investment，PRI）诞生后，国际可持续投资主流化进程加速。

据 GSIA 发布的《2018 年全球可持续投资回顾》，2018 年初，全球可持续投资的五大主要市场规模达 30.7 万亿美元。可持续投资资产规模在全球范围内持续增长，2014 ~ 2018 年日本的增长幅度最大，年复合增长超过 300%。美国 2016 ~ 2018 年的增长（38%）略快于前两年（33%）。在其他地方，可持续投资资产继续增长，欧洲 2016 ~ 2018 年的增长率为 11%，加拿大增长率达到 42%，大洋洲增长率达到 46%。欧洲仍是全球最大的可持续投资市场，但其他主要市场可持续投资占比也在逐年提升。2018 年，欧洲可持续投资规模几乎占到全球一半（46%），但相较 2016 年的 53% 有所下降。与此同时，日本可持续投资规模占全球比例自 2016 年以来翻了两番，2018 年占比达到 7%。

ESG 类基金迅速崛起。根据蒙特利尔银行资本市场（BMO Capital Market）2019 年环境、社会和公司治理报告，全球范围内 ESG 类投资基金的数量正呈现上升趋势，2018 年已达 281 只，比 2010 年增长了 67%。据全球最大的资产管理机构 Black Rock 预测，到 2028 年投资于可持续/ESG 类的 ETF 资产总量将从现在的 250 亿美元增长至 4000 亿美元。

（三）银行绿色金融发展进入"新阶段"

银行业国际绿色金融规则的更新与发展，主要体现在老原则的更新以及新原则的诞生上。2019 年，可持续金融领域的黄金标准赤道原则经过两年讨论、更新与修订，于 2019 年 11 月底完成最新版第四版。随着银行机构的新原则《负责任银行原则》正式发布，两项原则助推国际银行业绿色金融发展进入"新阶段"。

2019 年 11 月，在新加坡举办的赤道原则年会发布了 EP4，该版将于 2020 年 7 月 1 日正式生效。EP4 具有三大特点。一是将赤道原则与国际目标和趋势紧密联系。EP4 将赤道原则与联合国 2030 年可持续发展目标（SDGs）和《巴黎协定》相联系，认为赤道原则金融机构（EPFI）将在这两个国际目标和协定中起到重要作用。二是高度重视气候变化。国际社会普遍认为，应对气候变化是目前最紧迫和最重要的全球性问题之一。EP4 针对气候变化修订的条款最多，从序言到具体原则，再到附件等，多处增加了对气候变化的具体要求和强调。三是强调 EPFI 对环境与社会相关风险的责任。

金融机构面临的风险种类众多，如信用风险、流动性风险、操作风险、市场风险、政策风险、法律风险以及声誉风险等。而赤道原则所要解决的并非金融机构面临的所有风险，而是帮助金融机构识别、评估和管理环境和社会相关风险。各种风险彼此之间有一定关联，环境和社会风险管理不当很可能引发信用风险和声誉风险，因此金融机构对这两项风险的管理至关重要。赤道原则强调了金融机构对环境和社会相关风险积极主动的管理，如要求对项目开展环境和社会风险尽职调查和评估，对于项目中可能存在的各类环境和社会影响，予以减轻、降低或进行恰当的补偿，并要求客户建立环境和社会管理体系、环境和社会管理计划以及赤道原则行动计划等①。

---

① 兴业研究绿色金融报告：《赤道原则第四版的更新与发展》。

2019 年 9 月 22 日，联合国环境署金融倡议组织（UNEP FI）在联合国大会期间正式发布了《负责任银行原则》（Principles for Responsible Banking，PRB），为全球银行业应对和推动经济可持续发展提供了衡量标准和行动指南，为银行开展负责任行动提供了远景目标。全球 130 家银行正式签署并承诺其业务战略与联合国 2030 年可持续发展目标及《巴黎协定》保持一致。首批签署银行的资产总额超过 47 万亿美元，约占全球银行业资产总规模的 1/3①。

《负责任银行原则》对国际绿色金融发展意义重大，它填补了联合国体系下绿色金融治理的一个空白。UNEP FI 在发布该原则之前为鼓励金融机构落实可持续发展目标和《巴黎协定》，在可持续投资领域，针对资产管理者、资产所有者和第三方投资服务机构制定了《负责任投资原则》（Principles for Responsible Investment，PRI），针对保险承保机构等制定了《可持续保险原则》（Principles for Sustainable Insurance，PSI）。2019 年 PRB 的发布主要针对全球的银行类金融机构，填补了国际绿色金融领域的一项空白。从此，联合国体系下形成 PRI（2006 年发布）、PSI（2012 年发布）、PRB（2019 年发布）三大原则，分别面向投资、保险和银行，这有助于促进包括绿色投资、绿色保险、绿色信贷在内的绿色金融实现均衡发展。

（四）绿色保险发展潜力巨大

全球风险格局正在发生转变，环境与气候变化相关风险的影响越来越大。世界经济论坛（World Economic Forum）2019 年发布的《2018 年全球风险报告》回顾了 2008～2018 年全球风险的演变，发现在前五大风险中，环境与气候变化相关风险占据的比例越来越高。

2010 年前，从风险发生的可能性和影响程度来看，经济金融类风险占据较大比例；2016 年后，环境、气候变化和社会责任相关风险则占 80% 的

---

① 中国人民银行：《绿色金融动态》2019 年第 12 期。

比例。2018 年排名前三的风险分别是极端天气事件、减缓气候变化失败、重大自然灾害。人为的环境破坏（例如油气泄漏、放射性污染等）、生物多样性减少和生态系统崩溃（陆地或海洋）以及水资源危机也赫然在前十大风险中。

保险业作为专业管理风险的行业，在全球格局发生重大转变的过程中，既面临机遇也面临挑战。根据国际保险监督官协会（International Association of Insurance Supervisors，IAIS）的报告，环境和气候变化给保险公司带来的影响主要有物理风险和转型风险。

（1）物理风险：指由气候变化（天气变化，海平面上升）和事件（自然灾害，极端天气）等物理现象造成的损失。对于保险公司来说，识别和掌握极端事件的动态尤为重要，有利于保险公司及时修改合同条款风险。然而，物理气候风险并无规律可言，先前不相关事件偶尔有可能导致一连串的高额赔偿。2017 年与气候相关的自然灾害造成的保险损失创下新高（1350 亿美元），若把未受保的破坏也计算在内，2017 年整体的自然灾害损失估计为 3300 亿美元①。

目前来看，与气候相关的保险保护差距仍然很大，大约 70% 的损失没有保险，这导致了很多家庭、企业和政府暴露在巨大的风险中。在宏观经济层面，来自物理风险而又没有保险产生的损失可能影响跨部门的资源可利用性、经济生产力、企业和个人资产的盈利能力，造成供应链中断，并最终影响保险市场需求。物理风险引起的未保险损失可能会对整个金融系统产生连锁影响，包括投资公司和银行。

（2）转型风险：政府、社会部门或私人机构等主体为控制气候变化而采取的政策及行动与现行金融体系不适应，继而对金融稳定与经济环境产生冲击的风险。2019 年 4 月 17 日，以关注气候为重点的联盟组织绿色金融系统网络（NGFS）发布了第一份关于气候相关金融风险的重要报告②。

---

① https：//finance.huanqiu.com/article/9CaKrnK6oT0.
② https：//news.hexun.com/2019 - 04 - 19/196883685.html.

报告指出，"唐突的转型会对金融稳定以及宏观经济产生影响，例如，如果企业以'突然或无序'的方式退出碳密集型行业和技术，它们的商业模式和资产估值会受到重创"。

对转型风险的市场定价因其长期性和缺乏数据而变得复杂。正确的气候风险定价可以降低突然重新估值的风险，从而降低与转型相关的成本。如果投资者的战略视野短于他们预想的过渡时期，就可能会出现对过渡时期风险的潜在低估。与此同时，市场定价受到缺乏与气候变化相关风险的详细和可比信息的阻碍[①]。

环境与气候变化对保险业的资产端和负债端都将产生巨大影响，亟须绿色保险从资产端和负债端两方面对绿色发展形成强大助力：在资产端，作为最大的长期资产所有者之一的保险业，能够通过保险资金的绿色投资，为绿色产业带来长期限的资金支持；在负债端，作为专业的风险管理机构，保险业可以不断创新绿色保险产品与服务，在加强环境风险管理、推动绿色产业发展、助力绿色技术创新成果的市场化应用、加强生态环境保护、参与因极端天气导致的自然灾害的风险管理等方面发挥积极作用[②]。

第四节　全球环境治理与绿色创新经济

生态环境是人类维持生存状态所必需的最为基本的公共物品，环境的变迁与恶化已经深刻地影响了人类的生活与发展。对此，国际社会在应对全球及区域性环境挑战的过程中，逐渐形成了环境治理这一共识领域，而该领域在过去几十年里已经从理念转向了具体的治理行动。在全球环境治理共识和规制得以不断强化的背景下，采取绿色经济创新手段和市场机制将有助于为国际社会提供有效的解决方案，并对治理进程产生积极影响；同时，全球环境治理也将为绿色创新经济提供驱动力。

---

① http://caifuhao.eastmoney.com/news/20190716095651179318850.
② 蔡宇．对绿色保险功能作用的探索、实践和思考 [J]．当代金融家，2018（9）：92-95.

一　全球环境治理共识推动发展观念转变

全球环境治理历经几十年的发展，已经成为推动全球发展观念转变的重要力量。从全球环境治理的起源看，第二次世界大战后，国际上出现了许多提倡保护环境的国际组织，全球环境思潮开始酝酿发展。20世纪70年代后，环境保护运动促使全球环境治理机制取得了重要进展。尤其是1970年的地球日（Earth Day）活动动员了大约2000万人参加集会，共同抗议对大自然的破坏，推动了全球范围的环境运动。到了20世纪80年代，国际社会对热带雨林砍伐、气候变化与臭氧层破坏的担忧，进一步推动了各国环保主义的兴起，并增加了新的环境议题。1971年联合国发起"人与生物圈"（Man and the Biosphere）研究计划，旨在保护生物多样性和自然生态系统。1972年联合国人类环境会议在瑞典首都斯德哥尔摩召开，这次会议成为全球第一次综合性环境保护会议，在政治层面上拉开了人类对生态环境保护的序幕。随后，联合国环境规划署、政府间气候变化专门委员会等机构相继成立；与此同时，各国也相继成立环境保护的政府机构，以应对环境变化及环境污染问题。全球环境治理的政府间合作进程持续推进。

1992年6月，在巴西里约热内卢举行的联合国环境与发展会议提出可持续发展等诸多主张，并重申了1972年6月在斯德哥尔摩通过的《联合国人类环境会议宣言》，并以之为基础，最终通过了《关于环境与发展的里约热内卢宣言》《21世纪议程》《关于森林问题的原则声明》3项文件，大会还通过了《联合国气候变化框架公约》等。《里约宣言》包含27项原则，在许多方面是对斯德哥尔摩《联合国人类环境会议宣言》的发展和完善。这些会议文件和公约不仅有利于保护全球环境和资源，还要求发达国家承担更多的义务，照顾到发展中国家的特殊情况和利益。这次会议的成果具有积极意义，在人类环境保护与可持续发展进程上迈出了重要的一步，为后续的全球环境治理打下了重要基础。

2012年联合国可持续发展大会（"里约+20"峰会）为国际社会评估

环境治理的现状、成就和不足提供了重要契机。事实表明，国际社会在解决这些复杂环境与发展问题挑战时，通过政治共识，激发世界各国主动寻求变革，为人类向可持续发展转变提供了坚实基础。在"里约＋20"峰会上，世界各国领导人共同商讨了如何减少贫困、促进社会公平、提升环境保护水平等议题，取得了重要成果。随后几年内，以联合国为核心的全球环境治理机制不断推进。特别是，在保护地球生态系统和应对气候变化上，全球环境治理的强烈意愿日益显现。2015 年，国际社会陆续达成《2030 年可持续发展议程》与《巴黎协定》。尽管存在巨大的挑战，但人类在扭转环境持续恶化方面仍然面临巨大的治理机遇。

全球治理作为一个庞大的体系，其制度建构是核心。世界各国不断协调全球环境治理架构，尝试有效保护全球环境等全球公共物品。这里所提到的全球环境治理机制主要表现为通过国际环境问题谈判而达成的多边环境条约。联合国作为最具权威性和普遍性的政府间国际组织，在国际环境治理中具有得天独厚的优势，发挥着不可替代的核心作用。具体而言，在聚焦环境问题、提高各国对环境问题的关注程度方面，在促进国际环境问题谈判方面，在提高国家履行国际环境条约的能力方面，联合国的核心作用难以取代，联合国在国际环境治理中发挥了主导作用。经过几十年的努力，全球已经建立了一套由联合国主导的生态环境治理机制。绿色创新是促进联合国环境治理建构内促进制度建设和寻求政治共识的重要工具。

本质上，全球环境治理体现了经济发展转型的大趋势。全球环境治理试图通过具有约束力的国际规则来解决全球性与区域性的环境问题，从而维护人类社会的生存与可持续发展。由于全球环境治理具有复杂性、综合性等特点，国际社会需不断强化经济转型的急迫性，发挥国家和非国家行为主体的治理能力，以提升治理的有效性和公平性。此外，国际社会更应该设计创新性的政策框架，改变相关组织机构的价值观，对解决环境恶化的方案进行更多关注和投入，让可持续发展落到实处。在这种背景下，绿色创新在全球可持续发展中的角色备受关注，同时，这种治理趋势也将为绿色创新经济提供政治动力与发展机遇。

二 全球环境治理规制促进经济绿色转型

环境问题不只是治理问题，也是经济、科技的问题，更是创新的问题。各种全球环境问题与全球经济、社会和政治问题相互交织，具有高度的综合性和复杂性特征。从联合国 2030 年可持续发展议程来看，气候变化、水资源、沙漠化以及生物多样性丧失等问题之间存在广泛的内部联系。对这些问题的解决，科学研究与绿色创新具有基础性作用。

（一）全球环境治理与绿色科技创新

绿色科技作为治理生态环境问题的技术手段，同样也会影响全球治理的格局。从全球治理来看，绿色创新之类的科技变革通过知识结构产生新的权力，科技的发展改变人们对世界的认识并塑造新的知识结构。在政治学的意义上，绿色科技可以通过嵌入其他权力结构来影响权力的产生和运转。总之，绿色科技治理要素、规范和手段等方面的不断发展对推动全球环境治理的不断深化具有重要意义。

1. 绿色创新有助于建构国际信任和促进国际合作

从科学信息获取角度来看，各国决策者有寻求新的技术与信息的愿望，因为这些技术可以帮助他们更好地实现自身的目标。科学技术的发展可以改变国际关系中的游戏规则和国际体系中不同行为体的政策偏好；科技也经常作为国际社会面临共同问题时解决方案的来源以及国际宏观现象转变的关键推动因素。科学技术信息已经成为全球治理的重要因素，主要体现在制定国际行为规范、执行条约以及影响联合国专门机构的运行等渠道上。基于此，国家对于新信息通常是持开放姿态的，因为掌握新的信息有利于政策制定者在复杂和不确定的环境中进行规划，如气候变化、臭氧空洞等环境问题很复杂；与此同时，科学知识又具有不确定性、有限性和不断进化等特性，只有持续地获取信息才能推动政治家有效决策。国际信任是一种关键性资源，它可由科学信息的提炼和评估产生①；科技因素可以充当国际规范的重要认知基础②。由此可见，促进科技信息的传播和共同的创新活动有助于建构国际合作中的信任，从而有效推动国际环境治理进程。

2. 相关科学研究有助于应对全球环境治理的复杂性与综合性

各种区域性或全球性环境问题往往高度关联，需要科学评估及科技创新提供辅助。一些生态环境污染会跨国或跨地区流动，如河流污染和酸雨等问题；另一些问题则更为复杂和宏观，如气候变化、生物多样性等问题；对这些问题进行识别并提供科学的解决方案十分重要。这些问题领域的综合属性表明，需要多方的共同努力才能有效提升全球治理制度能力和治理效果③。全球环境治理的多元化和碎片化趋势不断加剧，治理体系间的协同与互动成为国际环境政策的焦点。全球环境治理的这些特征决定了环境治理必然依赖国际、跨国和多层次的科学合作与创新活动，以促进多元化行为主体间的认知趋同。在应对这种复杂性的过程中，科学研究和绿色科技创新有助于为治理问题提供共同的科学方案。

3. 科学团体和环保企业是多元治理架构中的重要变革力量

鉴于科学技术已成为国际事务变革中的最强大和持久的因素，世界各国对研发的资金投入不断增加，全球科学研究与创新氛围也在发生深刻变化。科技创新提升了人类的创造力，加快扩展知识和生产，进而又推动了对新技术和创新的持续需求④。全球治理理论的核心观点是，全球性问题的解决成为一个由政府、政府间组织、非政府组织、跨国公司等共同参与

---

① 罗伯特·基欧汉，约瑟夫·奈.《权力与相互依赖》[M].门洪华，译.北京：北京大学出版社，2012：246－247.

② Peter M. Haas. Introduction：epistemic communities and international policy coordination [J]. International Organization，1992，46（1）：12.

③ EduardoAraral，Ostrom. Hardin and the commons：a critical appreciation and a revisionist view [J]. Environmental Science & Policy，2014，36（3）：11－23. Kenneth W. Abbott. Strengthening the transnational regime complex for climate change，Transnational Environmental Law，2014，3（1）：57－88.

④ Eugene B. Skolnikoff. The elusive transformation：science，technology，and the evolution of international politics. princeton [M]. NJ：Princeton University Press，1993.

和互动的过程，这一过程的重要途径是强化国际规范和国际机制，以形成一个具有法律约束力和道德规范力并且能够解决全球性问题的机制①。当多个相互关联的单位进行治理时，应该从各个中心出发，组织各自的行动并形成相互间的治理关联。制度变革与知识生产和积累扮演着不可替代的作用。

总之，国际科技合作和环保合作是全球绿色转型中尤为重要的组成部分，是解决人类共同面对的能源、资源、环境、健康等领域重大科技问题的重要依托，也必将获得更多的发展空间。

（二）绿色创新经济在全球环境治理中的积极影响

绿色创新经济发展不仅符合国际可持续性规范，而且拥有可预期的发展前景。特别是，绿色创新将在全球可持续发展和国际环境保护浪潮中获得更佳的发展条件和历史机遇。一方面，随着各国产业的转移，全球环境管制和环境标准呈现跨国溢出效应②。在这一背景下，绿色创新经济成为全球经济发展的大势所趋，具有前瞻性和后发优势。由于全球制造业转移的原因，发展中国家的绿色产业和技术创新将在全球环境治理中发挥更大的积极作用。另一方面，从长期来看，符合全球环境治理的规则和价值将有助于企业参与市场竞争。基于绿色发展潮流的竞争优势，需要各国企业和决策者着眼于长远发展的目标，采纳系统化的环境保护策略，以应对来自全球市场不断变化的环保要求。因此，绿色技术创新能力是企业获取绿色竞争力的前提③。

总之，当前的全球环境治理规制与共识已经成为经济绿色转型的强大动力。在环境问题越来越凸显的当今时代，世界各国企业要在环境规制背

---

① Robert O. Keohane. international institutions and state power：essays in international relations theory [M]. Westview Press，1989.

② 童昕，陈天鸣. 全球环境管制与绿色创新扩散——深圳、东莞电子制造企业调查 [J]. 中国软科学，2007（9）：75－82.

③ 李广培，李艳歌，全佳敏. 环境规制、R&D 投入与企业绿色技术创新能力 [J]. 科学学与科学技术管理，2018（11）：63－75.

景下实现发展，技术层面亟须实施绿色技术创新，绿色技术创新是破解企业发展困境的关键。企业实施绿色技术创新具有实现企业可持续发展、突破绿色壁垒、利用市场机会、塑造良好社会形象等重要意义[1]。

三 全球环境治理压力下的绿色科技创新

(一) 可再生能源领域的绿色创新

能源领域的绿色创新已经成为应对气候变化和能源转型的重要内容。从全球范围来看，一方面，可再生能源技术的低成本竞争性有显著提高，另一方面，可再生能源利用在技术与商业模式方面的创新也在不断发展。根据国际可再生能源署的《可再生能源电力的创新蓝景》报告，相关研究已经确定了 30 种创新类型和 11 种基于这些创新的实际解决方案，并提出了推动能源转型的三大趋势。这其中，终端能源部门的数字化、分散化和电气化已经成为绿色创新的趋势。这些变化有助于为全球环境治理提供更多的解决方案，推进全球能源向低碳、清洁转变。

新能源的重要意义在于其环境和能源安全价值。近年来，世界各国对环境保护高度重视，鼓励利用新技术、新能源，以减轻温室效应并促进生态良性循环。在此背景下，新能源具有良好的经济效益和环境效益，因而得到很多国家的支持。新能源产业是衡量一个国家和地区高新技术发展水平的重要依据，也是新一轮国际竞争的战略制高点，世界发达国家和地区都把发展新能源作为顺应科技潮流、推进产业结构调整的重要举措。2017年后，全球新能源建设不断增加，发展新能源产业也已经成为全球各地转变发展方式、调整能源结构的重要选择，未来新能源产业仍处于快速发展时期。大力发展可再生能源可相对减少能源需求中化石能源的比例和对进口能源的依赖程度，提高能源、经济安全。此外，可再生能源与化石能源相比，最直接的好处就是其环境污染少。从对全球气候治理的角度看，各

---

① 刘晓音，赵玉民. 环境规制背景下的企业绿色技术创新探析 [J]. 技术经济与管理研究，2012 (2)：43-46.

国对可再生能源的绿色创新和市场机制日益重视。例如，2019 年末，欧盟委员会发布了《绿色欧洲协议》，旨在提升欧盟到 2050 年的气候治理水平，从而促进欧洲经济稳定、可持续发展。《绿色欧洲协议》的行动路线图中最重要的内容就是提升能源使用效率。

（二）臭氧保护中的绿色技术创新

绿色技术创新在臭氧保护中一直扮演着重要的角色。2017 年是《关于消耗臭氧层物质的蒙特利尔议定书》缔结 30 周年[①]。众所周知，臭氧层是地球的保护伞。由于广泛使用氯氟碳化合物和哈龙，臭氧层遭到了严重破坏，其负面效应包括损害人类健康、危害农作物和生物资源、破坏生态系统、导致全球升温等。为此，国际社会签订了一系列国际公约，如 1985 年 3 月通过的《保护臭氧层维也纳公约》以及 1987 年 9 月通过的《关于消耗臭氧层物质的蒙特利尔议定书》及其修正案（1990 年和 1992 年两次修正）。《关于消耗臭氧层物质的蒙特利尔议定书》已经得到全球 197 个国家的广泛支持，近些年，国际上已淘汰了近 99% 的消耗臭氧层物质的生产和使用，实现了巨大的环境、健康和气候效益。

臭氧层保护治理框架符合全球环境治理绿色、低碳、循环、可持续的生产生活方式，是平衡推进《2030 年可持续发展议程》的重要抓手。在应对臭氧保护中，科技创新发挥了重要作用。《关于消耗臭氧层物质的蒙特利尔议定书》规定，参与条约的每个成员组织（国家或国家集团）将冻结并依照缩减时间表来减少 5 种氟利昂的生产和消耗，冻结并减少 3 种溴代物的生产消耗。具体情况为：5 组氟利昂的大部分消耗量将从 1989 年 7 月 1 日起，冻结在 1986 年使用量的水平上；从 1993 年 7 月 1 日起，其消耗量不得超过 1986 年使用量的 80%；从 1998 年 7 月 1 日起，减少到 1986 年使用量的 50%。这就要求各国开发和使用替代氯氟烃（CFCs）的绿色环保产品。

---

① UNEP. 迈向绿色经济：实现可持续发展和消除贫困的各种途径 ［R］. 2011.

在科技创新的支持下，全球应对臭氧问题取得了重要突破。联合国正敦促各国批准议定书的《基加利修正案》，以减少氢氟碳化物的排放，这将有助于《2030年可持续发展议程》目标13的实现。对此，联合国秘书长古特雷斯认为《关于消耗臭氧层物质的蒙特利尔议定书》的积极作用在于，每年可使数百万人免遭罹患皮肤癌和白内障的风险。诺贝尔化学奖得主马里奥·马林纳（Mario Molina）撰文认为，未来《基加利修正案》的批准将在2050之前减少相当于1000亿吨的二氧化碳排放量，并在21世纪末减少0.5℃的全球升温，这对于帮助消除贫穷、应对气候变化以及保护食物链十分重要①。

由于环保观念的深入人心，世界各国的消费者在购买商品时也会自觉地选择无氟冰箱、无氟空调等家用电器。尽管冰箱、空调增多了，但对臭氧层并未产生负面的影响。过去十多年来，在世界各国的共同努力下，地球大气层中消耗臭氧层的物质越来越少，南极上空的臭氧层空洞逐渐稳定。根据联合国发布的2018年臭氧消耗科学评估，破坏臭氧层的物质在1989年《关于消耗臭氧层物质的蒙特利尔议定书》生效后逐步停产，在未来30多年也将持续减少，科学家估计到2070年前后，臭氧层空洞将恢复到1980年的水平。可以说，在臭氧保护中，绿色创新有效地提升了全球环境治理的有效性。

（三）地球工程中的技术创新

"地球工程"是科学技术创新的一个重要新兴领域，未来有可能在全球气候治理中受到更多关注。"地球工程"的本质是运用工程和技术手段在较大尺度范围内对气候状况加以调节或修正的行为。"地球工程"的定位是在减缓和适应气候变化不力情况下的应急措施，目标是解决气候变化带来的全球升温问题。近年来，一些科学家提议以"地球工程"手段人工

---

① Mario Molina. Protecting the Climate and the Ozone Layer Together, The Guardian, 2017-09-16, https://www.theguardian.com/the-gef-partner-zone/2017/sep/14/protecting-the-climate-and-the-ozone-layer-together.

为地球降温，作为应对气候变化的"B 计划"（Plan B）。在定位上，"地球工程"是应对气候变化"减缓和适应"两种"常规"手段之外的"非常规手段"[①]。

"地球工程"的想法由来已久。根据相关研究，早在 20 世纪 60 年代，美国总统科学顾问委员会在一份名为"恢复我们的环境质量"的报告中提出，二氧化碳排放正在改变我们赖以生存的家园，需要认真探索人工干预对抗气候变化的可行性，并建议每年花费 50 亿美元在热带地区安置反射性材料，以及利用增加云层等手段来应对气候变化。这是全球第一个正式应对气候变化的研究报告，也是第一次在政府层面提出的大规模人为干预气候变化的设想。但"地球工程"这一概念直到 2009 年才由英国皇家学会提出，且提出之前经历了多年的发展孕育过程。荷兰大气化学家保罗·约瑟夫·克鲁岑由于证明了氮的氧化物会加速"大气平流层中保护地球不受太阳紫外线辐射的臭氧"的分解，而获得 1995 年诺贝尔化学奖。在此基础上，克鲁岑引入"人类世"的概念，即地球环境已进入越来越受到人类活动影响的一个新的地质时期，并据此提出在全球变暖背景下，在大气平流层注入气溶胶以应对全球气候变暖的设想，由此开启了进入 21 世纪以来利用"地球工程"应对全球气候变化的大争论。可以想象这一巨大的工程亟须科技投入与创新，同时也可以预期，"地球工程"若实施将为绿色经济提供新的动力。

从既有的全球环境制度来看，绿色创新可以广义地理解为为国际社会提供技术服务和公共产品、促进国际规范与协议的形成，并最终推动全球经济的绿色转型。与此同时，在响应环境治理和压力过程中，科学研究进展、新技术、新绿色产品的研发能够助力全球及各国环保产业发展，并有效为全球环境治理提供新的思路与解决方案，最终提升全球环境治理的有效性，从根本上改变人与自然不和谐的局面。

四 小结

全球环境治理的困境为绿色创新的发展提供了契机。一方面，全球环

---

① 辛源. 地球工程的研究进展简介与展望［J］. 气象科技进展，2016（4）：30-36.

境治理碎片化现象导致了日益增多的全球倡议的出现，这已成为协同治理中的一个副产品。治理规模的扩大推动新规则、新机构不断确立，也反映出全球环境治理领导结构的多元属性。另一方面，作为重要驱动力，国际社会要想实现有效治理全球环境恶化，就必须积极推动绿色创新，特别是在环境管理、环境标准和环保技术、绿色低碳经济等领域的发展。

随着可持续发展的深入人心，绿色技术创新、绿色产品与绿色创新经济形式也将不断涌现。这些绿色经济创新形式将有助于全球治理方式上的创新与体系中各要素的协同，缓和国家间利益的冲突，为国际社会应对相关挑战提供补充性的支撑。与此同时，绿色科技的进步与履行国际环境公约之间具有重要的关联，两种方式相结合必将有助于提升全球环境治理的效力①。

参考文献

［1］罗伯特·基欧汉，约瑟夫·奈. 权力与相互依赖［M］. 门洪华，译. 北京：北京大学出版社，2012.

［2］30th Anniversary of Montreal Protocol and World Ozone Day 2017，UNEP，http：// ozone. unep. org/en/30th – anniversary – montreal – protocol – and – world – ozone – day – 2017.

［3］BP. BP 技术展望［R］. 2018.

［4］BP. BP 世界能源展望［R］. 2019.

［5］Charles Weiss. How do science and technology affect international affairs？［J］. Minerva，2015，53（4）：411 – 430.

［6］Charles Weiss，Science，technology and international relations［J］. Technology in Society，2005，27（3）：295 – 313.

［7］Eduardo Araral，Ostrom. Hardin and the commons：a critical appreciation and a revisionist view［J］. Environmental Science & Policy，2014，36（3）：11 – 23.

---

① IUCN. International union for conservation of nature annual report 2017，https：//portals. iucn. org/ library/sites/library/files/documents/2018 – 007 – En. pdf.

［8］ Elinor Ostrom. A multi – scale approach to coping with climate change and other collective action problems ［J］. Solutions, 2010, 1 (2): 27 – 36.

［9］ Eugene B. Skolnikoff. Science and technology: the implications for international institutions ［J］. International Organization, 1971, 25 (4): 759 – 775.

［10］ Eugene B. Skolnikoff. The elusive transformation: science, technology, and the evolution of international politics ［M］. Princeton, NJ: Princeton University Press, 1993.

［11］ FrankBiermann, P. Pattberg, and F. Zelli. The fragmentation of global governance architectures: a framework for analysis ［J］. Global Environmental Politics, 2009, 9 (4): 14 – 40.

［12］ IUCN. International union for conservation of nature annual report 2017, https: //portals. iucn. org/library/sites/library/files/documents/2018 – 007 – En. pdf.

［13］ Kenneth W. Abbott. Strengthening the transnational regime complex for climate change ［J］. Transnational Environmental Law, 2014, 3 (1): 57 – 88.

［14］ Mario Molina. Protecting the climate and the ozone layer together, The guardian, 2017 – 09 – 16, https: //www. theguardian. com/the – gef – partner – zone/2017/sep/14/protecting – the – climate – and – the – ozone – layer – together.

［15］ Peter J. Katzenstein. Introduction: alternative perspectives on national security, the culture of national security: norms and identity in world politics, 1996.

［16］ Peter M. Haas. Introduction: epistemic communities and international policy coordination ［J］. International Organization, 1992, 46 (1): 12.

［17］ Peter M. Haas. Saving the mediterranean: the politics of international environmental cooperation ［M］. Ithaca: Columbia University Press, 1990.

［18］ Robert O. Keohane. International institutions and state power: essays in international relations theory ［M］. Westview Press, 1989.

［19］ Ronald B. Mitchell, William C. Clark, David W. Cash, Nancy M. Dickson, eds. Global environmental assessments: information and influence, 2006.

［20］ The GEO – 6 regional assessments, https: //www. unenvironment. org/assessment – findings – and – data.

［21］ UNEP. 迈向绿色经济：实现可持续发展和消除贫困的各种途径 ［R］. 2011.

［22］ 陈洪昭，郑清英．全球绿色科技创新的发展现状与前景展望 ［J］. 经济研究参

考，2018（51）：70－79.

［23］高祖贵．世界百年未有之大变局的丰富内涵［J］．学习时报，2019－1－21.

［24］姜照华，马娇．绿色创新与环境污染、能源消耗的相互关系研究［J］．生态经济，2019，35（4）：160－166.

［25］李广培，李艳歌，全佳敏．环境规制、R&D投入与企业绿色技术创新能力［J］．科学学与科学技术管理，2018（11）：63－75.

［26］李宏彬．空气污染对预期寿命的长期影响：基于中国淮河取暖分界线的证据［J］．美国国家科学院院刊，2013.

［27］联合国．2019年全球可持续发展报告［R］.2019.

［28］联合国全球合约．https：//www.un.org/chinese/partners/unglobalcompact/summary.html.

［29］林涛．国际关系理论中的权力：科技因素的视角［J］．科技管理研究，2007（12）：261－263.

［30］刘晓音，赵玉民．环境规制背景下的企业绿色技术创新探析［J］．技术经济与管理研究，2012（2）：43－46.

［31］强雁．美国绿色技术创新经验对创建航天绿色企业的启示［J］．科技进步与对策，2003（12）：74－76.

［32］童昕，陈天鸣．全球环境管制与绿色创新扩散——深圳、东莞电子制造企业调查［J］．中国软科学，2007（9）：75－82.

［33］王晓迪，张媛，张晓静．欧洲发达国家清洁能源发展前沿动态分析及启示［J］．天津科技，2018，45（11）：1－8.

［34］辛源．地球工程的研究进展简介与展望［J］．气象科技进展，2016（4）：30－36.

［35］杨朝均，张广欣，杨文珂．国际技术溢出下绿色创新产学研合作演化博弈研究［J］．生态经济，2019，35（12）：38－43.

［36］叶子青，钟书华．美、日、欧盟绿色技术创新比较研究［J］．科技进步与对策，2002（7）：150－152.

［37］叶子青，钟书华．美国绿色技术创新现状及发展趋势［J］．科技管理研究，2002（2）：56－64.

［38］叶子青，钟书华．欧盟的绿色技术创新［J］．中国人口·资源与环境，2013，13（6）：13－115.

[39] 叶子青，钟书华. 日本绿色技术创新现状及发展趋势 [J]. 科技与管理，2002 (4)：116 – 119.

[40] 殷伟萍. 绿色技术创新与碳排放研究综述 [J]. 商讯，2019 (9)：171，173.

[41] 张海滨. 联合国与国际环境治理 [J]. 国际论坛，2007 (5)：42 – 47.

[42] 张敏. 欧盟探索绿色经济增长模式 [J]. 现代国企研究，2017 (19)：75 – 77.

[43] 张敏. 英国绿色治理创新机制及对中国的启示 [J]. 当代世界，2015 (10)：50 – 53.

[44] 张迎红. 欧盟创新经济现状及未来政策趋势 [J]. 德国研究，2012，27 (4)：79 – 91.

[45] 张莹，陈迎，潘家华. 气候工程的经济评估和治理核心问题探讨 [J]. 气候变化研究进展，2016 (5)：442 – 449.

[46] 张志勤. 欧盟绿色经济的发展现状及前景分析 [J]. 全球科技经济瞭望，2013，28 (1)：50 – 57.

[47] 中国 21 世纪议程管理中心可持续发展战略研究组. 全球格局变化中的中国绿色经济发展 [M]. 社会科学文献出版社，2013.

[48] OECD. 迈向绿色增长 [R]. 2011.

第五章　绿色创新经济的中国实践

第一节　战略背景、挑战与机遇

改革开放40多年来，我国从工业化、城镇化加快发展的国情出发，不断探索绿色创新发展的新路径、新模式，积极应对国内外环境的复杂变化和一系列重大挑战，实现了经济平稳较快发展、人民生活显著改善，在控制人口总量、提高人口素质、节约资源和保护环境等方面取得了积极进展。与此同时，作为一个发展中国家，我国人口众多、生态脆弱、人均资源占有量不足，尽管经济总量已居世界第2位，但人均国内生产总值仍然较低，2018年全球排名第72位，资源环境对经济发展的约束较强，区域发展不平衡问题依然突出，改善民生的任务仍然十分艰巨。我国经济已由高速增长阶段转向高质量发展阶段，需要在发展理念及发展路径上有创新性的探索。绿色创新经济是实施可持续发展战略、破解日趋严重的生态问题、走出目前资源环境困境的一种全新发展模式，对于我国的长远发展而言是一次机遇，但也会面临诸多挑战。

一　绿色创新经济发展的战略背景

新中国成立后特别是改革开放以来，我国在国民经济恢复重建中探索经济与环境协调发展的道路。自1992年联合国环境与发展大会（简称"联合国环发大会"）后，我国于1994年3月发布《中国21世纪议程——中国21世纪人口、环境与发展白皮书》，1996年将可持续发展上升为国家战略并全面推进实施。进入 21 世纪，立足我国基本国情，总结发展实践，借鉴国外经验，进一步深化对可持续发展的认识，提出创新驱动发展战略和建设生态文明，为绿色创新经济发展提供了顶层布局和不懈动力。

（一）可持续发展战略[①]

联合国环发大会召开后不久，我国即着手制定《中国 21 世纪议程——中国 21 世纪人口、环境与发展白皮书》，这不仅是对联合国环发大会的积极响应，也反映了中国经济社会发展内在的必然需求。原国家科委和国家计委组织了由 52 个部门以及 300 余名专家参加的研究编制队伍，在联合国开发计划署（UNDP）的积极支持下，经过近两年的努力于 1994 年 3 月制定的《中国 21 世纪议程——中国 21 世纪人口、环境与发展白皮书》经国务院审议通过，确立了中国可持续发展的总体战略框架和各领域主要目标。《中国 21 世纪议程——中国 21 世纪人口、环境与发展白皮书》共 20 章 78 个方案领域，主要内容分为四大部分。第一部分是可持续发展总体战略与政策，论述了实施中国可持续发展战略的背景和必要性，提出了中国可持续发展战略目标、战略重点和重大行动，建立中国可持续发展法律体系，制定促进可持续发展的经济技术政策，将资源和环境因素纳入经济核算体系，参与国际环境与发展合作的意义、原则立场和主要行动领域。第二部分是社会可持续发展，包括人口、居民消费与社会服务，消除贫困，卫生与健康，人类住区可持续发展和防灾减灾等。第三部分是经济可持续发展，把促进经济快速增长作为消除贫困、提高人民生活水平、增强综合国力的必要条件，其中包括可持续发展的经济政策，农业与农村经济的可持续发展，工业与交通、通信业的可持续发展，可持续能源和生产消费等。第四部分是资源的合理利用与环境保护，包括水、土等自然资源保护与可持续利用，还包括生物多样性保护；防治土地荒漠化，防灾减灾、保

---

① 黄晶．从 21 世纪议程到 2030 议程——中国可持续发展战略实施历程回顾［J］．可持续发展经济导刊，2019（9）：14 - 16.

护大气层（如控制大气污染和防治酸雨）、固体废物无害化管理等。

1995年9月，党的十四届五中全会通过《中共中央关于制定国民经济和社会发展"九五"计划和2010年远景目标的建议》，提出"必须把社会全面发展放在重要战略地位，实现经济与社会相互协调和可持续发展"，这是在党的文件中第一次使用"可持续发展"的概念。1996年3月，第八届全国人民代表大会第四次会议审议通过《中华人民共和国国民经济和社会发展"九五"计划和2010年远景目标纲要》，明确提出了中国在经济和社会发展中实施可持续发展战略的重大决策。1997年党的十五大报告对可持续发展战略进行了系统阐述，即"坚持计划生育和保护环境的基本国策，正确处理经济发展同人口、资源、环境的关系。资源开发和节约并举，把节约放在首位，提高资源利用效率。统筹规划国土资源开发和整治，严格执行土地、水、森林、矿产、海洋等资源管理和保护的法律。实施资源有偿使用制度。加强对环境污染的治理，植树种草，搞好水土保持，防治荒漠化，改善生态环境。控制人口增长，提高人口素质，重视人口老龄化问题"。

（二）创新驱动发展战略

党的十八大明确提出，科技创新是提高社会生产力和综合国力的战略支撑，必须将其摆在国家发展全局的核心位置。强调要坚持走中国特色自主创新道路、实施创新驱动发展战略。这是我国放眼世界、立足全局、面向未来作出的重大决策。

实施创新驱动发展战略，是我国可持续发展的内在需要。改革开放以来，我国经济高速增长的驱动因素包括改革开放的"政策红利"、大规模的"人口红利"、粗放的"资源红利"、加入世贸组织带来的"全球化红利"等，这些比较优势是推进我国快速成为全球第二大经济体的主要后发优势。然而，随着我国经济社会发展阶段的转变，这些红利正呈现逐渐消失的趋势。例如，据中国科学院可持续发展研究组有关研究，1995年我国每元固定资产投资带来的GDP为3.06元（净产出2.06元），到2016年这一数字已经下降到1.23元（净产出0.23元），依靠资本投入拉动经济高速增长的模式难以为继。

与低成本优势相比，技术创新具有不易模仿、附加值高等突出特点，由此建立的创新优势持续时间长、竞争力强。实施创新驱动发展战略，加快实现由低成本优势向创新优势的转换，可以为我国可持续发展提供强大动力。实施创新驱动发展战略，对我国提高经济增长的质量和效益、加快转变经济发展方式具有现实意义。科技创新具有乘数效应，不仅可以直接转化为现实生产力，而且可以通过科技的渗透作用放大各生产要素的生产力，提高社会整体生产力水平。实施创新驱动发展战略，加快产业技术创新，用高新技术和先进适用技术改造提升传统产业，既可以降低消耗、减少污染，改变过度消耗资源、污染环境的发展模式，又可以提升产业竞争力，是我国实现可持续发展的客观需要。

2016年5月，中共中央、国务院印发了《国家创新驱动发展战略纲要》，明确了创新驱动发展战略实施的目标和重点任务。纲要提出的战略目标是"三步走"：第一步，到2020年进入创新型国家行列，基本建成中国特色国家创新体系，有力支撑全面建成小康社会目标的实现；第二步，到2030年跻身创新型国家前列，发展驱动力实现根本转换，经济社会发展水平和国际竞争力大幅提升，为建成经济强国和共同富裕社会奠定坚实基础；第三步，到2050年建成世界科技创新强国，成为世界主要科学中心和创新高地，为我国建成富强、民主、文明、和谐的社会主义现代化国家，实现中华民族伟大复兴的中国梦提供强大支撑。

纲要提出要按照"坚持双轮驱动、构建一个体系、推动六大转变"进行布局，构建新的发展动力系统。"双轮驱动"是科技创新和体制机制创新两个轮子相互协调、持续发力。"一个体系"是建设国家创新体系，要建设各类创新主体协同互动和创新要素顺畅流动、高效配置的生态系统，形成创新驱动发展的实践载体、制度安排和环境保障。"六大转变"就是发展方式从以规模扩张为主导的粗放式增长向以质量效益为主导的可持续发展转变；发展要素从传统要素主导发展向创新要素主导发展转变；产业分工从价值链中低端向价值链中高端转变；创新能力从"跟踪、并行、领跑"并存、"跟踪"

为主向"并行""领跑"为主转变;资源配置从以研发环节为主向产业链、创新链、资金链统筹配置转变;创新群体从以科技人员的小众为主向小众与大众创新创业互动转变。紧紧围绕经济竞争力提升的核心关键、社会发展的紧迫需求、国家安全的重大挑战,纲要从推动产业技术体系创新、强化原始创新、优化区域创新布局、深化军民融合、壮大创新主体、实施重大科技项目和工程、建设高水平人才队伍、推动创新创业等方面提出了一系列重点任务。

(三)　生态文明建设

生态文明的提出源于人类对传统工业文明的理性反思,是人类为保护和建设美好生态环境而取得的物质成果、精神成果和制度成果的总和(见图5-1)。党的十八大以来,习近平总书记站在战略和全局的高度,对生态文明建设提出一系列新思想、新论断、新要求,为建设美丽中国,实现中华民族永续发展,走向社会主义生态文明新时代,指明了前进方向和实现路径。党的十八届三中全会我国提出加快建立系统完整的生态文明制度体系,四中全会要求用严格的法律制度保护生态环境,五中全会将绿色发展作为五大发展理念之一。党的十九大提出加快生态文明体制改革,建设美丽中国。尤其是《关于加快推进生态文明建设的意见》《生态文明体制改革总体方案》等纲领性文件的相继出台,明确了生态文明建设的总体定位与重点任务。

生态文明建设总体上可以用"四梁八柱"来形容。①健全自然资源资产产权制度,包括建立统一的确权登记系统,建立权责明确的自然资源产权体系,健全国家自然资源资产管理体制,探索建立分级行使所有权的体制,开展水流和湿地产权确权试点。②建立国土空间开发保护制度,包括完善主体功能区制度,健全国土空间用途管制制度,建立国家公园体制,完善自然资源监管体制。③建立空间规划体系,包括编制空间规划,推进市县"多规合一",创新市县空间规划编制方法。④完善资源总量管理和全面节约制度,包括完善最严格的耕地保护制度和土地节约集约利用制度,完善最严格的水资源管理制度,建立能源消费总量管理和节约制度,建立天然林保护制度,建立草原保护制度,建立湿地保护制度,建立沙化土地封禁保护制度，健全海洋资源开发保护制度，健全矿产资源开发利用管理制度，完善资源循环利用制度。⑤健全资源有偿使用和生态补偿制度，包括加快自然资源及其产品价格改革，完善土地有偿使用制度，完善矿产资源有偿使用制度，完善海域海岛有偿使用制度，加快资源环境税费改革，完善生态补偿机制，完善生态保护修复资金使用机制，建立耕地草原河湖休养生息制度。⑥建立健全环境治理体系，包括完善污染物排放许可制，建立污染防治区域联动机制，建立农村环境治理体制机制，健全环境信息公开制度，严格实行生态环境损害赔偿制度，完善环境保护管理制度。⑦健全环境治理和生态保护市场体系，包括培育环境治理和生态保护市场主体，推行用能权和碳排放权交易制度，推行排污权交易制度，推行水权交易制度，建立绿色金融体系，建立统一的绿色产品体系。⑧完善生态文明绩效评价考核和责任追究制度，包括建立生态文明目标体系，建立资源环境承载能力监测预警机制，探索编制自然资源资产负债表，对领导干部实行自然资源资产离任审计，建立生态环境损害责任终身追究制。

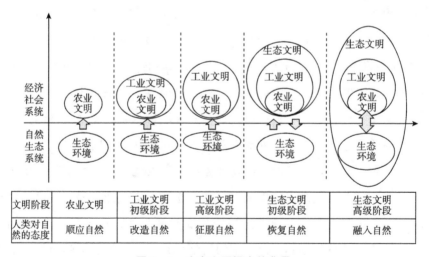

图5-1 生态文明提出的背景

二 我国绿色创新经济发展面临的挑战

我国在绿色创新经济方面的实践还只是开始，未来的发展还会面对诸多的困难和挑战。

（一）国际环境的不确定性，为我国绿色创新经济发展带来诸多挑战

当前风云变幻的国际形势，给中国未来绿色创新经济实践增加了众多的不确定性。国际社会正经历百年未有之大变局，逆全球化、发展不平衡和不公平、技术壁垒和竞争，以及全球性生态等问题的出现，导致全球经济下行不可避免，这将影响到中国推行绿色创新经济的进程。首先，随着贸易保护主义的抬头，经济全球化正遭遇越来越多的阻力。曾经积极倡导自由市场、自由贸易的欧美等发达国家和地区也开始加入贸易保护主义者的行列，自2008年金融危机以来一直疲弱的世界经济正面临着更加不确定的未来。其次，全球化进程使各国在经济领域的相互依赖、相互渗透持续加深，共同利益不断增加，利益冲突也在增多。全球性的收入不平衡、发展空间不平等、贫富差距日益拉大等，正在破坏全球经济合作发展的信任基础。再次，技术进步的空间扩散效应远未达到预期，国家间的技术差距日益增加，进一步加剧发达国家与发展中国家之间发展的不平等。发达国家的先进技术通过促使技能溢价上涨、低端劳动力挤兑、技术锁定与依赖等中间机制对发展中国家的人力资本积累产生"侵蚀效应"，这不仅会抑制发展中国家的人力资本水平提升，更使其自主创新和技术差距收敛之路面临挑战。最后，地球生态赤字不断扩大，人类生存的生态环境正面临巨大挑战。据世界自然基金会（WWF）发布的《地球生命力报告2018》，为满足全球人口的需求，目前需要约1.6个地球的面积和生态资源。而如果按现有趋势继续发展，到2100年以后"我们要四个地球才够"。生态超载进一步加剧气候变化、森林萎缩、渔业资源衰退、土地退化、淡水资源减少、生物多样性丧失等，经济进一步发展的空间被挤压。

（二）短期快速工业化进程积累了诸多发展瓶颈

我国近40年快速经济发展几乎走过了西方发达国家100多年的工业化

历程，创造了人类史上的经济奇迹，但同时也面临工业化过程中不可回避的问题，而且是在短期集中出现的。首先，人口压力和就业问题成为经济增长方式转变的掣肘。目前，中国 15～59 岁劳动年龄人口占总人口比重由 2011 年的 69.8% 下降到 2018 年的 64.3%；同时，劳动力老化日益加剧，45～59 岁大龄劳动人口占劳动力比重 2010 年为 28.4%，2015 年上升为 33.3%。"人口红利"正在向不利于经济增长的方向转变，储蓄投资转化的资本配置使用效率逐渐降低，结构性就业矛盾日益凸显。其次，环境问题的有效解决与生态全面恢复仍需时日。由于历史原因，我国在生态环境治理方面欠账较多，尽管环境质量近年有所改善，但总体形势严峻的局面仍未从根本上扭转，生态环境已成为影响经济高质量发展、居民健康、公共安全和社会稳定的重要因素之一。中国单位产出的能源资源消耗水平明显高于世界平均水平；中国目前 GDP 占世界总产出份额为 16.7%，消耗的煤炭、一次能源却分别占世界消耗总量的 50.2%、22% 左右，原油进口依存度达 65%。《2017 年中国生态环境状况公报》显示，在全国 338 个地级及以上城市中，空气质量达标的城市只有 99 个；从二氧化碳排放量看，2017 年中国的二氧化碳排放量达到 9.23 亿吨，居全球第一位，是排名第二的美国的 1.8 倍。上述数据表明，曾经的资源和环境容量红利一去不复返。最后，仍然面临"中等收入陷阱"挑战的风险。所谓"中等收入陷阱"，按照世界银行《东亚经济发展报告（2006）》的界定，是指由中等收入的经济体成功地跻身为高收入国家的过程中，这些国家往往陷入经济增长的停滞期，既无法在工资方面与低收入国家竞争，又无法在尖端技术研制方面与富裕国家竞争。从国际经验看，进入中等收入之后各国发展趋势的分化非常明显，成功跨越"中等收入陷阱"的经济体所占比例仅为 10% 左右。根据国民经济与社会发展统计公报，2019 年我国人均 GDP 为 10098.86 美元，首次超过 1 万美元。对照 2018 年世界银行对人均国民总收入的分组划分标准（人均 GDP 低于 995 美元为低收入国家，在 996～3895 美元为中等偏下收入国家，在 3896～12055 美元为中等偏上收入国家，高于 12055 美元即为高收入国家），我国已经达到中等偏上收入国家的水平。对我国能否跨越中等收入陷阱目前有许多不一样的观点。一些迹象表明，我国陷入中等收入陷阱的风险依然不容忽视。随着我国经济规模的扩大，经济增速开始下降已成为事实，数据显示，自 1978 年以来，中国经济增长长期保持年均 10% 的速度，但从 2010 年开始，中国经济增速持续下降，从 2010 年的 10.4% 迅速降至 2012 年的 7.8%，到 2019 年又降为 6.1%，延续了近年来我国经济增速走低的趋势。在新时代背景下，借鉴国际发展转型的成功经验，吸取失败教训，探索出符合阶段特征的发展道路，实现后发国家在经济跨越式发展之后的创新发展是我国今后一段时期的重要任务。

三　我国绿色创新经济的发展机遇

绿色发展是新的经济增长动力。经济的绿化要求既是压力，更是经济发展的新机遇。谁能先抓住机遇，就可能赢得先机。我国实施绿色发展、创新发展的机遇主要体现在以下几个方面。

（一）新技术的不断涌现，为壮大绿色创新经济相关产业提供了难得的机遇

从世界范围看，新一轮科技和产业革命正在由导入期转向拓展期，颠覆性技术不断涌现，经济增长的新动能正在孕育发展。新产业革命带来了经济发展的新动能，一方面表现在新产业、新业态、新模式的不断涌现、成长和壮大；另一方面表现在新技术对传统产业的融合改造和提升。从经济增长理论角度看，由于新产业革命提高了劳动力、资本等生产要素的素质，将有可能极大地提高全要素生产率，进而为经济增长带来新动能。即使从总需求看，由于新工业革命的发展需要，大数据、云技术、互联网、物联网、智能终端等新一代基础设施的巨大投资需求，也会直接提高经济增长速度。进一步看，由于新产业革命下分工协作方式发生了巨大变化，信息不对称程度降低，柔性生产、共享经济、网络协同和众包合作等分工协作方式日益普及，在保证规模经济源泉的基础上，新技术又极大地拓展了范围经济，挖掘了经济增长的新源泉。可以说，新产业革命塑造的世界

经济发展新动能已经初露端倪，随着新技术、新产业的发展，不同产业之间边界渐趋模糊，新兴产业的发展空间巨大。

2019 年我国战略性新兴产业增加值比上年增长 8.4%，高技术制造业增加值增长 8.8%，占规模以上工业增加值的比重为 14.4%；装备制造业增加值增长 6.7%，占规模以上工业增加值的比重为 32.5%。人工智能制造方面，2019 年服务机器人产量 346 万套，比上年增长 38.9%。创新发展的服务业主要形成了以数字经济等技术创新产业为依托的发展业态。据《中国数字经济发展与就业白皮书（2019 年）》的数据，中国 2018 年数字经济规模达到 31.3 万亿元，较上年增长 20.9%，占 GDP 比重达到 34.8%。数字经济在中国绿色创新经济中的作用逐渐凸显。

（二）人民对美好生活的需要，为绿色创新经济提供内生动力

党的十九大报告中对我国社会主义主要矛盾进行明确的阐述："中国特色社会主义进入新时代，我国社会主要矛盾已经转化为人民日益增长的美好生活需要和不平衡不充分的发展之间的矛盾。"其中发展质量不高是导致不平衡不充分发展的影响因素之一，映射到经济、政治、文化、环境等子领域，社会主要矛盾的表现形式各有不同，推动高质量发展是有效破解社会主要矛盾、充分满足人民日益增长的美好生活需要的关键举措。如图 5-2 所示，我国社会主要矛盾是随着发展的进程而变迁的。社会主义初级阶段更多地需要通过经济建设和社会主义现代化来满足人民物质文化需求；新时代社会主义更加强调发展的质量和效益，需要在发展的基础上，全面满足人民在政治、经济、文化、社会、生态等方面日益增长的需要，实现人的全面发展以及经济、社会与环境的可持续发展。

人们对美好生活的需求是多层次、多维度的，这既包括基础性物质生活条件的改善，也包括对高品质生活水准的更高要求。人们社会性、心理性需求的开启，将催生巨大的绿色创新产品市场，并进而刺激新型的高技术产业产生和聚集，从而为中国的绿色创新经济实践提供强大的内生动力。

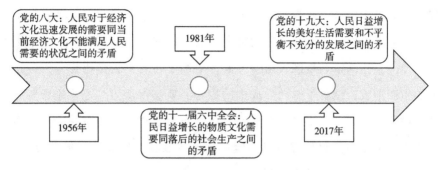

党的八大：人民对于经济文化迅速发展的需要同当前经济文化不能满足人民需要的状况之间的矛盾

1981年

党的十九大：人民日益增长的美好生活需要和不平衡不充分的发展之间的矛盾

1956年

党的十一届六中全会：人民日益增长的物质文化需要同落后的社会生产之间的矛盾

2017年

图 5－2　中国社会主要矛盾的变迁

（三）国内庞大的消费市场为进一步完善产业链提供良好条件

中国有近 14 亿人口的庞大市场，目前有 4 亿多中等收入群体的强大购买力，这是任何国家都无法比拟的。由于人口规模巨大，在任何一个与人的需求相关的领域，中国都展示出了规模极大的市场空间，同时也预示着巨大的可能性，为各种"创新"、各类资本的进入留下充足的空间。整体来看，尽管当前中国经济运行短期内有所波动，但前景已有良好支撑，庞大的市场规模依然是中国经济最强大的发展动力。世界经济论坛（WEF）发布的《2019 全球竞争力报告》，以"全球竞争力指数 4.0"为研究工具，包括 12 项主要竞争力因素——制度、基础设施、信息通信技术采用、宏观经济环境、健康、教育和技能、产品市场、劳动力市场、金融体系、市场规模、商业活力与创新，细分为 103 个具体指标，对全球 141 个经济体的生产力和长期经济增长的驱动因素进行了年度评估。中国在全球竞争力综合排名中位列第 28，名次与上年持平，综合得分提高了 1.3 分。从各项指标来看，报告认为中国的首要竞争力优势表现在巨大的市场规模（国内和出口市场相结合得分 100 分，位居该项第一）和宏观经济稳定性方面（98.8 分，第 39 位）。在一些特定领域，中国的表现几乎与经合组织（OECD）的标准相当。例如，中国在信息通信技术采用方面超过 25 个 OECD 成员国。除此之外，中国的基础设施也得到了显著发展，位列该项第 36。中国的创新能力迅速提高，排在该项第 24 位。十分看好中国市场需求的诺贝尔经济学奖得主迈克尔·斯宾塞（Michael Spence）最近撰文表示，近年来中国一方面在将劳动密集型的出口部门转移到劳动力成本更低的其他欠发达国家和地区；另一方面，中国已转向更为数码化、资本密集型的生产形式，缓解了劳动力成本的劣势。斯宾塞认为，这些趋势意味着中国供给侧的增长已不再依赖外部市场。作为全球重要的贸易大国，中国经济增长不可能摆脱外部市场，但将主要依靠日益增长的国内消费市场。寻找经济新动能，就是充分利用"中国市场"的潜力，推动供给侧结构性改革来满足中国市场的需要。因此，只要经济、改革、消费政策能吸引足够的消费力留在国内，那么在相当长一段时间内，中国经济将能保持充分的活力，并以稳健、可预期的经济环境保持相当的国际竞争力。

第二节 面向绿色发展的制度创新

绿色发展的制度安排是引导和规范人与自然和谐共处的社会规则，从其内容来看，既包括法律、规则、条约等硬性的制度约束，也包括传统文化、价值观念等柔性的行为规范。绿色发展制度的实质是在对工业文明进行反思的基础上，社会逐步形成的绿色理念在制度上的投射，并期望通过新的奖励来保障优质的生态产品、生态服务以及生态环境的可获得性。构建系统完整的绿色发展制度体系，创造和激发绿色制度红利，充分发挥制度创新对贯彻"绿色发展"的根本性、全局性和持续性的激励作用，是推进绿色创新经济的制度保障。改革开放以来，伴随工业化、城镇化进程加快以及面临的资源、环境压力，我国开展了一系列制度创新实践探索，并初步形成了促进绿色发展的基本制度框架。

一 创新资源税赋制度

（一）背景

资源税在我国历史十分悠久，可以上溯至周朝"山泽之赋"，此后历朝历代在不同程度上都对矿冶资源、盐业资源等课税，我国现代资源税制度起源于新中国成立初期开征的盐税。资源税的对象主要是稀缺性的自然资源，尤其是不可再生的自然资源。世界上绝大多数国家都通过立法方式确认其作为社会共同的财富，并将其归属于全民所有或国家所有。资源税费是政府介入资源开采领域的一个非常重要的手段，主要作用在于调节级差收入、优化资源利用以及保护生态环境。

我国于 1984 年开始征收资源税，资源税税目最初只涉及煤炭、石油和天然气三种常规资源。此后我国发布了多个文件对资源税的征收范围、计税依据等做了更为详细的规定（见图 5-3）。2016 年 5 月 9 日，财政部与国家税务总局连续发布 53 号、54 号和 55 号文件，分别是《关于全面推进资源税改革的通知》、《关于资源税改革具体政策问题的通知》和《关于印发〈水资源税改革试点暂行办法〉的通知》，开启了资源税改革的新篇章。此次资源税改革顺应时代要求，有意增强"促进资源节约集约利用和生态

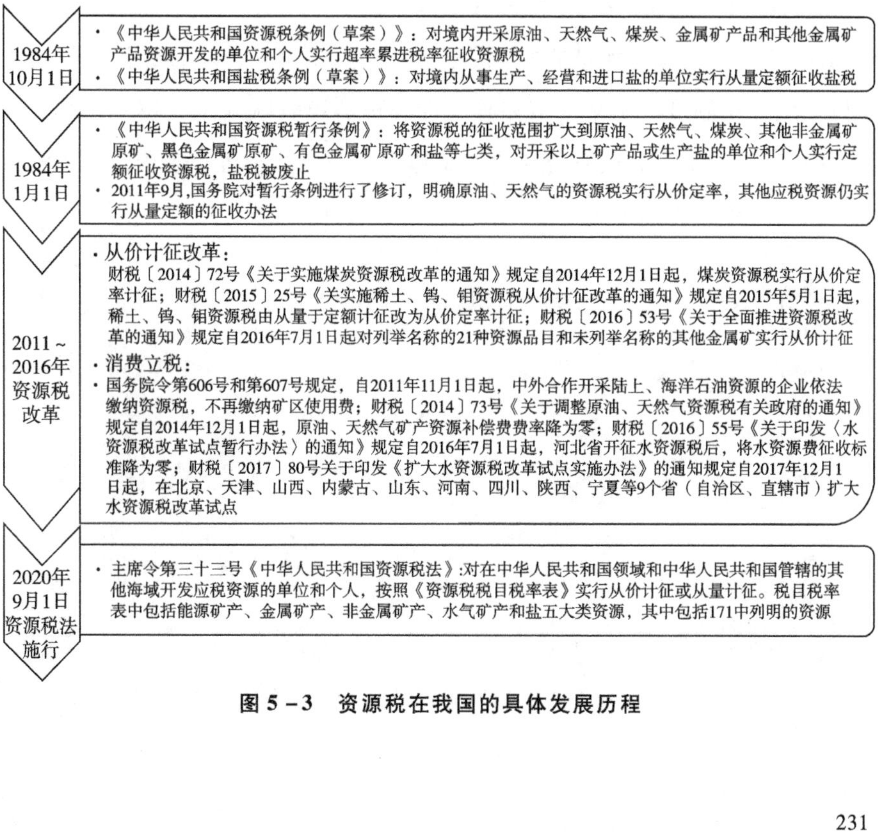

图 5-3　资源税在我国的具体发展历程

环境保护的作用"。2019 年我国通过了《中华人民共和国资源税法》，与立法之前相比，资源税制度发生重要变化，形成了统一税目、调整具体税率确定的权限、规范减免税政策等规范的税赋体系。

从我国资源税改革的历程看，资源税的功能逐渐向多元化方向演变。1984 年资源税初创，是一种针对部分矿产资源征收的调节税，以调节开发自然资源的企业因资源结构和开发条件的差异而形成的级差收入为主要职能，与流转税、所得税等税种有着明确的分工。1994 年税制改革时期，按照"普遍征收、级差调节"的原则扩大了征收范围，取消起征点。此时的资源税已不再单纯地调节级差收入，而是根据国家对资源的所有权而获得其应有的收益。随着资源枯竭的凸显以及市场失灵产生的环境负外部性影响，资源税改革开始突出补偿"外部成本"的取向，以体现生态环境保护功能。

（二）实施效果

1. 资源税对税收收入产生积极影响

从 1984 年我国开始征收资源税至今已有 30 余年，随着经济的快速发展以及资源税制度的不断改革完善，资源税的税收收入也在逐年增加。从图 5－4 可以看出，我国资源税收入总体呈上升趋势，近年来资源税占税收总收入的比重也逐渐变大。

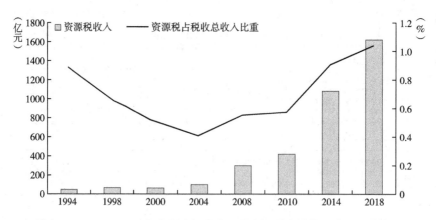

图 5－4　1994～2018 年中国资源税收入及资源税占税收总收入比重变化

2. 资源税对区域经济协调发展发挥积极作用

我国东西部地区差异较大，中西部地区社会经济发展落后于东部地区，造成区域发展不协调的原因，一方面是东部地区的地理位置优于西部，东部地区技术水平高于西部，以及历史原因使得东部地区的社会经济发展水平整体上优于中西部地区；另一方面是我国的资源税制度的不完善导致地区之间资源收益分配不合理，中西部地区有着丰富的资源却没有得到相应的资源税收益。近几年随着资源税制度改革进程的加快，资源税合理分配资源收益的作用得到强化，使中西部省份的财政实力得到加强，区域之间的经济发展差距得以缩小。以新疆维吾尔自治区为例，资源税制度改革后，新疆资源税收入大幅提升，2010 年以前新疆资源税收入占财政收入的比重一直徘徊在 3% ~ 5%，从 2010 年开始提高到 6% 以上，最大值出现在 2011 年，达到 9.02%，随后受到国际油气价格大幅下跌等因素的影响比重有所回落，但一直稳定在 6% 以上。

3. 资源税制度改革促进了资源品价格体系的完善

资源税全面从价计征改革使资源税与价格而非数量挂钩，完善了资源品的价格传导机制。过去征收资源税采用从量计征方式，这种方式虽简单易行，但易造成资源品的价格偏低，价格只体现出资源品的开采和运输成本，没有体现出资源开采对当地生态环境的破坏及环境恢复成本。资源税制度的改革，尤其是税率的提高以及计征方式的改革，在一定程度上解决了上述的问题。这种从价计征方式提升了资源品的价格，使得价格充分体现出资源品的市场价值。

4. 资源税制度改革对资源节约产生积极影响

资源税还发挥了促进资源节约利用、倒逼经济发展方式转变的作用。比如，在水资源税试点省份河北，取用水总量由 2015 年的 187 亿立方米降至 2016 年的 182 亿立方米，节约用水 5 亿多立方米。其中，地下水取用水量较上年降低 6.56%，节水成效明显。

二　创新环境治理模式

(一) 历史回顾

改革开放初期，环境治理以末端控制为主。随着经济高速发展以及快速的工业化、城镇化进程，环境污染问题日趋严峻，环境治理的模式发生了根本性转变。2002 年，党的十六大报告正视"生态环境、自然资源和经济社会发展的矛盾日益突出"的严峻问题，明确提出必须把可持续发展放在十分突出的地位，坚持保护环境和保护资源的基本国策。党的十七大报告又进一步强调坚持全面协调可持续发展，建设生态文明。2014 年至今我国环境管理开始针对污染形成的全过程、全因素进行系统化设计，逐步形成破解生态环境问题的系统方案。2014 年人大常委会表决通过《环境保护法（修订草案）》作为环境领域基本法，新修订的《中华人民共和国环境保护法》加快了环境治理模式的转型，推动了多元参与的现代环境治理体系的形成。这部被称为"史上最严"的新《中华人民共和国环境保护法》改变了环境治理中政府、市场和社会各自的定位。如图 5 -5 所示，与原来的环境治理模式相比，新模式下政府、市场和社会之间的联系更加密切。

政府
压力型考核评价机制下，地方政府必然会在环境治理中积极作为

市场
环境经济措施的丰富
将激发市场活力，使市场在环境治理中发挥越来越多的作用

社会
公益诉讼制度的修订、完善，使环保组织得以有效行使自身权利，政府环境治理的外部监督力量将发挥积极作用

图 5 -5 环境治理模式中"政府 -市场 -社会"三方格局

2015 年 4 月 25 日，中共中央、国务院颁布实施的《关于加快推进生态文明建设的意见》明确指出，"生态文明建设是中国特色社会主义事业的重要内容"，同时指出"资源约束趋紧，环境污染严重，生态系统退化，发展与人口资源环境之间的矛盾日益突出，已成为经济社会可持续发展的重大瓶颈"。从总体要求、主体定位、优化开发格局、健全制度体系、加强统计监测和执法监督等 9 个方面对中国的环境治理进行了详尽而具体的阐释。从原则要求到体系构建，再到执法监督，对新时期环境治理提供了新的思

路。我国环境管理从过去以行政审批为抓手、由政府主导，转向以市场和法律手段为主导，更好地发挥政府在制定规划和标准等方面的引领指导作用。

（二）实施效果

自 1978 年至今，伴随着我国社会经济发展阶段性变化以及对资源环境问题关注度的提升等，我国环境治理模式相应发生变化，差异化、精细化的环境治理模式初步形成，对我国的生态环境保护、产业转型以及绿色发展正发挥积极作用。

1. **环境治理投资规模不断扩大，污染减排效果显著**

自 2000 年以来，随着国内生产总值持续上升，环境污染治理投资总额整体呈现上升趋势（见图 5 - 6）。环境污染治理的投资，进一步推动我国环境基础设施建设逐步完善，在确保社会经济快速发展的同时主要污染物排放量呈现大幅度削减的态势。据统计，"十二五"期间，我国化学需氧量排放总量、氨氮排放总量下降 13%，二氧化硫排放总量下降 18%，氮氧化物排放总量下降 19%，单位 GDP 能源消耗下降 18.2%。

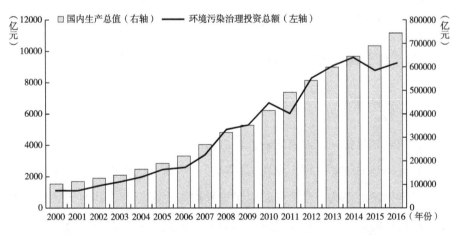

图 5 - 6　2000 ~ 2016 年国内生产总值与环境污染治理投资总额变化

2. **环境治理模式的创新有力地促进了绿色环保产业发展，进而为我国绿色经济转型注入强劲的新动能**

生态环境治理和保护具有公益性强、投资需求大、项目周期长等特点，单靠公共财政和政府力量难以有效解决长期积累的生态环境问题，需要各方的合作。在生态环境治理和保护领域引入 PPP 模式（Public – Private – Partnership，公共私营合作制）、调动社会资本参与，有效地推进了绿色发展。2013 年国务院印发《关于加快发展节能环保产业的意见》在明确，"十二五"期间，节能环保产业产值年均增长 15% 以上；到 2015 年，节能环保产业总产值达到 4.5 万亿元，增加值占国内生产总值的比重为 2% 左右。作为一个政策带动性较强的产业，节能环保产业屡屡得到高层重视，成为拉动国内有效需求、推动经济转型升级的一个重要选择。随着经济的快速增长、人们环保意识的增强和环境保护工作力度的加大，我国的环保产业也得到了较快发展。在国家和各级政府不断加大投入以及工业发展的大量市场需求等因素作用下，环保产业始终保持较快增长，节能环保产业总产值从 2012 年的约 3 万亿元增长至 2015 年的约 4.5 万亿元，2017 年节能环保产业产值 5.8 万亿元，2018 年突破 7 万亿元。随着环保税、排污许可制等政策法规的不断加码，我国节能环保产业市场空间还将持续扩大。据保守预计，2020 年节能环保产业产值有望突破 8 万亿元，绿色环保产业的发展将为绿色经济转型注入强劲的新动能。

三　建立国土空间规划新体系

（一）背景

空间规划是指一个国家或地区政府部门对所辖国土空间资源和布局进行的长远谋划和统筹安排，旨在实现对国土空间有效管控及科学治理，促进发展与保护的平衡。在我国，空间规划作为政府行为，其本质是政府通过公共资源的管理、市场的纠错、社会公共资源的调控，实现空间布局的科学安排。

我国在"十一五"期间就提出将国土空间分为四类主体功能区，实施主体功能区规划。推进主体功能区建设，是我国国土空间开发思路和开发模式的重大转变，是国家区域调控理念和调控方式的重大创新，对推动科学发展、加快转变经济发展方式具有重要意义。为了更好地推动落实《全国主体功能区规划》提出的根据自然条件适宜性开发、区分主体功能、根据资源环境承载能力开发、控制开发强度、调整空间结构、提供生态产品等六大开发理念和优化结构、保护自然、集约开发、协调开发、陆海统筹等五大开发原则,"多规合一"的工作正逐步深入。如图5-7所示,我国正在逐步形成国土空间规划"一张图"。

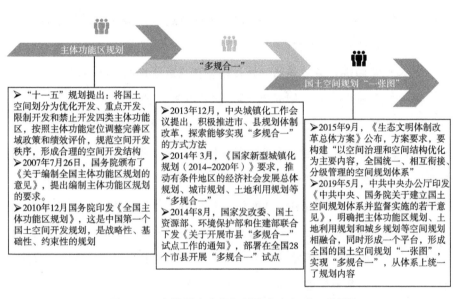

图5-7 中国国土空间规划逐步走向"一张图"

(二) 重要意义

自上而下、分级分类国土空间规划体系的建立与实施,既是整体谋划新时代国土空间开发保护格局、加快形成绿色生产方式和生活方式、推进生态文明建设的必然要求,也是引领和保障绿色高质量发展的重要举措。作为国家空间发展的指南,国土空间规划对空间发展做出战略性系统性安排,从空间角度科学布局生产空间、生活空间和生态空间,通过对城镇、农业、生态"三大空间"和生态保护红线、永久基本农田保护红线、城镇开发边界"三条红线"的科学划定,对社会经济发展、城镇空间布局、产业结构调整等进行指导和约束。"一张图"对于提升国土空间开发保护的质量和效率，对于推动绿色、可持续发展，无疑将发挥极其重要的作用。

1. 国土空间规划是推进绿色发展的重要举措

《中共中央 国务院关于建立国土空间规划体系并监督实施的若干意见》明确了国土空间规划的定位："国土空间规划是国家空间发展的指南、可持续发展的空间蓝图，是各类开发保护建设活动的基本依据。"国土空间规划工作旨在通过整体谋划国土空间开发保护格局，对国土空间这一稀缺资源在多种可能使用之间进行配置，并且通过对各类开发保护建设活动的空间管制来实现国家发展战略。

2. 国土空间规划是实现高质量发展和高品质生活的重要手段

我国经济正处在高速增长转向高质量发展阶段，正处在转变发展方式、优化经济结构、转换增长动力的攻关期，客观现实要求改变我国经济长期建立在劳动力、土地和环境低成本和各类生产要素不断扩张型投入的发展模式。国土空间规划就是要通过国土空间资源的配置、管控，在国土空间开发保护中发挥战略引领和刚性管控作用，推动、促进、保障甚至在一定程度上"倒逼"发展方式的转变。国土空间规划在重视提升地区竞争力的同时，更加强调绿色发展和自然生态保护，更加关注人文社会领域的多元价值，更有利于促进包容、可持续性增长。

四 探索新的产权交易制度

（一）历史沿革

产权交易是指产权所有者将其拥有的财产所有权、经营权、收益权及相关权利作为商品进行买卖的经济活动。自19世纪下半叶以来，产权交易已成为社会资本集中的主要手段和有效配置资源的一种内在机制。排污权交易是20世纪60年代才提出的，希望借助市场机制来实现更有效的环境治理方式。排污权交易又称为买卖许可证交易，是在满足环境要求的同时建立合法的污染排放权，并允许其像商品一样被买卖，以控制污染物的排放。排污权交易原理起源于科斯定理，"排污权"所对应的是经济主体利用环境容量资源排放污染物的权利。排污权交易手段由美国经济学家戴尔斯（Dales）提出后，首先被美国国家环保局运用在河流污染以及空气污染控制方面，逐步建立了以气泡、补偿、银行和容量节余为核心内容的排污权交易体系，在实践中已实现了良好的环境和经济效益。此后，又被澳大利亚、德国等国家相继借鉴推行。

自20世纪80年代末以来，我国各地逐步开展排污许可试点工作。上海于1987年首次实现了第一次污染物排放指标的转让，此后作为重要环境经济政策的排污权交易机制，逐渐受到相关环保部门的重视。1999年，中美环保部门签署合作协议，先后在山东、浙江、山西、江苏等地开展了电力行业排污权交易试点，开启了二氧化硫排污权交易机制在中国试行试点的序幕。2007年，我国第一个排污权交易储备中心在浙江省嘉兴市成立，标志着排污权交易所模式的建立，同年，财政部和环保部先后批复了江苏、天津、浙江、湖北、重庆、湖南、内蒙古、河北、陕西、河南、山西等11个试点省（区、市），标志着排污权交易进入深化试点阶段。2014年，财政部正式发布全国主要省（区、市）有偿使用和排污权交易试点项目，这意味着中国的排放权交易试点在全国范围内正式推出。"十五""十一五"期间，我国成功实现了多项二氧化硫排污权交易及水污染物排放权交易，多个省（区、市）积极探索实行排污权有偿使用和交易制度，为以环境容量为基础、以排污许可证为管理手段的"一证式"污染防治管理体系提供实践经验。"十二五"期间，排污权交易作为一项新的环境经济政策，已成为深化污染减排工作的重要抓手。自党的十八大以来，排污许可证制度作为生态文明建设的一项关键制度受到了前所未有的重视。从"十三五"开始，无论在法律层面还是政策层面，我国一直全力推进排污许可制度改革。如图5-8所示，我国的排放权交易制度经历了一个逐步完善的历程。

当前我国的排污权交易试点是在现行的主要污染物排放总量控制制度基础上进行的，属于"总量控制型"交易制度。具体来说，每个区域每个时期都会制定与实际情况相对应的大气污染物排放总量控制目标，而生态环境部门作为政府职能部门，需要在目标的基础上，向要排放大气污染物的企业分配相匹配的许可额度，使污染物排放总量能够在大气污染物排放总量控制目标范围内。

20世纪80年代——陆续开展试点	"十五"、"十一五"期间——持续推行	"十二五"期间——高度重视	"十三五"期间——推动改革
·1988年，国家环保局制定了《水污染物排放许可证管理暂行办法》，并下达了排污许可证试点工作通知 ·1989年，国家环保局又下发了《排放大气污染许可证制度试点工作方案》，分两批组织23个环境保护重点城市及部分省辖市环保局开展试点工作	·2002年国家环保总局召开山东、山西、江苏等"二氧化硫排放交易"七省市试点会议，进一步研究部署进行排污权交易试点工作的具体步骤和实施方案 ·自2007年起，财政部会同原环境保护部、国家发展改革委先后批复了天津、江苏等11个省（市）作为国家级试点单位，积极探索实行排污权有偿使用和交易制度	·《国家环境保护"十二五"规划》明确要求"健全排污权有偿取得和使用制度，发展排污权交易市场" ·2014年国务院办公厅印发的《关于进一步推进排污权有偿使用和交易试点工作的指导意见》指出建立排污权有偿使用和交易制度是我国环境资源领域一项重大的、基础性的机制创新和制度改革，是生态文明制度建设的重要内容	·2016年国务院发布《控制污染物排放许可制实施方案》，排污许可制度改革全面启动 ·2018年1月，原环境保护部印发《排污许可管理办法（试行）》，规定了排污许可证核发程序等内容，细化了环保部门、排污单位和第三方机构的法律责任 ·2018年6月，《中共中央国务院关于全面加强生态环境保护坚决打好污染防治攻坚战的意见》中强调，要加快推行排污许可制度 ·2020年，将排污许可制度建设成为固定源环境管理核心制度，实现"一证式"管理

图5-8 排放权交易制度在我国的具体发展历程

（二）实施效果

1. 截至2018年，共有28个省（区、市）出台了排污许可管理相关的地方法规、规章或规范性文件，共向约24万家排污单位发放了排污许可证

在地方性法规或规章层面，全国有18个省（区、市）对试点工作做出了明确规定，其中专门针对排污权有偿使用和交易政策制定发布的管理办法、指导意见等文件30余份。试点省（区、市）在政策创新层面开展了有效尝试，江苏、浙江、山西、河北、陕西等省（区、市）开展了刷卡排污管理，浙江、湖南、重庆、河北、山西、内蒙古、陕西等省（区、市）开展了排污权抵押贷款，河南、陕西开展了总量预算管理及总量控制指标前置，湖北建立健全网格化环境监督体系等。我国积累了大量排污权交易制度实践和管理经验，环境资源稀缺性、有价使用理念逐步深入人心；从减少污染物排放腾出富余的排污权指标交易中获利，激发了企业引

进新工艺新技术加大污染治理力度的积极性，同时也增强了企业的环境保护意识。

2. 排污权交易试点取得积极进展，排污权交易有望在全国铺开

从试点工作进展情况来看，我国已经初步建立了排污权交易试点机制，在试点省市开展多项排污权交易活动，总体取得了初步成效。截至2018年8月，我国排污权交易一级市场征收的排污权有偿使用费达117.7亿元，二级市场交易额达72.3亿元，各省（区、市）之间的排污权交易机制已越发完善，排污权交易试点工作稳步推进。

3. 试点地区工业二氧化硫排放量下降明显

排污权交易在我国试行已有十余年，从历年来各省（区、市）工业二氧化硫的排放强度来看，各省（区、市）工业二氧化硫的排放量总体趋势是不断减少，说明排污权交易制度对工业二氧化硫的排放具有一定的抑制作用。图5-9是2002~2016年中国试点地区工业二氧化硫排放量的变化情况，可以直观看出排污权交易政策试点区域的工业二氧化硫排放强度整体呈下降趋势，尤其是在近几年折线图中下降趋势较为陡峭，说明工业二氧化硫排放量的下降速度加快。

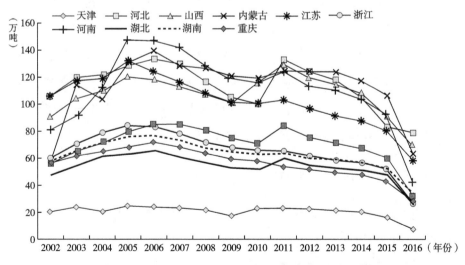

图5-9　2002~2016年试点地区工业二氧化硫排放量

五　建立生态补偿利益协调机制

生态补偿机制是以保护生态环境、促进人与自然和谐为目的，根据生态系统服务价值、生态保护成本、发展机会成本，综合运用行政和市场手段，调整生态环境保护和建设相关各方之间利益关系的一种制度安排，主要针对区域性生态保护和环境污染防治，是一项具有经济激励作用、与"污染者付费"原则并存、基于"受益者付费和破坏者付费"原则的环境经济政策。

2005 年，党的十六届五中全会《中共中央关于制定国民经济和社会发展第十一个五年规划的建议》中首次提出，按照谁开发谁保护、谁受益谁补偿的原则，加快建立生态补偿机制。第十一届全国人大四次会议审议通过的"十二五"规划纲要要求研究设立国家生态补偿专项资金，推行资源型企业可持续发展准备金制度，加快制定实施生态补偿条例。党的十八大报告又进一步明确要求建立反映市场供求和资源稀缺程度、体现生态价值和代际补偿的资源有偿使用制度和生态补偿制度。自 2005 年以来，国务院每年都将生态补偿机制建设列为年度工作要点，2011 年由财政部和环保部牵头组织、每年安排补偿资金 5 亿元的全国首个跨省流域生态补偿机制试点在新安江启动实施。2016 年 5 月国务院发布《关于健全生态保护补偿机制的意见》，2019 年 11 月国家发展改革委又印发了《生态综合补偿试点方案》，提出我国将在国家生态文明试验区、西藏及四省藏区、安徽省，选择 50 个县（市、区）开展生态综合补偿试点。根据《生态综合补偿试点方案》要求，我国将推动生态保护补偿工作制度化。

（一）我国生态补偿的重点领域

从国情及环境保护形势出发，我国生态补偿机制的重点领域主要有如下四个方面。

1. 自然保护区的生态补偿

主要内容包括：理顺和拓宽自然保护区投入渠道，提高自然保护区规范化建设水平；引导保护区及周边社区居民转变生产生活方式，降低周边社区对自然保护区的压力；全面评价周边地区各类建设项目对自然保护区生态环境破坏或功能区划调整、范围调整带来的生态损失，研究建立自然保护区生态补偿标准体系。

2. 重要生态功能区的生态补偿

其核心目的是：推动建立健全重要生态功能区的协调管理与投入机制；建立和完善重要生态功能区的生态环境质量监测、评价体系，加大重要生态功能区内的城乡环境综合整治力度；开展重要生态功能区生态补偿标准核算研究，研究建立重要生态功能区生态补偿标准体系。

3. 矿产资源开发的生态补偿

主要内容包括：全面落实矿山环境治理和生态恢复责任，做到"不欠新账、多还旧账"；联合有关部门科学评价矿产资源开发环境治理与生态恢复保证金和矿山生态补偿基金的使用状况，研究制定科学的矿产资源开发生态补偿标准体系。

4. 流域水环境保护的生态补偿

主要内容包括：各地应当确保出界水质达到考核目标，根据出入境水质状况确定横向补偿标准；搭建有助于建立流域生态补偿机制的政府管理平台，推动建立流域生态保护共建共享机制；加强与有关各方协调，推动建立促进跨行政区的流域水环境保护的专项资金。

（二）生态补偿制度体系建设

自 2010 年起，国务院就将研究制定生态补偿条例列入立法计划，成立了由国家发展改革委、财政部、国土资源部、水利部、环保部、林业局等 11 个部门和单位组成的条例起草小组，积极推动生态补偿的法制化、制度化和规范化。近年来，地方政府及其相关部门按照中央统一部署，积极探索建立生态补偿机制，逐步形成了生态补偿的地方政策体系。

1. 发布《关于健全生态保护补偿机制的意见》

2016 年 5 月 31 日，国务院办公厅印发的《关于健全生态保护补偿机制的意见》将推进七个方面的体制机制创新。一是建立稳定投入机制，多渠道筹措资金，加大保护补偿力度。二是完善重点生态区域补偿机制，划定并严守生态保护红线，研究制定相关生态保护补偿政策。三是推进横向生态保护补偿，研究制定以地方补偿为主、中央财政给予支持的横向生态保护补偿机制办法。四是健全配套制度体系，以生态产品产出能力为基础，完善测算方法，加快建立生态保护补偿标准体系。五是创新政策协同机制，研究建立生态环境损害赔偿、生态产品市场交易与生态保护补偿协同推进生态环境保护的新机制。六是结合生态保护补偿推进精准脱贫，创新资金使用方式，开展贫困地区生态综合补偿试点，探索生态脱贫新路子。七是加快推进法治建设，不断推进生态保护补偿制度化和法制化。

2. 建立生态环境损害赔偿制度

2015 年 12 月 17 日，中共中央办公厅、国务院办公厅针对生态损害赔偿出台《生态环境损害赔偿制度改革试点方案》；次年国务院《关于健全生态保护补偿机制的意见》进一步提出"稳妥有序开展生态环境损害赔偿制度改革试点，加快形成损害生态者赔偿的运行机制"。2016 年 4 月，环境保护部印发了《关于在部分省份开展生态环境损害赔偿制度改革试点的通知》，确定吉林、江苏、山东、湖南、重庆、贵州、云南等 7 个省（区、市）为生态环境损害赔偿制度改革试点，7 省（区、市）在实施方案中均提出了相应的措施。重庆、贵州、云南 3 省（区、市）提出建立生态环境损害赔偿基金制度；吉林、湖南、重庆、云南 4 省（区、市）提出建立生态环境修复保证金制度或生态环境损害责任保险制度；湖南省还提出建立系统完整的生态环境损害赔偿资金管理制度。基于生态环境损害赔偿制度改革试点工作取得的明显成效，2017 年 12 月中共中央办公厅、国务院办公厅印发了《生态环境损害赔偿制度改革方案》，规定中国从 2018 年 1 月 1 日起试行生态环境损害赔偿制度。

3. 地方重点生态功能区生态补偿政策实践

在重点生态功能区、自然保护区和区域生态补偿等实践领域，2010 年青海省先于其他地区出台《关于探索建立三江源生态补偿机制的若干意见》和《三江源生态补偿机制试行办法》，首次探索建立了三江源生态补偿长效机制，已陆续启动实施涉及 11 个方面的具体补偿政策。补偿机制界定了区域生态补偿的范围、补偿资金测算指标、补偿资金计算公式、补偿资金下达和管理以及相关部门的职责等内容。

4. 地方性生态补偿条例先行先试

多地陆续出台地方生态补偿条例。2014 年 4 月 28 日，苏州出台全国首个生态补偿地方性法规——《苏州市生态补偿条例》，条例明确规定生态补偿是指主要通过财政转移支付方式，对因承担生态环境保护责任使经济发展受到一定限制的区域内的有关组织和个人给予补偿。条例积极推行体现生态价值和代际补偿的资源有偿使用制度，全面构建区域生态补偿机制。该条例还对多元化补偿机制做出了规定，为建立多元化生态补偿机制和鼓励社会力量参与生态补偿活动预留了空间。

（三）生态补偿试点成效

从试点实施情况来看，生态补偿试点工作实现了环境效益、经济效益与社会效益多赢，有力地推动了试点区域进一步加强资源利用和环境保护的协调与合作，有效地缓解了试点区域经济社会发展与生态环境保护的矛盾，体现了"成本共担、效益共享、合作共治"的理念，初步形成了"政府统领、企业施治、市场驱动、公众参与"的环境保护与资源利用的新机制。试点区域主要污染物排放强度呈现下降趋势，生态环境质量总体向好。受偿区域守住了天蓝、地绿、水净，走上了环境保护和区域发展和谐共存的道路，为绿色创新经济发展探索出了一条新路。

1. 新安江流域生态补偿试点

2011 年，财政部、环保部在新安江流域启动了全国首个跨省流域生态补偿机制试点，2012～2014 年为首轮试点，按照流域补偿方案约定，每年中央安排财政补偿资金 3 亿元。2015～2017 年紧接着开展了第二轮试点，资金补助标准、水质考核标准双提高。自试点实施以来，上下游建立联席会议、联合监测、汛期联合打捞、应急联动、流域沿线污染企业联合执法等跨省污染防治区域联动机制，统筹推进全流域联防联控。新安江上游流域总体水质为优，千岛湖湖体水质总体稳定保持为Ⅰ类，营养状态指数由中营养变为贫营养，与新安江上游水质变化趋势保持一致。新安江流域生态补偿机制试点，撬动了全流域绿色创新经济的发展，实现了生态效益、经济效益、社会效益的同步提升。

2. 九洲江流域生态补偿试点

九洲江跨越粤、桂两省区，是广西的玉林市（陆川、博白两县）和广东的湛江市主要饮用水水源。2016年3月，广西壮族自治区政府与广东省政府签署了《九洲江流域水环境补偿的协议》，根据补偿协议约定，共同设立九洲江流域生态补偿资金。生态补偿实施的效果表明，九洲江流域工业点源和县城生活污染源已得到较好控制，初步探索出规模化畜禽养殖污染减负模式，饮用水源保护区的非法抽砂、违法养殖、围库造塘等问题得到初步控制，一定程度上遏制了流域水质恶化的趋势。

3. 京津冀跨区域生态补偿试点

中共中央、国务院2015年印发的《生态文明体制改革总体方案》提出，"推动在京津冀水源涵养区开展跨地区生态补偿试点"；国家发展改革委同年发布的《环渤海地区合作发展纲要》提出，"鼓励地区间探索建立横向生态补偿制度，在流域生态保护区与受益区之间开展横向生态补偿试点"。在原环保部、财政部的组织协调下，河北省与天津市首先就引滦入津上下游横向生态补偿达成一致意见，2016年两地共同签订了《关于引滦入津上下游横向生态补偿的协议》，共同出资设立引滦入津水环境补偿基金。河北省通过开展面源污染治理，入津的黎河、沙河跨界断面水质都达到《地表水环境质量标准》（GB3838－2002）Ⅲ类水质标准，2016年、2017年、2018年月监测结果水质达标率分别达到65%、80%、90%。

4. 广东省森林生态补偿试点

自1999年广东率先实施生态公益林效益补偿制度以来，累计安排公益林补偿资金达61亿元（其中中央财政5.91亿元，省级财政55.1亿元）。"十二五"以来，中央和省财政共投入补偿资金达84.3亿元，惠及全省

560 万户林农 2650 万人，受惠人口占全省农业人口的 2/3，生态惠民效应日益增强。经过多年的实践，广东已基本建成一个由各级政府作为补偿实施主体的森林生态补偿运作机制。"十二五"期间，广东省完成了森林碳汇造林 1503 万亩，新增省级以上生态公益林 1400 万亩，为全省经济社会的可持续发展提供了较好的环境支撑。

六　构建以市场为导向的绿色技术创新体系

伴随着我国绿色低碳循环发展经济体系的建立健全，绿色技术创新日益成为绿色发展的重要动力，成为打好污染防治攻坚战、推进生态文明建设、推动高质量发展的重要支撑。建立市场导向的绿色技术创新体系，能够对整个创新链条上的资源进行优化配置，并通过市场机制激发企业的积极性，弥补政府在方案选择和技术推广等方面的局限，从而能够调节和选择更经济的绿色技术。从前端的研究开发来看，市场导向能够吸引更多创新资源的投入，弥补政府在研发资金等方面的不足。市场导向的绿色技术创新体系是生态文明视域下区别于传统技术创新的崭新形态，对构建科技含量高、资源消耗低、环境污染少的产业结构，实现生产方式和生活方式绿色化，有重要的现实意义。

我国从 2016 年起开展探索以市场为导向推进绿色技术创新（见图 5 - 10）。党的十九大报告明确提出，"要构建市场导向的绿色技术创新体系"，要求将生态效益纳入技术创新目标体系内，充分考虑市场对要素配置方式的要求。绿色技术创新具有较强的外部性特征，需要政府和市场共同发挥作用，其中发展绿色金融是构建市场导向的绿色技术创新体系的关键。我国绿色金融发展水平已经居于国际第一方阵，在支持打赢污染防治攻坚战、服务乡村振兴、促进经济社会绿色转型等方面发挥了积极作用。

2019 年 4 月，国家发展改革委、科技部发布《关于构建市场导向的绿色技术创新体系的指导意见》，从培育壮大绿色技术创新主体、强化绿色技术创新的导向机制、推进绿色技术创新成果转化示范应用、优化绿色技术创新环境、加强绿色技术创新对外开放与国际合作等五个方面提出了 16

2016年

· 中国人民银行、财政部等七部委联合印发《关于构建绿色金融体系的指导意见》，积极引导金融业和绿色企业开展绿色投融资活动，通过绿色金融的相关产品激励更多社会资本投入绿色产业，同时有效地抑制污染性投资建设，并逐步建立和完善上市公司和发债企业强制性环境信息披露制度

2017年

· 《"十三五"环境领域科技创新专项规划》旨在持续加大科技对生态文明建设的支撑力度，强化科技创新促进生态环境质量持续改善。全面谋划环境领域科技创新规划总体布局
· 中国同联合国环境署等国际机构一道发起，建立"一带一路"绿色发展国际联盟

2018年

· 2018~2019年国务院先后批复同意太原市、桂林市、深圳市、郴州市、临沧市、承德市成为国家可持续发展议程创新示范区，为市场导向的绿色技术创新体系提供了示范平台，一系列绿色技术创新与绿色金融的改革措施在此先行先试

2019年

· 国家发展改革委、科技部联合印发了《关于构建市场导向的绿色技术创新体系的指导意见》（以下简称《指导意见》），第一次统一了绿色技术的定义，这是我国第一次针对绿色技术创新领域提出的体系建设意见，具有重要价值。《指导意见》提出到2022年，我国要基本建成市场导向的绿色技术创新体系。这一系列顶层设计，自上而下推动了市场导向的绿色技术创新体系的构建

图 5 - 10 以市场为导向的绿色技术创新体系在中国的发展历程

项重点任务。指导意见明确提出，到 2022 年，基本建成市场导向的绿色技术创新体系。企业绿色技术创新主体地位得到强化，龙头骨干企业不断涌现，"产学研金介"深度融合、协同高效发展；绿色技术创新引导机制更加完善，绿色技术市场繁荣，人才、资金、知识等各类要素资源向绿色技术创新领域有效集聚，高效利用，要素价值得到充分体现；绿色技术创新综合示范区、绿色技术工程研究中心、创新中心等形成系统布局，高效运行，创新成果不断涌现并充分转化应用；绿色技术创新的法治、政策、融资环境不断优化，国际合作务实深入，创新基础能力显著增强。我国的绿色技术创新体系建设才刚刚起步，需要在实践中进一步完善。

七 开展独具特色的实验示范

改革开放初期，邓小平同志曾经指出："没有现成的经验可学，我们只能在干中学，在实践中摸索。"改革开放以来，经过艰苦探索，我国成功实现了从高度集中的计划经济体制到充满活力的社会主义市场经济体制

的转变，推动了经济的持续快速发展，创造了经济发展的奇迹。党的十一届三中全会明确提出要重视价值规律的作用；党的十二大提出"计划经济为主、市场经济为辅"，党的十二届三中全会提出"有计划的商品经济"。党的十四大明确提出建立社会主义市场经济体制的改革目标。1997 年党的十五大确定了我国在社会主义初级阶段的基本经济制度和分配制度，在不断巩固现有改革成就的基础上进一步推进产权制度改革。党的十六大确定了生产要素按贡献参与分配的原则，从而推动了我国收入分配制度与结构的进一步改善。十八届三中全会提出使市场在资源配置中起决定性作用和更好地发挥政府作用。党的十九大提出建立"市场机制有效、微观主体有活力、宏观调控有度"的新经济体制。十九届四中全会强调，坚持公有制为主体、多种所有制经济共同发展和按劳分配为主体、多种分配方式并存，把社会主义制度和市场经济有机结合起来，不断解放和发展社会生产力。一系列体制机制的改革与创新极大地释放了发展的活力。

在体制机制不断创新的同时，我国在推动经济发展与社会进步中的另一项举措同样不可忽视，即试点示范。将部分地区和部分行业作为示范单元，对其采取特殊的政策使其优先发展，以此树立样本、总结经验，从而带动更多的地方、更多的行业更快、更好地发展，既是我国经济发展成果的经验，也是我国绿色发展正在进行的实践。生态省（区、市）、可持续发展实验区、环境模范城市、循环经济试验区、主体功能区划分等试点示范，所取得的经验已经被越来越多的地方决策者所接受，并开始吸引更多的目光。

在探索绿色发展的道路上，一些传统的资源城市注重技术创新、提升资源综合利用率，形成了节能、减排、提升附加值的资源开发产业绿色链条，实现经济效益和社会效益的和谐统一。一些地方在发展举措上尊重科学、统筹安排，实现了特色产业发展与生态治理的双赢。行业示范增加了行业与行业之间的纵横融合，区域示范凸显了区域与区域之间的优势互动。通过试点示范，全国范围内形成了行业联动和区域互动，大大提高了规模效应、聚集效应和可复制的范本效应（主要实践类型或形式见表 5 - 1）。在不断总结经验的基础上，全国形成了许多可资借鉴的创新模式。

表 5 – 1　国家层面绿色创新实践主要类型或形式

类别	类型或形式	初次设立年份	目标	数量（个）
经济发展试点示范探索	经济特区	1980	引进外商投资、技术和管理专长，创新经济发展制度	7
	经济技术开发区	1984	引进外商投资制造业，提高建设用地利用效率	219
	边境经济合作区	1992	探索边境经济发展新路径	17
	国家级新区	1992	促进区域经济跨越式发展、转型发展	19
	开放性经济新体制试验区	2016	推进国际投资合作新方式	12
可持续发展试点示范探索	国家可持续发展实验区	1986	推进经济、社会及环境协调发展	189
	国家可持续发展议程创新示范区	2016	充分发挥科技创新对可持续发展的支撑引领作用，推动落实联合国2030年可持续发展议程	6
创新驱动发展试点示范探索	高新技术产业开发区	1988	促进高科技创新产业化	168
	自主创新示范区	2009	推进自主创新和高新技术产业发展	17
对外开放及贸易发展试点示范探索	保税区	1990	发展国际贸易和物流	14
	出口加工区	2000	规范出口加工贸易行动	63
	保税港区	2005	推动中国进出口贸易	15
	综合保税区	2006	发展国际中转、配送、采购、转口贸易和进出口加工等业务	67
	国家开发开放重点试验区	2012	开发和开放相结合	7
	自由贸易试验区	2013	高水平开放（贸易投资自由化、便利化）	11
	服务贸易创新发展试点	2016	服务贸易开放发展	15

续表

类别	类型或形式	初次设立年份	目标	数量（个）
综合类试点示范探索	综合改革试验区	2007	率先建立社会主义市场经济体制	12
	社会主义现代化先行区	2019	在更高起点、更高层次、更高目标上推进改革开放，探索全面建设社会主义现代化强国新路径	1
生态文明试点示范探索	低碳省区和低碳城市	2010	探索我国工业化城镇化快速发展阶段既发展经济、改善民生又应对气候变化、降低碳强度、推进绿色发展的做法和经验	42
	国家生态文明先行示范区	2014	探索符合我国国情的生态文明建设模式的要求，凝聚改革合力、增添绿色发展动能、探索生态文明建设有效模式	100
	国家生态文明试验区	2016	开展生态文明体制改革综合试验，为完善生态文明制度体系探索路径、积累经验	3
	国家生态文明建设示范区（国家生态文明建设示范市县）	2017	补齐生态环境保护短板，推进生态文明建设的决策部署	175
	"绿水青山就是金山银山"实践创新基地（生态环境部）	2017	创新探索"两山"转化的制度实践和行动，推进生态文明建设的决策部署实践，总结推广典型经验模式	52

第三节　中国绿色创新经济的典型案例

我国各地区资源禀赋、生态环境条件的差异，决定了绿色创新经济形式的多样化及内容上各有侧重。这些成功的绿色创新经济案例，不仅适用于我国的其他地区，也可以为世界同类地区提供可资借鉴的经验。

一 深圳：依靠创新打造可持续发展先锋城市

深圳地处珠江口东岸，东临大亚湾和大鹏湾，西濒珠江口和伶仃洋，南隔深圳河与香港相连，是中国设立的第一个经济特区、中国改革开放的窗口和新兴移民城市。设立特区40年来，深圳以"敢为天下先"的创新精神，从一个小渔村发展成为国际化大都市，2019年深圳地区生产总值达2.69万亿元，经济实力比肩中国香港和新加坡；R&D投入占GDP的比重达到4.1%，直追世界排名前两位的以色列（4.25%）和韩国（4.23%）；平均每10人就有1名创业者，每26个人就拥有一家公司，是名副其实的"创业之都"。2018年，国务院批复同意深圳以"创新引领超大型城市可持续发展"为主题建设国家可持续发展议程创新示范区，这是对深圳过去发展成绩的肯定，也是在新时代赋予其新的使命。两年来，深圳认真践行新发展理念，全面推进国家可持续发展议程创新示范区"四大工程"和"两大支撑体系"建设，经济社会环境协调并进，阶段性成果持续涌现，为落实联合国2030年可持续发展议程进行了有效探索与实践。

（一）构建资源高效利用体系，打造城市绿色发展新格局

深圳市全面改革优化土地政策，坚持走国土空间集约高效利用之路。制定《深圳市地下空间开发利用暂行办法》，开发利用地下空间5200万平方米。2019年整备土地近22平方公里，拆除违建超过2800万平方米，为实体经济发展和公共服务配套提供了宝贵空间。全面执行绿色建筑标准，打造更高品质的"绿色建筑之都"。全市1058个建筑项目获得绿色建筑评价标识，绿色建筑面积达9544万平方米，绿色建筑规模和密度位居全国前列，荣获国家可再生能源建筑应用示范城市称号。全面建设高品质绿色交通体系，打造交通强国城市范例。在全球率先实现公交车100%纯电动化，轨道交通线网规模进入全球前10，公交机动化分担率达56.5%，新能源汽车推广数量居全球城市前列。全面建立绿色低碳循环发展经济体系，建设国家低碳生态示范市。推动节能减排，万元GDP能耗、水耗达到全国最优

水平。作为全国首个碳交易试点城市，碳排放市场配额累计总成交量5672万吨，总成交额13.52亿元，位居全国前列。全面实行最严格水资源管理，建设"治水治城"相融合的海绵城市。健全水资源和供水保障体系，强化海绵城市建设，完善智慧水务建设。全市已完工海绵城市项目1361项，海绵城市面积达180平方公里，占建成区面积的1/5。全面实施生活垃圾强制分类，高标准建设"无废城市"。加快实现固废减量化、无害化、资源化，全面实施生活垃圾强制分类，垃圾回收利用率超过30%，垃圾焚烧烟气排放标准优于欧盟标准。深圳能源集团获2019年度保尔森可持续发展奖。

（二）突破污染防治技术瓶颈，打造人与自然和谐共生的美丽城市典范

深圳市着力突破环保核心技术和关键瓶颈，加快推进水环境、大气环境、海洋环境保护和生态建设。基本实现雨污分流改造和污水管网全覆盖，159个黑臭水体和1467个小微黑臭水体全面消除，五大河流全面达标，310条河流水质全面提升，在全国率先实现全市域消除黑臭水体，成为全国黑臭水体治理示范城市。运用SCR脱硝催化技术、VOCS净化技术、汽车尾气催化净化技术等，新推广纯电动余泥渣土运输车超3200辆，淘汰老旧燃油车约7万辆，电厂排放水平达世界先进水平，船舶岸电使用率居全国首位。2019年PM2.5浓度降至24.0微克每立方米，首次达到世界卫生组织第二阶段标准。围绕建设全球海洋中心城市，深圳着力构建陆海统筹的生态环境治理新模式，全力推进海洋科研创新基地、高新技术企业、金融机构等的建设，获批建设海洋经济发展示范区。综合运用生态环境监测、红树林生态保护等技术，推进美丽深圳建设工程，全市森林覆盖率达到40.68%，获"国家森林城市"称号。出台GEP核算技术规范，在全市推广城市GEP核算体系，为生态文明建设提供有益探索。

（三）构建国际一流的医疗服务体系，打造健康中国"深圳样板"

深圳市大力推进健康领域立法，完善全民健康教育体系，健全健康深

圳建设考评指标体系，2019 年市民健康素养达标水平为 31.74%，提前达到 2020 年目标。持续完善重点疾病防控体系，医疗卫生领域部分指标达到国际先进水平。加强重大传染病防控和癌症早诊早治，实施重点慢性病"防治管"一体化，心血管、肿瘤等疾病诊治能力跃居国内前列。居民人均预期寿命、孕产妇死亡率、婴儿死亡率等指标持续稳定在发达国家水平。持续增加医疗卫生资源，卫生健康事业再上新台阶。全市三级医院和三甲医院分别达到 46 家和 18 家，全市千人病床数、执业医师数分别达到 3.96 张和 3.09 名，市第三人民医院获批深圳首个国家感染性疾病临床医学研究中心。深圳率先探索"基层医疗集团"模式，罗湖医改、药品集团采购改革等经验在全国推广。

（四）提升社会治理智能化水平，构建共建共治共享治理新格局

深圳市大力推进多元主体积极参与社会治理，为社会服务提供优质专业力量。全市社会服务、文化、体育等各类社会专业组织 1.3 万多家，注册志愿者 186 万人，数量居全国前列，专业组织和志愿者在基层治理中发挥了积极作用。深圳深入推进数字政府和智慧城市建设，"秒批"成为政务服务亮点，"i 深圳"App 累计整合近 4700 项政务服务事项，98% 的行政审批事项实现网上办理，94% 的行政许可事项实现"零跑动"，在智慧城市建设综合排名中位居全国第一。推进安全监管全覆盖精准化，为城市安全构筑牢固屏障。加强城市公共安全风险排查治理，建立风险清单，全面辨识危险边坡、地陷等危险源，全市共组织检查企业超 370 万家，排查安全隐患约 131 万项。实现食品安全监管"一街一车一室一中心一基地"全覆盖，完成快检 160 万批次。市公安局先后推出"深目"等 13 个警务信息化平台，在治安防范、社会管理、服务民生等方面发挥积极作用。推进企业社会责任建设，为经济社会可持续发展提供动力。全市商事主体达 320 多万家，居全国城市之首，成为参与社会治理的重要力量。深圳出台《关于进一步促进企业社会责任建设的意见》等文件，推进企业社会责任

建设，引导企业将商业行为对标可持续发展目标。

（五）建设具有全球影响力的创新之都，为绿色创新经济提供有力的科技支撑

为加强科技创新对可持续发展的引领和支撑，深圳市政府印发《深圳市科技计划管理改革方案》，专门设立"可持续发展科技专项"，围绕示范区建设的"资源高效利用、生态环境治理、健康深圳建设以及社会治理现代化"四大工程展开布局。深圳推行"悬赏制"攻关、"赛马式"竞争、"揭榜制"奖励、"里程碑式"资助等新政策，激发创新创业创造活力。超前布局原创性基础研究重点方向，强化重点领域和关键环节以及应用导向的项目部署，明确时间表和路线图，建立每年不低于30%的财政科技专项资金投向基础研究和应用基础研究的长效机制，实施重大基础研究专项，提升基础研究原始创新能力，锚定基础研究持续发力。深圳梯度实施科技攻关计划，支持头部企业在激光器、智能处理芯片、高端医疗仪器等技术领域开展65个关键核心技术科研攻关，逐步推动解决"关键零部件、核心技术、重大装备受制于人"问题。加快建设深圳综合性国家科学中心，打造创新载体"核心枢纽"。光明科学城规划建设全面提速，大科学装置加快建设，鹏城实验室和深圳湾实验室建设加快推进，2019年新获批建设人工智能与数字经济省实验室（深圳）、岭南现代农业省实验室深圳分中心。累计建成国家级重点实验室6个，各类创新载体总量突破2260个，建设基础研究机构12个、诺贝尔奖实验室11个，覆盖国民经济社会发展主要领域，成为集聚创新人才、产生创新成果的重要平台。

（六）营造聚天下英才而用之的良好氛围，为绿色创新经济提供有力的人才保障

深圳全力构建多元化的卓越人才体系，出台实施"鹏城英才计划"。持续加大高层次人才队伍建设力度，全市累计认定海内外高层次人才总数达1.49万人，博士后科研流动站15家、工作站（分站）115家，引进全

职院士 46 人，留学归国人才总数超过 11 万人。全力加大优质教育资源供给，促进各类教育全面发展。南方科技大学、深圳大学等高等院校建设提速，职业教育成为全国样板。完善人才公共服务保障体系，率先建立人才住房制度。以立法形式在全国首设人才日、企业家日，设立人才荣誉和奖励制度，建成全国首个人才主题公园，打造人才激励阵地，表达城市对人才的最高礼遇。全力完善人才政策体系，纵深推进人才发展体制机制改革。按照国内最优、国际领先标准，研究修订高层次人才引进政策及经济贡献奖励办法，培养杰出人才，培育技能型人才，形成多元人才支撑可持续发展良好局面。

二 安吉县：绿色创新驱动，铸就最美乡村

安吉县是浙江省湖州市下辖县，位于长三角腹地。安吉县优越的自然区位和生态环境，是社会经济发展的优势和资本。2001 年，安吉县基于自身的特点，确立了"生态立县"的发展战略，从而开启了安吉"中国美丽乡村"建设的序幕。2006 年，安吉县创建成为国家级生态县、浙江省可持续发展实验区。2008 年，安吉以"中国美丽乡村"建设为目标，以"村村优美、家家创业、处处和谐、人人幸福"为内容，实施了环境提升、产业提升、服务提升、素质提升的"四大工程"，从规划、建设、管理、经营等四方面持续推进美丽乡村建设。2009 年获批建设国家可持续发展实验区。2017 年成为我国第一批"绿水青山就是金山银山"实践创新基地，2019 年先后入选首批国家全域旅游示范区、2019 年度全国投资潜力百强县市、全国乡村治理体系建设试点单位。为了表彰安吉在中国美丽乡村建设上的突出贡献，联合国授予安吉"联合国人居环境奖"，这是中国首个获此殊荣的地区。安吉也就成为"中国美丽乡村"的样板，形成了可持续发展的"安吉模式"。

（一）坚持规划引领，精心绘制美丽乡村蓝图

我国的"美丽乡村"怎么建？实现怎样的新目标？这是安吉美丽乡村

建设首先面临的问题。为了解决这些问题，安吉在中国美丽乡村建设中统筹整合县域生态资源，既强化规划统一，又鼓励特色化、差异化发展。

1. 突出规划引领

结合县域实际、产业规划、土地规划和建设规划，统一整合，坚持不规划不设计、不设计不施工的原则，始终把高标准、全覆盖的建设理念融入规划中，以规划设计提升建设水平。注重与县域经济发展总体规划、生态文明建设规划、新农村示范区建设规划、乡（镇）村发展规划等对接，安吉先后编制了《安吉县建设"中国美丽乡村"行动纲要》《安吉县"中国美丽乡村"建设总体规划》等一系列县域空间规划和产业布局规划，形成了横向到边、纵向到底的建设规划体系。

2. 注重彰显特色

安吉十分注重对特色建筑的保护和地方特色文化内涵的挖掘，将其与乡村氛围很好地结合，并贯穿于规划、设计、建设的各阶段。同时按山区、平原、丘陵等不同地理位置和产业布局状况，将全县 15 个乡镇和 187 个行政村按照宜工则工、宜农则农、宜游则游、宜居则居、宜文则文的发展功能，划分为"一中心五重镇两大特色区块"和 40 个工业特色村、98 个高效农业村、20 个休闲产业村、11 个综合发展村和 18 个城市化建设村，明确发展目标和创建任务。逐镇逐村编制个性规划，完善功能集聚，突出个性特色。

3. 实行立体打造

着眼城乡一体、融合发展的新格局，以中心城区为核心，以乡镇为链接，以村为节点，统筹打造优雅竹城 - 风情小镇 - 美丽乡村，三级联动、互促共进，推进城、镇、村深度融合发展，全面形成众星捧月、日月交辉的整体态势。

（二）实施标准化建设，持续提升美丽乡村品质

有了美丽乡村建设蓝图后，具体如何操作？如何将纸上的蓝图变为现实？这是美丽乡村建设需要回应的重要议题。安吉的做法是科学谋划、通

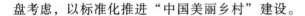

盘考虑，以标准化推进"中国美丽乡村"建设。

1. 构建标准

在美丽乡村建设中，安吉努力做到"建有规范、评有标准、管有办法"，确保整个建设过程协调有序，科学有效，形成以"一中心、四个面、三十六个点"为元素的"中国美丽乡村"标准体系。创设美丽乡村建设指标体系，对美丽乡村创建实行考核标准一致、奖补标准一致、项目审核一致，做到美丽乡村创建村村有份，体现规则公平。通过指令创建与自愿申报相结合的办法，分步实施、循序渐进，美丽乡村创建根据每个村的现有基础和实力，按特色村、重点村、精品村、精品示范村四个阶段性创建目标梯度推进，抓点连线扩面，最终达到村村精品。到 2018 年底，187 个行政村和所有规划保留点全部完成美丽乡村创建，真正实现 100% 覆盖，建成精品示范村 44 个。

2. 均衡推进

整合涉农资金，加大公共基础设施建设向农村倾斜的力度，从根本上改善全县农村的基础设施条件。通过美丽乡村建设，安吉县实现了农村生活污水治理设施、垃圾分类设施、农村社区综合服务中心等行政村全覆盖，每个村都建有劳动保障信息平台，拥有农民广场、乡村舞台、篮球场、健身器材等。实现农村联网公路、城乡公交、卫生服务、居家养老、学前教育、广播电视、城乡居民社会养老保险等 13 项公共服务全覆盖。

3. 个性打造

尊重自然美，充分彰显生态环境特色，抓自然布局，融自然特色，不搞大拆大建；注重个性美，因地制宜，根据产业、村容村貌、生态特色、人本文化等进行分类打造，全面彰显一村一品、一村一景、一村一业、一村一韵。注重古迹保留，对当地从古到今内含历史印记和文化符号的古宅、老街、礼堂、民房等古迹、古建筑予以保留，并结合当地经济社会发展赋予其现代的新内涵；体现传承出新，在美丽乡村创建过程中相继建成 91 个文化大礼堂和 46 家农村数字影院，建成 1 个中心馆和 36 个地域文化展示馆，将孝文化、竹文化等通过多种形式予以展示，并形成了威风锣鼓、竹叶龙、孝子灯、犟驴子、皮影戏等一大批乡村特色文艺节目。

4. 多元投入

整合各部门涉农资金及项目，优先安排到创建村。安吉县直接用于美丽乡村建设的财政奖补资金已超 20 亿元，同时引导村集体通过向上争取、盘活资源等方式加大项目投入，引导农户通过投工投劳改善居住条件，优化周边环境。吸引工商资本、民间资本投入效益农业、休闲产业等生态绿色产业，参与美丽乡村建设，共撬动各类金融工商资本投入 200 亿元以上。

（三）推进长效管理，持续保持美丽乡村亮度

美丽乡村建设是一项长期系统的工程，不能因为创建通过验收而停止步伐。良好的环境卫生状况如何保持，良好的公共基础设施如何维护？如何长效发挥美丽乡村建设成果成为新难题。对此，安吉县积极采取有效应对措施。

1. 健全规章制度

安吉县出台《中国美丽乡村长效管理办法》，通过扩大考核范围、完善考核机制、加大奖惩力度、创新管理方法等途径，巩固扩大美丽乡村建设成果。制定美丽乡村物业管理办法，设立"美丽乡村长效物业管理基金"，建立"乡镇物业中心"，强化监督考核。将环卫保洁整体打包交由专业物业公司管理，或将部分区块保洁、绿化养护等项目外包给专业物业公司进行管理。确定每季度最后一月的 25 日为美丽乡村文明规劝日，工青妇等各级群团组织广泛开展"四季美丽"规劝活动，根治"四抛六乱"等有损环境的行为，全面提升城乡文明水平。

2. 加强部门协作

多个职能部门联合成立督查考核办公室，实行月检查、月巡视、月轮换、月通报和年考核 5 项工作机制，对全县各乡镇（街道）和行政村（农村社区）实行分片督查，考核涵盖卫生保洁、公共设施维护、园林绿化养护、生活污水设施管理等方面，设定评价标准，将考核结果纳入对行政村的年度长效管理综合考核。

3. 强化考核奖惩

实行美丽乡村警告、降级、摘牌制度，取消美丽乡村终身制，建立动态评价机制，强化过程监管。截至目前，受到降级和摘牌处理的村累计达到 23 个。开通美丽乡村长效管理网络投诉举报平台，开设"美丽安吉找不足"媒体曝光平台，引导全民参与。

（四）探索村庄经营新模式，积极推进美丽乡村生态价值转化

建成的美丽乡村在实施有效运维管理后，建设成果在一定程度上得到了保持。但乡村管理上支出高，政府在长效运维管理上支持有限，如何实现乡村"自我造血"能力，从而使美丽乡村建设永葆生机和活力？安吉坚持以经营为主引擎，不断把风景变成产业，将美丽乡村建设成果转化为绿色经济发展的资本。因地制宜开展村庄经营，按照村庄特色对全县 187 个行政村进行分类策划、分类设计、分类建设、分类经营，截至 2018 年底，全县仅 44 个精品示范村吸引工商资本项目达 252 个，投资额 233 亿元。创建国家级旅游度假区、全国首个全域 4A 级旅游景区，4A 级景区村庄 4 个，A 级景区村庄 38 个。

1. 大力推进休闲旅游产业发展

通过美丽乡村建设，安吉县涌现出以高家堂村、鲁家村等为代表的一大批美丽乡村经营典范。安吉县以多种模式做好美丽乡村的经营"文章"，培育了一批乡村旅游示范村，如横山坞村的工业物业模式、鲁家村的田园综合体模式、尚书干村的文化旅游模式、高家堂村的生态旅游模式。同时，安吉县还发展提升了 570 多家精品农家乐、洋家乐和民宿，到 2018 年底安吉县休闲旅游业共接待游客 2504 万人次，旅游总收入达 324.7 亿元，实现了"绿水青山"的"淌金流银"。

2. 大力发展生态农业和生态工业

积极发展生态循环农业和观光休闲农业，按照"一乡一张图、全县一幅画"的总体格局，加快农业"两区"（现代农业园区、粮食生产功能区）建设。安吉成为浙江唯一的"国家林下经济示范县"，形成林下培植、

林下养殖、林下休闲三大模式，竹林生态化经营、合作化经营、全产业链经营蓬勃发展，竹产业年产值达到 190 亿元。

3. 吸引优秀企业和人才入驻

生态环境越好，对生产要素的吸引力、集聚力就越强。天使小镇——凯蒂猫家园、亚洲最大的水上乐园欢乐风暴、田园加勒比、中南百草园等优质亲子旅游项目，万豪、君澜、阿丽拉等品牌酒店相继建成营业。同时安吉发挥良好的生态环境和区位交通优势，打造宜居宜业宜游城市，吸引了一批优秀人士来安吉投资兴业；催生了一批新经济、新业态和新模式；新增国家高新技术企业 37 家、省级高新技术企业研发中心 13 家。全县首个省级重点实验室——中德智能冷链物流技术研究室成立。省科技进步一等奖、省专利金奖、省"万人计划"全面实现零突破。

（五）创新体制机制，激发美丽乡村创建活力

美丽乡村建设是一项系统工程，涉及政府、农民以及各类资源要素，制度设计在激发各方主动积极参与到建设中起着十分重要的作用。安吉深入推进农村各项改革，全面激发美丽乡村建设的内生动力，努力提高参与创建积极性和效率。

1. 构建全民共建共享创建机制

加大创建力量的整合，调动各方积极性参与美丽乡村升级版建设。一是坚持政府主导。美丽乡村建设县、乡镇、村三级全部落实一把手责任制，将建设目标任务逐项分解到人、到点，实行县领导联系创建村制度，并不定期组织县人大代表和政协委员进行专项视察。二是突出农民主体。按照"专家设计、公开征询、群众讨论"的办法，确保村庄规划设计科学合理、群众满意。创建工作按照"村民大会集体商量、村级组织自主申报、农民群众全员参与"的原则，把主动权交到农民手中，变"为我建"为"我要建"。三是动员社会参与。深入推进与国家、省有关部委、高等院校和科研机构的专项合作，争取在项目、信息、技术、人才等方面的有力支持。

2. 健全完善要素保障机制

积极探索新农村建设投融资体系，成立"中国美丽乡村"建设发展总公司，设立县财政以奖励资金担保、信用社专项贷款，实施拟奖资金担保融资"镇贷村用"模式，构建起商业性金融、合作性金融、政策性金融相结合的现代农村金融服务体系。探索推行不动产抵押、林权抵押、土地使用权抵押等多种担保形式，依法建立完善乡村旅游融资担保体系，鼓励农民以土地使用权、固定资产、资金、技术等多种形式入股乡村旅游发展。完善财政、投资、产业、土地、价格等相关政策，建立吸引社会资本投入环境保护和基础设施建设的市场化机制，引导和支持发展绿色生态经济。创新柔性引才引智机制，研究完善人才激励政策，着力引进环保、规划、旅游等专业急需的人才。

3. 建立健全考评机制

加大生态资本保值增值力度，探索把资源消耗、环境损害、生态效益纳入经济社会发展评价体系，将"绿色 GDP"指标纳入干部政绩考核重要内容。根据功能定位，将乡镇分为工业经济型、休闲经济型和综合型等三类，设置个性化指标进行考核。

十多年来，安吉美丽乡村的建设实现了人居环境和自然生态、产业发展和农民增收、社会保障和社区服务、农民素质和精神文明的全面提升。一是绿水青山颜值更高。自 2007 年以来，安吉森林覆盖率、植被覆盖率均达 70% 以上，空气质量优良天数比例达到 87.1%，地表水、饮用水、出境水达标率均为 100%，成为气净、水净、土净的"三净之地"。二是金山银山成色更足。自 2007 年以来，长龙山抽水蓄能电站、影视小镇、省自然博物院等一大批项目落户安吉。至 2017 年安吉的地区生产总值从 122 亿元增加到 404.32 亿元，年均增长 9.6%，财政总收入从 11.1 亿元增加到 80.08 亿元，年均增长 19.7%，三产占比由 10.0∶50.4∶39.6 调整到 6.5∶44.0∶49.5。三是百姓生活品质更好。安吉的农村住户人均可支配收入从 2007 年的 9196 元增加到 2018 年的 30541 元，城镇居民人均可支配收入从 18548 元增加到 52617 元。城乡收入比从 2.02∶1 缩小到 1.72∶1。教育、卫生等民生事业不断发展，13 项公共服务实现全覆盖，平安和谐程度、群众幸福指数明显提高，统筹城乡实现度达到 90%。安吉县建成了一批文化礼堂、数字影院、便民服务中心，形成了"两公里便民服务圈"。

三　鄂尔多斯：荒漠化治理创新推动区域绿色发展

鄂尔多斯地处黄河流域上中游地区，为鄂尔多斯高原腹地，三面为黄河几字湾环绕，是全国荒漠化和水土流失最为严重的地区之一，境内有库布齐沙漠和毛乌素沙地两大沙区。30 年前，鄂尔多斯的荒漠化、沙化土地占区域总面积的 90%，森林覆盖率仅为 3%，生态环境极为脆弱，曾一度是全球荒漠化和水土流失最严重的地区之一。几十年来，鄂尔多斯坚持"保护与发展并重""增绿与提质并行"，沙漠扩展趋势得到有效控制，实现了由"沙逼人退"到"绿进沙退"，荒漠化防治取得显著成效。近年来，鄂尔多斯积极推动科技创新与可持续发展的紧密结合，在荒漠化和水土流失综合治理方面取得了突破性进展，全市森林覆盖率从 3.1% 稳步增加到 26.9%，植被覆盖度已超过 70%，2019 年城市环境空气质量全年好于国家二级标准优良天数 323 天，占全年天数 88.5%，重度污染 0 天。鄂尔多斯倾力支持治沙企业规模化、系统化、产业化发展，发展沙漠生态工业、生态光伏、生态健康、生态旅游和生态农牧业等沙产业，通过生态产业的导入带动沙区农牧民创业就业、脱贫致富，沙区贫困人口年均收入从不到 400 元增长到目前 1.4 万元，实现了生态效益、经济效益和社会效益的有机统一。

鄂尔多斯荒漠化治理和生态建设方面的显著成效得到国内外广泛认可，获得了国家可持续发展实验区、全国绿化模范城市、国家森林城市、国家生态文明先行示范区、全国防沙治沙先进集体、全国文明城市、"绿水青山就是金山银山"实践创新基地等称号。库布齐沙漠治理区被联合国确立为全球沙漠"生态经济示范区"，成为中国走向世界的一张绿色名片。

（一）坚持政府主导，不断构筑沙漠治理支持性政策体系

自 2000 年以来，鄂尔多斯市政府相继提出"建设绿色大市、畜牧业

强市""城乡统筹、集约发展"等战略,大力实施禁牧、休牧政策,在全国率先在农区、半农半牧区和牧区的国家重点生态工程区和生态恶化地区实行全年禁牧,其余地区实行 4~6 月休牧,休牧结束后以草定畜,同时推行舍饲圈养,并实行"五荒到户、谁造谁有、长期不变、允许继承";杭锦旗推行"掏钱买活树"的约束机制和"以补代造""以奖代投"等激励机制,鼓励、引导企业、农牧民通过承包、入股、租赁以及投工投劳等方式参与防沙治沙。

自 2012 年以来,鄂尔多斯荒漠化治理工作进入新的阶段,推进重点区域的生态修复与治理,依托国家重点生态工程,统筹推进水土保持、国土绿化、水利建设等工程,不断提高沙区生态承载力。在原有政策的基础上,政府先后出台一系列政策措施,在发展沙产业、生态移民、禁牧休牧、林权流转、生态基础设施建设方面给予企业和群众直接支持,促进了资金、技术、劳动力等生产要素向生态领域聚集,实现了"三个转变",即防沙治沙主体由国家和集体为主向全社会参与、多元化投资转变,由注重生态保护与建设工程向科技创新支撑综合防治转变,由单纯注重生态效益向生态效益、经济效益、社会效益协同共进转变。按照"由近及远""由易及难"的原则,推进"三北"防护林工程、退耕还林工程、天然林资源保护工程等国家林业重点工程和项目建设,在库布齐沙漠累计实施面积近 1200 万亩;在库布齐沙漠地区内建成自治区级自然保护区 4 个;在全国率先实行优化发展区、限制发展区、禁止发展区"三区规划"政策,统筹推进十大孔兑综合治理等水土保持重点工程,黄河二期防洪、重要支流治理等水利工程;转变农牧业发展方式,推动草原畜牧业由天然放牧向舍饲、半舍饲转变,推动种植业由粗放式耕作向为养而种、以种促养、以养增收转变,推动农牧民向优势地区集聚,向二、三产业转移,促进了库布齐沙漠地区自然修复。

(二)坚持产业化经营,着力构建沙漠治理多元化投入机制

鄂尔多斯刚开始治理荒漠化问题时虽然取得了一定的成效,但没有从

根本上解决生态问题，主要原因是没有形成荒漠治理的规模化和系统化。长周期的沙漠绿色生态建设需要投入大量的资金，不能仅仅靠政府单方面的投资，且当地政府财政收入不能支撑巨大的投入，资金问题成为最大的难题。为此，鄂尔多斯引入社会企业资本，用产业化的思路指导生态建设，把防沙治沙与产业发展有机结合起来。同时在库布齐沙漠生态治理中，建立了"多渠道进水、一个龙头放水"的项目整合机制和"各炒一盘菜、共办一桌席"的政府、银行、企业协作机制。按照"生态产业化、产业生态化"的发展思路，根据荒漠化程度进行分区治理和产业化设计，毛乌素沙地以建设"生态经济园"为主实施全面治理；库布齐沙漠采取南围北堵中切割措施减少进入黄河的泥沙量；干旱硬梁区以保护和生态修复治理为主建设保护型生态经济区；丘陵沟壑区以防治水土流失为主营造乔灌草结合的水土保持林，发挥立体防护效果；平原区适当发展和改造提升农田防护林、经济林；工矿企业及城区坚持"一矿一企治理一山一沟，一乡一镇建设一园一区"，加强环城林带建设，增加城市绿地。通过延长林沙草产业链条，形成了"五化"（林板一体化、林纸一体化、林饲一体化、林能一体化、林景一体化）、"三品"（饮品、药品、化妆品）的产业体系，逐步创造出生态修复、生态牧业、生态健康、生态旅游、生态光伏、生态工业"六位一体"与一、二、三产业融合发展的生态产业体系。通过土地流转、农牧民入股、企业承包、专业合作组织经营等形式，调动企业和社会力量参与生态建设，实现治理生态向经营生态转变。目前，鄂尔多斯在亿利、伊泰等龙头企业的带动下，共引进80多家企业参与生态建设，涉及基础设施建设、草原围封、人工造林、飞播封沙等多个方面，走出一条规模化、产业化的治沙之路，解决了生态治理的可持续问题，库布其沙尘天气明显减少，降雨量显著增多，生物多样性不断恢复。

鄂尔多斯按照"绿起来与富起来相结合、生态与生存相结合、产业与扶贫相结合"的发展形式，树立"向沙要绿、向绿要地、向天要水、向光要电"的发展理念，探索"治沙、生态、产业、扶贫"四轮平衡驱动的可持续发展之路，形成了独特的沙漠生态经济学。

（三）强化共同治理理念，充分调动农牧民市场化参与沙漠治理积极性

沙漠阻隔着人们对外界的认知，导致大多饱受沙漠之困、沙化之苦、沙尘之扰的农牧民思想得不到解放、比较保守，认为沙漠只会带来困扰，不可能带来经济收入，动员农牧民市场化参与沙漠治理成为一大难题。为此，鄂尔多斯鼓励引导广大农牧民通过植树造林、发展特色种植养殖项目等渠道，融入治沙和生态产业链条，实现在治沙中致富、在致富中治沙。通过建立多方位、多渠道利益联结机制，积极推广"农户＋基地＋龙头企业"的林沙产业发展模式，充分调动广大农牧民特别是贫困农牧民治沙致富的积极性和主动性；在"平台＋插头"的沙漠生态产业链上，农牧民拥有了"沙地业主、产业股东、旅游小老板、民工联队长、产业工人、生态工人、新式农牧民"7种新身份，带动库布齐沙区及周边3.6万名农牧民实现脱贫致富，累计引导农牧民投入5000万元左右，完成林草种植20万亩，让广大群众共享沙漠生态改善和绿色经济发展成果，获得治沙增绿和民生改善的"双实效"。

通过不断探索、一代接着一代治理，沙漠区的农牧民思想观念发生转变，认识到沙漠不仅可以治理、利用，而且还可以致富，是资源，是机遇。同时农牧民的生产生活方式也发生转变，由过去的散居游牧、靠天吃饭转变为多种方式就业。生态改善、经济发展促进了民族团结、社会和谐。

（四）注重治沙科技创新，不断提升沙漠科学治理水平

沙漠治理仅仅投入人力、物力、财力远远不够，沙区恶劣的环境给生态恢复带来极大的困难，往往栽进去的树苗、播进去的草籽成活率很低，成活后也因受到风沙的侵蚀而无法存活。为此，鄂尔多斯运用现代化手段提高生态治理成效，根据库布齐沙漠沙化土地类型和自然、社会、经济条件，坚持"先易后难、由近及远、锁边切割、分区治理、整体推进"的治

理原则，采取"南围北堵中切割"的治理措施，对库布齐沙漠南、北两个边缘，一方面，结合农牧业经济"三区"发展规划，在生态严重退化、不具备农牧业生产条件的区域，实施人口集中转移、退耕、禁牧、封育等措施，增强生态自我修复能力；另一方面，在立地条件较好的区域，采取人工造林、飞播造林等方式，建设乔、灌、草结合的锁边林带，形成生物阻隔带。对库布齐沙漠中部，在沙漠腹地水土条件较好的丘间低地和湖库周边，采取点缀治理的方式，开展人工造林种草，建设沙漠绿岛；在孔兑两岸利用沟川的水分条件，营造护堤林、护岸林、阻沙林带；在库布齐沙漠境内修建了多条穿沙公路，将沙漠切割成块状进行分区治理，通过在公路两侧设置沙障、人工种树种草等措施，建成一道道绿色生态屏障，有效控制沙漠扩展趋势。

在库布齐沙漠治理长期实践中，治沙技术不断推陈出新。鄂尔多斯提出了"锁住四周、渗透腹部、以路划区、分块治理、科技支撑、产业拉动"的治沙方略和"路、电、水、讯、网、绿"组合治沙方针，沙治到哪里，路就修到哪里，水、电、讯就通到哪里，建立了"乔、灌、草（甘草）"相结合的立体生态治理体系，探索创新了100多项沙漠生态技术成果，研发了1000多种耐寒、耐旱、耐盐碱的植物种子和100多种"沙漠生态工艺包"，建成了我国西部最大的沙生灌木及珍稀濒危植物种质资源库，建立了旱地节水现代农业示范中心、生态大数据示范中心、智慧生态光伏示范中心和与联合国环境署共建的"一带一路"沙漠绿色经济创新中心等一系列世界先进的示范中心。

这些世界领先的治沙科学方法和技术成果，提高了防沙治沙的效率和质量，大幅降低成本，实现从分散治理到统一规划、从传统方法到科学化治理的根本转变，为荒漠化治理提供了一整套科学解决方案。

四　太原：资源型城市转型发展

太原自古就有"锦绣太原城"的美誉，历史悠久，文化灿烂，具有4700多年历史、2500多年建城史，是中国北方军事、文化重镇，世界晋商都会，山西省政治、经济、文化、交通和国际交流中心，拥有国家历史文化名城、国家园林城市等称号。近年来，太原市积极探索资源型经济转型发展的路径，围绕转型综改、创新驱动这条主线，太原市突破发展瓶颈、破解资源"诅咒"，充分发挥科技创新对当地发展的支撑引领作用，在产业转型、生态修复、环境治理、改善民生等方面取得了积极成效，先后被评为全国节水型社会建设示范区、国家新能源汽车推广应用示范城市、国家首批小微企业创业创新基地示范城市等，2018 年入选首批国家可持续发展议程创新示范区。

（一）创新制度设计，积极探索资源型城市转型路径

2010 年 12 月 1 日，国务院批准设立山西省国家资源型经济转型综合配套改革试验区，是目前全国唯一的全省域、全方位、系统性的转型综改试验区。太原作为全省转型综改的核心区，先行先试，在行政审批制度改革、投融资体制改革等方面取得了积极进展。太原市以"两集中、两到位"体制突破为重点，精简审批事项，优化审批流程，推进政府审批工作标准化、规范化、程序化建设的改革实践。太原市在对政府各部门审批职能进行归并的基础上，从体制突破入手，以"两集中、两到位"推动部门审批集成化、层级扁平化。突破审批瓶颈，打破部门内部处室的职能分工界限，对审批职能重组。将 34 个部门分散在 106 个处室的审批职能全部集中到各部门新成立的审批处，并整建制地进驻市政务中心，"一个窗口"对外。各部门向首席代表充分授权，将原来的层层审批简化为办事员—首席代表两个层级，重大事项召开现场联审会，在中心办结。中心窗口转变为实体性的"办事处"，从体制上减少了审批层级。通过"两集中、两到位"太原解决了各部门内部审批的提速提效问题，但对于较为复杂的投资项目，还需进一步打通部门之间、市与县（市、区）之间的联系，在运行的机制上进行创新。太原市在市政务服务中心搭建起固定资产投资项目联合审批平台，按照受理与办理相对分离原则，抛弃了一家审完进入下一家的串联审批模式，在中心设立综合服务窗口，全面实行相关部门同时审批

的并联模式，对投资项目由市政务办依申请组织协调、联合推进，将行政审批与公共服务集成，县区初审与市级核准联动，市、县（市、区）两级政务服务中心闭环运行。通过推行上述审批服务运行机制，每个工作人员都成为审批流程上的作业者、勤务员，太原实现了"一口进出、限时办结、并联办理、闭环运行"的联合审批机制创新，极大地压缩了全流程的总体时限。在经济下行压力较大、固有结构性矛盾突出的同时，太原市全市上下积极作为、奋力拼搏，着力稳增长、促改革、调结构、惠民生、防风险，积极适应和引领经济发展新常态，努力营造经济社会持续发展的新动力。

为进一步深化转型综改，山西省委、省政府站在推进全省创新驱动、转型发展的全局，将太原、晋中两市的"两城六区"（包括太原高新区、太原经开区、武宿综保区、太原工业园、晋中经开区、榆次工业园、山西科创城、山西大学城及潇河流域、阳曲县的部分区域，约 610 平方公里）进行整合，建立山西转型综改示范区，旨在以太原为核心打造全省创新发展的主战场和经济发展的主引擎。按照"整合改制扩区调规"的工作要求，着眼长远，对示范区发展建设用地做一次性空间规划布局，做到分步实施、滚动开发。其中，示范区的现代产业区太原起步区是示范区内聚集创新资源、现代产业，引领创新驱动产业转型的重要载体，太原努力把示范区打造成为集聚先进生产要素的重要平台、转型综改的主战场、转型升级的重要引擎。

（二）创新流域治理模式，实施"一湖一水九河"综合治理

以汾河上游水生态保护和生态主体功能区建设为重点，按照"谁保护、谁受益"的原则，建立以汾河流域水资源和水环境保护为纽带的上下游流域补偿、以水源保护和生态功能保护为纽带的区域生态补偿、区域性碳汇林补偿 3 个补偿机制。同时，将生态补偿机制与矿山退出机制等结合起来，深入开展"荒山、荒坡、荒沟、荒滩"四荒拍卖，推广大户造林经验，推动汾河太原城区段治理美化、治理创佳绩。自 1998 年开工建设以

来，汾河太原城区段已形成全长 20.5 公里、占地面积 10.25 平方公里的城市中心绿化长廊，城市新增绿地 340 万平方米、水面 510 万平方米，对城市的防洪排涝、净化空气、消除水体污染、调节气温、增加空气湿度起到了重要作用。汾河景区先后获得迪拜国际改善人居环境最佳范例称号奖、中国人居环境最佳范例奖、国家水利风景区、全国优秀体育公园、国家 4A 级旅游景区、中国环境艺术金奖等称号。

按照"源头治理、蓄水调洪，雨污分流、河水复清，快速交通、绿色长廊，连片改造、全面提升"的思路，太原市系统推进晋阳湖、汾河干流、边山九河综合整治，显现太原"三面环山、一水中分、一湖点睛、九河环绕、两泉复流"的水韵龙城新格局。加快增强城市蓄排水能力，鼓励和支持社会资本参与海绵城市建设，完善截污纳管、雨污分流、厂网协调、排涝顺畅的大排水体系，提高城市雨水调蓄渗透功能和城市排水能力，降雨就地消纳利用率为 70% 左右。多途径促进水资源循环利用和水经济发展，提高水资源承载力，构建宜居宜业宜游的水生态环境系统。

（三）实施生态新政，创新治理模式

太原市西山区域是产业粗放发展的集聚区域，长期集自然水土流失、采煤沉陷区、工业活动于一体，造成了水体污染严重、产业废物倾倒、地面开裂、植被稀少等严重环境问题。太原市进行顶层设计，创新实施生态新政，采取"政府主导、市场运作、公司承载、园区打造"的市场化、多元化参与方式，以"生态新政"招商引资，把生态绿化与适度开发建设结合起来，调动社会力量投资建设西山城郊森林公园的积极性。大胆创新生态建设模式，充分发挥企业的力量，运用市场机制，将西山山水资源资本化、资产化、要素化，在太原西山破坏比较严重的前山地区规划了 30 万亩、21 个城郊森林公园，建设具有太原西山特色的城郊森林公园。经过多年探索，太原凝练出生态治理与产业开发相结合的"二八"模式，即投资建设企业完成承包治理总面积 80% 的绿化之后，剩余 20% 可以适度开发，政府支持发展养老、休闲、观光旅游等营利性产业，并按照产业规划全部

使用可再生能源的产业发展模式，激发了企业投资建设的积极性，共有 15 家国有、民营企业参与西山生态治理。三年多时间，地质灾害严重的西山地区已全部披上绿装，形成了"西山生态治理模式"。

（四）推行绿色出行，建设清洁高效的低碳之城

太原市是国家"公交都市"建设试点、国家新能源汽车试点城市，也是国内首个实现纯电动出租车的城市，在全国率先发布《城市公共自行车运营服务规范》和《城市公共自行车运营管理规范》两项地方标准，公共自行车建设速度、单日租骑量、单车周转率、免费租用率等指标居全国首位。近年来，太原市按照高端、高效、高辐射的产业发展方向，以提高产业素质为核心，着力推进以生态农业、能源节约、新型能源推广应用和二氧化碳排放强度降低为主要标志的低碳发展模式，加快构建以先进制造业为导向、现代服务业为支撑、都市现代农业为特色的高端产业体系，促进经济实现更具活力、更有质量、更可持续的发展，积极探索一张城市经济以低碳产业为主导、市民以低碳生活为理念、政府以低碳社会为建设的蓝图。

加快经济发展方式转变，实现经济绿色转型发展的关键是要提高创新能力，依靠科技创新培育和发展战略性新兴产业，是有效突破当前资源制约、激发经济增长的内生动力。2006 年，太原市确定绿色转型的总体思路。2018 年开始建设国家可持续发展议程创新示范区以来，围绕水污染和大气污染治理技术难题，太原市设立科技重大专项，坚持依靠科技创新推进产业绿色转型升级。通过几年的探索发展，太原市已经发布全国第一个"绿色转型标准体系"，制定了 27 个绿色标准，以地方立法形式出台了全国首个《绿色转型促进条例》，以绿色产业为主攻方向，大力调整工业结构。通过完善体系、制定标准、经费投入和立法保障等一系列措施，太原市初步形成了以绿色经济理论为依据、绿色战略为引导、政府绿色管理为保障、制定绿色标准为抓手、整体推动经济社会绿色转型为特色的太原经济发展模式。

五 龙胜各族自治县：传统梯田文明与现代商业共生共存的新探索

龙胜各族自治县（以下简称"龙胜县"）位于桂林西北部，是一个多民族聚居的国定贫困县。龙胜县先后荣获全球重要农业文化遗产地、广西特色旅游名县、国家全域旅游示范区创建单位、全国生态旅游示范县、全国森林旅游示范县、中国乡村旅游创客示范基地等荣誉称号。龙胜有梯田22.8万亩，耕种历史长达2300多年，2018年龙脊梯田获得"全球重要农业文化遗产地"荣誉，龙脊梯田已经成为广西旅游的一张响亮名片。在做大做强龙脊梯田品牌的同时，龙胜县还相继推出差异化的梯田旅游产品：泗水乡布尼梯田景区重点打造花海梯田，让游客从空中观赏梯田；古壮寨推出了彩色梯田，以种植多彩的水稻吸引游客；小寨在秋收过后播种油菜花，以延长梯田的观景期；马堤乡张家苗寨推出了集插秧、摸鱼于一体的农耕体验；民合苗寨推出了哈密瓜采摘农耕体验游。目前，龙胜梯田农耕旅游开发面积已达12万亩，形成了梯田观光游、农耕体验游的独特品牌。

（一）挖掘旅游价值，探索民族文化"联合体"保护模式

长期以来，龙脊梯田农业系统范围内经济发展比较缓慢，人均收入较低。从20世纪90年代开始，龙胜县委、县政府开始对龙脊梯田进行旅游开发，以挖掘村寨优美的生态环境、优势农业资源和特色民族文化为核心，整体推进村寨的旅游基础设施建设，出售特色旅游商品，打造特色民族节庆活动，结合旅游宣传工程，对村寨进行包装宣传，打造休闲度假好去处。

2003年，龙脊梯田率先探索民族文化"联合体"保护模式，启动广西民族生态博物馆建设工程，即由广西民族博物馆带动辐射，在各地建设10个专业生态博物馆，遵循"文化保护在原地"的理念保护民族文化。2006年，广西壮族自治区文化厅确定了以龙脊村的侯家、廖家和潘家三个自然

村为保护区建设龙胜龙脊壮族生态博物馆。2011 年，广西 "1 + 10" 民族生态博物馆全部建成开放，同年，国家文物局命名广西龙胜龙脊壮族生态博物馆为全国首批 5 个生态（社区）博物馆示范点之一，龙脊梯田已成为一个活化的农业民俗博物馆。龙脊古壮寨 2008 年被列入全国古村落名录、2010 年获得全国特色景观旅游名村（镇）殊荣，龙脊梯田地区经国家批准已被列入我国中西部旅游资源开发与生态环境保护重点项目，是国家级的生态示范区，已形成了集梯田观光、休闲度假、民俗风情体验以及风景资源保护于一体的国家级传统农业系统。2017 年全县接待游客达 848 万人次，成为广西的一张亮丽名片。

（二）实施地理标志产品保护与技术规范推广

2013 年、2014 年、2017 年，由桂林市龙胜各族自治县申报的 "龙脊辣椒""龙脊茶""龙胜红糯" 农产品地理标志保护登记，经农业部农产品质量安全中心审查和农产品地理标志登记专家委员会评审，被确认为中国国家农产品地理标志产品，予以依法保护。这是该县继龙胜凤鸡、翠鸭后，龙胜县又有 3 个当地农产品获此 "金字招牌"。龙胜龙脊香米产品等目前也在积极申报国家地理标志产品保护。此外，通过推广农产品及作物的高山养殖与无公害栽培技术，龙脊梯田地区作物的品质得到不断提高。依托各种信息平台，龙胜县积极推广各类农业科技。

（三）增强保护意识，推动旅游发展和保护相融合

旅游开发实现了龙脊梯田文化遗产的经济价值，龙胜县人民政府和景区管理部门意识到对梯田进行保护的重要性，采取多种措施对龙脊梯田文化遗产进行保护。从 2009 年起，景区每年按照一定比例从门票收入中提取梯田维护费用，并由政府出资修建了梯田灌溉系统，为稻作正常生产提供了保障。同时景区管理部门通过补贴的方式奖励耕种水稻的村民，激发了村民对水稻种植的热情，有效地保持了龙脊梯田的稻田生产方式，维护了梯田景观和自然生态的可持续发展。近年来，随着龙脊梯田旅游的经济效

益和社会效益的凸显，政府更加重视农业文化遗产的保护和开发，专门编制了《龙胜全域旅游发展规划》等系列发展规划，以开发促保护，在农业文化遗产保护和旅游开发协同发展方面做了大胆探索，取得了良好的成效。

（四）开启申遗序章，实现大保护

2002 年，联合国粮农组织（FAO）、全球环境基金（GEF）与联合国开发计划署（UNDP）等联合发起了全球重要农业文化遗产项目。广西龙胜县人民政府高度重视项目申报，严格按照全球重要农业文化遗产的要求专门制定了保护规划和管理办法。2013 年，龙胜县政府启动了龙脊梯田全球重要农业文化遗产（GIAHS）和中国重要农业文化遗产的申报工作。2014 年 5 月，广西龙脊梯田入选第二批中国重要农业文化遗产，为龙脊梯田的保护和发展提供了机遇和平台。2018 年 2 月 5 日，"广西龙胜龙脊梯田系统"在罗马通过联合国粮农组织评审，正式被认定为全球重要农业文化遗产。入选以来，龙胜各族自治县人民政府充分认识到龙脊梯田对于文化传承、生物多样性、生态环境保护以及经济社会发展的重要性，加大了保护和宣传的力度。

（五）创新旅游发展模式，强化景区管理

坚持围绕"梯田农业观光＋壮瑶民俗文化"这一主题，以"公司＋农户"的发展模式，按照"产业兴旺、生态宜居、乡风文明、治理有效、生活富裕"的要求振兴乡村，坚持开发与保护并重的原则，进行统一规划，积极打造旅游新产品，开拓旅游新市场。加强对梯田景区的管理，做好景区建设规划及旅游市场秩序管理等工作。鼓励村民自治，在各村寨设立旅游管理协调小组，发挥村规民约在景区管理中的作用。推广"公司＋农户"、全员参与开发利用、保护景区资源的模式，实现公司盈利和群众脱贫致富双赢。

（六）弘扬民族文化，彰显民族特色

龙脊梯田景区内的壮族、瑶族民族文化独具特色，这里不仅沿袭着以梯田农耕为代表的稻作文化、以杆栏民居为代表的建筑文化、以碑刻和石板路为代表的石文化和以寨老制度和村规民约为代表的民族自治文化，还保存着红瑶服饰、红瑶长发、北壮服饰、北壮民歌、龙脊水酒、梯田造田技艺和抬狗游寨等非遗项目，它们与梯田一同构成了龙脊梯田独特而精彩的人文资源，犹如一座自然界的龙脊生态博物馆。对民族文化的挖掘和弘扬，既提高了民族自信心，又促进了民族文化的保护与传承，同时也促进了旅游业的发展。

（七）开发特色产品，形成持续发展动力

充分依托龙脊梯田地区独特的生态自然环境优势，构建乡村产业体系，因地制宜，突出特点，开发既有市场竞争力又能持续发展的特色产品，如有着"龙脊四宝"之称的龙脊茶、龙脊辣椒、龙脊水酒、龙脊香糯都有机环保、各具特色，极具市场竞争力。抓住"全球重要农业文化遗产"的金字招牌，通过农业生产、农产品加工、乡村旅游和服务业的联动发展，实现一二三产有机融合，使农民得到实惠。

龙胜县以生态旅游大环线为引领，充分依托龙胜独特的生态资源，保护发展多彩的民族文化，因地制宜地发展特色旅游，努力建设资源优化、空间有序、产品丰富、产业发达的科学旅游系统，全力打造龙胜全域旅游大景区、大公园，在保护中求发展、在发展中提升"保护的价值"，因地制宜地实现绿色产业"造血"扶贫，抓住生态资源优势，把绿水青山转化为金山银山，让贫困群众分享生态立县、绿色发展的红利。

参考文献

［1］黄晶. 从21世纪议程到2030议程——中国可持续发展战略实施历程回顾［J］. 可持续发展经济导刊，2019（9）：14－16.

［2］项久雨. 新时代美好生活的样态变革及价值引领［J］. 中国社会科学，2019
（11）：4 - 24 + 204.

［3］刘须宽. 新时代中国社会主要矛盾转化的原因及其应对［J］. 马克思主义研究，
2017（11）：83 - 91.

［4］郝亮，汪明月，贾蕾等. 弥补外部性：从环境经济政策到绿色创新体系——兼
论应对中国环境领域主要矛盾的转换［J］. 环境与可持续发展，2019，44（03）：
50 - 55.

［5］汪明月，李颖明，毛逸晖等. 市场导向的绿色技术创新机理与对策研究［J］. 中
国环境管理，2019，11（03）：82 - 86.

［6］叶初升. 中等收入阶段的发展问题与发展经济学理论创新——基于当代中国经济
实践的一种理论建构性探索［J］. 经济研究，2019，54（08）：167 - 182.

［7］李娟. 推动中国经济高质量发展——纪念改革开放40周年［J］. 中共太原市委党
校学报，2019（03）：17 - 18.

［8］原新，高瑗，李竞博. 人口红利概念及对中国人口红利的再认识——聚焦于人口
机会的分析［J］. 中国人口科学，2017（06）：19 - 31 + 126.

［9］黄永春，陈毛林，陈效林. 中国与美国技术差距缩小了吗——中美1996 - 2012年
面板数据分析［J］. 科技进步与对策，2016，33（15）：1 - 8.

［10］陈劭锋，刘扬，李颖明. 中国资源环境问题的发展态势及其演变阶段分析［J］.
科技促进发展，2014（03）：11 - 19.

［11］任平，刘经伟. 高质量绿色发展的理论内涵、评价标准与实现路径［J］. 内蒙古
社会科学（汉文版），2019，40（06）：123 - 131 + 213.

［12］周俊涛，顾鹏，何佳易. 传统产业绿色转型任务重空间大［J］. 环境经济，2019
（02）：54 - 59.

［13］木其坚. 三大绿色产业发展的国际经验和对策建议［J］. 宏观经济管理，2019
（11）：49 - 54.

［14］Xiong X. M.，Huang J.，Guo Y. L.. "Altruism" or "Egoism"? Effects of AD. appeals
of green products on purchase intention［J］. Ecological Economy，2015，2（6）：
644 - 649.

［15］唐晓阳，唐溪源. 从政府推动走向市场主导：海外产业园区的可持续发展路径
［J］. 外交评论（外交学院学报），2019，36（06）：39 - 61 + 5 - 6.

［16］ 汪明月，李颖明，张浩等．市场导向驱动企业绿色技术创新模型构建与路径分析
［J］．科技进步与对策，2019，36（20）：112 - 120.

［17］ 杨莉，刘海燕．习近平"两山理论"的科学内涵及思维能力的分析［J］．自然辩
证法研究，2019，35（10）：107 - 111.

［18］ 武夷山靠什么争当"两山"先行者？既要高颜值生态 又要高质量发展［J］．中国
生态文明，2019（03）：66 - 67.

［19］ Shen J. Y.. A simultaneous estimation of environmental kuznets curve：evidence from
China［J］. China Economic Review，2006，17（4）：383 - 394.

［20］ Tim Schiederig, Frank Tietze, Cornelius Herstatt. Green innovation in technology and
innovation management - an exploratory literature review［J］. R & D Management，
2012，42（2）：180 - 192.

［21］ Herman F. Huang. Green innovation in China：China's wind power industry and the
global transition to a low - Carbon economy by Joanna I. Lewis［J］. China Review Inter-
national，2012，19（4）：623 - 625.

［22］ Huang Y. C. , Tu J. C. , Lin T. W.. Key success factors of green innovation for transfor-
ming traditional industries［J］.2017，779 - 795. DOI：10.1007/978 - 981 - 10 -
0471 - 1_53.

［23］ Liu W. D.. Scientific understanding of the Belt and Road Initiative of China and related
researchthemes［J］. Progress in Geography，2015，34（5）．

［24］ 尤喆，成金华，易明．构建市场导向的绿色技术创新体系：重大意义与实践路径
［J］．学习与实践，2019（5）：5 - 11.

［25］ 国家发展改革委，科技部．关于构建市场导向的绿色技术创新体系的指导意见
（发改环资〔2019〕689 号）［EB/OL］，2019 年 4 月 15 日．

［26］ 龚天平，刘潜．我国生态治理中的国内环境正义问题［J］．湖北大学学报：哲学
社会科学版，2019，46（6）：14 - 21.

［27］ 潘家华．新中国 70 年生态环境建设发展的艰难历程与辉煌成就［J］．中国环境
管理，2019，4：17 - 24.

［28］ 李蓉菲，胡连生．新中国 70 年生态治理的成就和经验［J］．桂海论丛，2019，35
（4）：15 - 20.

［29］ 解振华．中国改革开放 40 年生态环境保护的历史变革——从"三废"治理走向

生态文明建设 [J]. 中国环境管理，2019（4）：5–16.

[30] 杨平宇，刘昊. 构建绿色发展经济体系 推进高质量发展 [J]. 经济研究参考，
2019（10）：59–70.

[31] 翟青. 推进生态环境治理体系和治理能力现代化 为打好污染防治攻坚战提供坚
强保障 [J]. 中国机构改革与管理，2018（10）：11–14.

[32] 高世楫，王海芹，李维明. 改革开放 40 年生态文明体制改革历程与取向观察
[J]. 改革，2018，294（8）：49–63.

[33] 汪燕，任铃. 党的十八大以来我国生态治理的理论进展和研究展望 [J]. 经济与
社会发展，2018（5）：41–45，98.

[34] 赵云皓，叶子仪，辛璐等. 构建市场导向的绿色技术创新体系 [J]. 环境与可持
续发展，2018，43（5）：5–8.

[35] 罗顺元，李秋梅. 习近平新时代社会主义生态治理新理念论析 [J]. 汕头大学学
报：人文社会科学版，2019，35（3）：5–11.

[36] 万健琳. 习近平生态治理思想：理论特质、价值指向与形态实质 [J]. 中南财经
政法大学学报，2018（5）：44–49.

[37] 胡冰涛. 生态环境治理的国际经验及对我国的启示 [J]. 环境保护与循环经济，
2019（9）：1–3.

[38] 李明光，关阳. 生态文明建设与城市生态环境治理体系现代化研究 [J]. 广州环
境科学，2014，29（4）：35–38，48.

[39] 刘锦坤. 习近平生态文明思想视域下当代生态治理研究——以库布齐沙漠治理为
例 [J]. 兵团党校学报，2019（4）：38–41.

[40] 罗志勇. 国家治理现代化视野中的生态治理与生态公正问题探究 [J]. 观察与思
考，2019（5）：46–53.

[41] 孙翌华. 城市生态环境治理驱动机制研究 [J]. 科技经济导刊，2019，27
（26）：123

[42] 张敬苓. 生态环境治理中政府与民众互动机制的障碍与突破 [J]. 湖北文理学院
学报，2019，40（6）：21–26.

[43] 李景如. 社会组织参与生态环境治理机制研究 [J]. 智库时代，2019（16）：8–9

[44] 陈亮. 积极推动生态环境治理体系与治理能力研究与实践. 中国机构改革与管
理，2019（3）：34–36.

［45］田章琪，杨斌，椋埏淪．论生态环境治理体系与治理能力现代化之建构［J］．环境保护，2018（12）：47－49.

［46］张美涛，曹芳．金融支持"绿色技术银行"相关概念综述与辨析［J］．福建商学院学报，2019（2）：27－32.

［47］张江雪，张力小，李丁．绿色技术创新：制度障碍与政策体系［J］．中国行政管理，2018（2）：153－155.

［48］联合国开发计划署，清华大学中国发展规划研究院，国家信息中心．中国人类发展报告特别版［M］．北京：中译出版社，2019.

［49］国务院新闻办公室．新时代的中国与世界白皮书［EB/OL］，2019.

［50］约瑟夫·熊彼特．经济发展理论［M］．郭武军，吕阳译．北京：华夏出版社，2015.

［51］姜太平．绿色制度创新初探［J］．华中理工大学学报：社会科学版，2000（01）：73－76.

［52］佘颖，刘耀彬．国内外绿色发展制度演化的历史脉络及启示［J］．长江流域资源与环境，2018，27（07）：1490－1500.

［53］李英锋．资源税改革是绿色发展的引擎［J］．金融经济，2016（15）：5.

［54］孟凡军．环境污染防治对策和措施［J］．世界家苑．2013（3）：185.

［55］黄承梁．习近平新时代生态文明建设思想的核心价值［J］．行政管理改革，2018（2）：22－27.

［56］绿色税制：助推绿色发展［J］．中国税务，2019（10）：56－57.

［57］李英锋．资源税改革是绿色发展的引擎［J］．金融经济，2016（15）：5.

［58］WEF. The Global Competitiveness Report 2019［R］．2019.

［59］十九大报告学习辅导读本编导组．党的十九大报告辅导读本［M］．北京：人民出版社，2017.

［60］莫伊塞斯·纳伊姆．权力的终结［M］．王吉美，牛筱萌，译．北京：中信出版社，2013.

［61］世界银行．中国污染代价［R］．2007.

［62］郝就笑，孙瑜晨．走向智慧型治理：环境治理模式的变迁研究［J］．南京工业大学学报：社会科学版，2019，18（05）：67－78＋112.

［63］王树义．环境治理是国家治理的重要内容［J］．法制与社会发展，2014，20

（5）：51－53.

[64] 洪银兴. 中国特色社会主义政治经济学发展的最新成果［J］. 中国社会科学，
2018（9）：5－15.

[65] 王金南. 以习近平生态文明思想为引领推动我国生态文明建设迈上新台阶——科
学把握生态文明建设的新形势［J］. 求是，2018，（13）：47－48.

[66] Wang H., Mamingi N., Laplante B., et al. Incomplete enforcement of pollution regu-
lation：bargaining power of Chinese factories［J］. Environmental & Resource Econom-
ics, 2003, 24（3）：245－262.

后　记

新中国成立后特别是改革开放 40 多年来，立足我国基本国情，中国努力探索符合自身需要的发展道路，经济社会发展取得世人瞩目的巨大成就。同时我们也清醒地认识到，当前我国可持续发展的许多瓶颈问题还没有得到有效解决，许多关键核心绿色技术还没有突破，以市场为导向的绿色技术创新体系还在建设进程当中，经济的绿色转型与高质量发展任务艰巨。迎接挑战，加快推进绿色创新经济的发展，是时代赋予我们的光荣使命。

在国务院参事、科技部原副部长刘燕华先生的提议下，中国 21 世纪议程管理中心成立了由黄晶主任、柯兵副主任牵头，战略研究与区域发展处具体负责，相关高校和科研院所的专家参与的专门研究团队，历经两年的辛勤努力，完成了这本《绿色创新经济：理论与方法》著作。本书由黄晶、柯兵设计总体框架并最终定稿，各章节执笔人分别为：前言黄晶、于志宏、王秋蓉；第一章刘扬、仲伟俊、贺瑜、梅姝娥、郭腾达、周海林、姚娜；第二章黄晶、贺瑜、刘扬、何正、江思珉、郭朝先；第三章邵超峰、周海林、谢高地、杜欢政、张璐、王磊、张九天、樊俊；第四章孙新章、柏彦超、江思珉、董亮、王文涛、李宇航、仲平、张贤；第五章柯兵、邵超峰、孙新章、张晓彤、张巧显、王顺兵、王兰英、宋敏。

在写作过程中，刘燕华参事百忙中多次给予悉心指导并为本书作序，中国科学院科技战略咨询研究院、南开大学、东南大学、同济大学、中国可持续发展研究会等科研院所和高校的专家为本书的撰稿和修改完善做了大量工作，社会科学文献出版社工作人员为本书的编辑出版付出了辛勤劳动。在此，我们表示衷心感谢。

编　者

2020 年 5 月

图书在版编目（CIP）数据

绿色创新经济：理论与方法／黄晶主编. -- 北京：
社会科学文献出版社，2020.9（2021.9 重印）
ISBN 978 - 7 - 5201 - 6950 - 9

Ⅰ.①绿…　Ⅱ.①黄…　Ⅲ.①绿色经济－经济发展－
研究　Ⅳ.①F062.2

中国版本图书馆 CIP 数据核字（2020）第 133292 号

绿色创新经济：理论与方法

主　　编／黄　晶
副 主 编／柯　兵　周海林

出 版 人／王利民
组稿编辑／邓泳红
责任编辑／宋　静

出　　版／社会科学文献出版社·皮书出版分社（010）59367127
　　　　　地址：北京市北三环中路甲 29 号院华龙大厦　邮编：100029
　　　　　网址：www. ssap. com. cn
发　　行／市场营销中心（010）59367081　59367083
印　　装／北京虎彩文化传播有限公司

规　　格／开本：787mm × 1092mm　1/16
　　　　　印　张：18.5　字　数：271 千字
版　　次／2020 年 9 月第 1 版　2021 年 9 月第 3 次印刷
书　　号／ISBN 978 - 7 - 5201 - 6950 - 9
定　　价／98.00 元

本书如有印装质量问题，请与读者服务中心（010 -59367028）联系